问题驱动

初中数学思维发展大讲堂 ｜ 陈建国 著

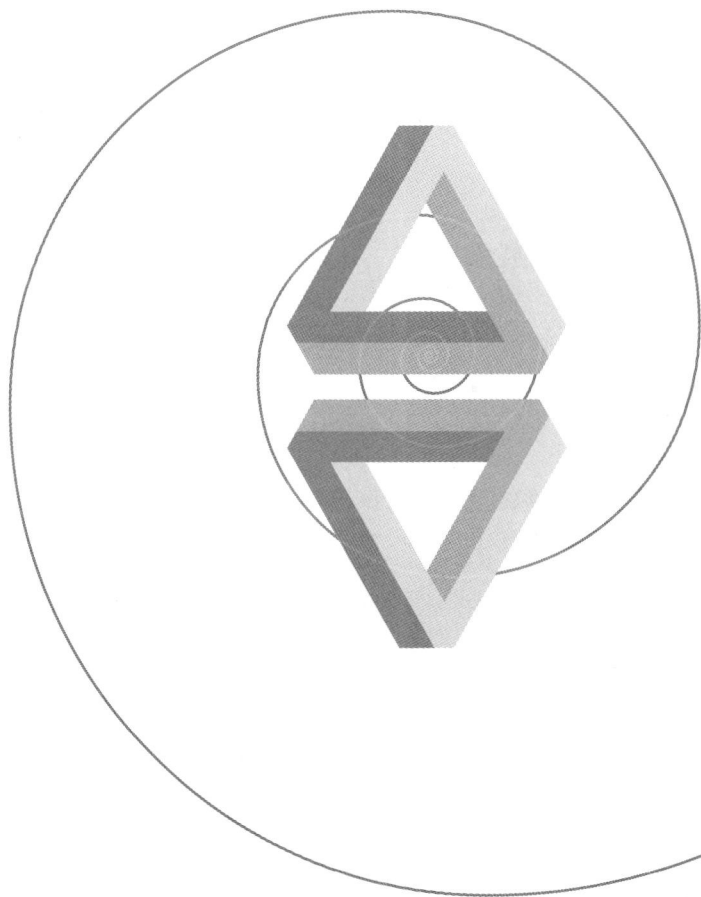

ZHEJIANG UNIVERSITY PRESS
浙江大学出版社

图书在版编目(CIP)数据

问题驱动:初中数学思维发展大讲堂 / 陈建国著
. 一杭州:浙江大学出版社,2022.5
ISBN 978-7-308-22499-4

Ⅰ.①问… Ⅱ.①陈… Ⅲ.①中学数学课－教学研究
－初中 Ⅳ.①G633.602

中国版本图书馆 CIP 数据核字(2022)第 057892 号

问题驱动:初中数学思维发展大讲堂
陈建国　著

策划编辑	曲　静	
责任编辑	郝　娇	
责任校对	周　芸	
出版发行	浙江大学出版社	
	(杭州市天目山路 148 号　邮政编码 310007)	
	(网址:http://www.zjupress.com)	
排　　版	浙江时代出版服务有限公司	
印　　刷	杭州钱江彩色印务有限公司	
开　　本	710mm×1000mm　1/16	
印　　张	17.75	
字　　数	328 千	
版 印 次	2022 年 5 月第 1 版　2022 年 5 月第 1 次印刷	
书　　号	ISBN 978-7-308-22499-4	
定　　价	59.00 元	

序

　　《义务教育数学课程标准(2022年版)》基于义务教育培养目标,将党的教育方针具体化、细化为培养数学核心素养。在"基于核心素养的数学课程目标体系"中,"四基""四能"目标是数学教学中落实核心素养目标的载体和抓手,其基本实现路径为:基于数学的整体性,以一般观念为统领,以研究一个数学对象的基本套路,即背景—概念(本质)—性质(关系、规律)—结构(联系)—应用为线索,创设符合数学知识发生发展规律、学生思维规律及认知特点的问题串,引导学生开展系列化的数学活动,促使学生经历发现问题、提出问题、分析问题和解决问题的过程,在获得数学基础知识、基本技能的过程中,领悟基本思想,积累基本活动经验。

　　课堂教学不仅要有明确的培养核心素养路线图,还要有具体的操作方法和"执行力"强的教师。教师的专业化水平和育人能力是决定课程改革成败的关键因素。因此必须找到帮助教师提升专业化水平和育人能力的路径,切实帮助教师提高数学的理解水平,提高精准学情分析的能力,掌握多样化的教学方式,引导教师积极探索基于情境、问题导向的互动式、启发式、探究式、体验式等课堂教学,突出学生的主体地位,有效保护学生的好奇心、想象力、求知欲,激发学习兴趣,提高学习能力,进而有效发展学生的数学核心素养。

　　以新一轮课程改革为契机,广大教师以课堂教学中落实核心素养为目标导向,开展了扎实的实践研究,并在实践基础上进行理性概括,形成了大量鲜活的教学案例,同时提升了自身的专业化水平和育人能力。本书的作者陈建国老师就是一个例证。

　　陈老师邀我为本书作序,故有机会先睹为快。有一些体会,以下略叙一二。

　　首先,书中大量的例子、教学案例令我深刻印象。不空谈大道理,以案例说话,将深刻的数学教学思想寓于具体的教学实践中,显示了陈老师作为一个"草根研究者"的智慧。陈老师在近30年的教学实践中,随时随地留心观察课堂、琢磨教学,积累了大量教学案例,并从中提炼出"问题驱动·思维发展"的教学主张,其核心在于问题驱动,关键在于思维发展。教师要善于构建以问题为主线、活动为载体、评价为手段、思维为核心的学生自主学习和教师助学相融合的"学习型课堂"，以有效地促进学生"生长知识、生长经验、生长思维、生长生命"。这正是一名定位于"教学即研究"的专家型教师所应有的职业取向、研究取向乃至人生志向。

其次，书中不同类型问题和案例呈现的高超提问水平。激趣性问题、开放性问题、探究性问题、批判性问题等具有明确的目标导向，有认知心理学、教育心理学、思维心理学的理据。本轮课程改革要求加强"基于情境、问题导向的互动式、启发式、探究式、体验式等课堂教学"，其中的关键在于教师的提问能力。课堂观察发现，教师不会提问是普遍现象。因此，当务之急是大力开展"如何学会提问"的研究，要给出一批数学含金量高的、对学生的创新思维具有启发性的、能够逐步引导学生从回答问题过渡到自主提问的好问题。本书中的案例可作为一种示范。

最后，对"生态作业"的研究。课后作业是数学教学过程中的重要环节，不仅具有巩固知识、加深理解、锻炼技能的功能，而且是领悟数学基本思想、积累数学基本活动经验的必由之路。然而，在应试教育环境下，大量刷题导致学生课业负担过重、作业枯燥乏味、效果差强人意等，所以数学作业改革势在必行。教师要在作业的"分层设计""探究设计""个性设计""创新设计"上加强研究，努力为学生创设完整的数学学习过程，让学生自觉、主动、积极地参与做作业的过程，享受作业成功带来的喜悦与快乐。陈老师对作业的类型进行了大胆改革，通过创设分层型作业，为不同层次学生的发展提供机会；通过创设实践型作业、探究型作业等，为学生提供多样化作业形式，将综合实践活动落实于日常教学。陈老师归纳出数学"生态作业"的设计思想，提出了选择与实施"生态作业"应遵循符合课程标准、符合学生学情、遵循教学反馈和生成的原则。这是符合"双减"精神的，也是具有前瞻性的实践研究。

我与陈老师素昧平生，在匆忙中见过几次面，可谓淡如水的君子之交。阅读书稿，感觉他对我的文章、著作乃至讲座报告非常熟悉。想来，是因为这个原由邀我作序。书中字里行间流露了陈老师的数学教师情怀以及强烈的数学教育改革使命感。作为一线数学教育工作者，他在繁忙工作之余挤出时间撰写本书，体现了兢兢业业的奉献精神和坚定的专业追求。愿广大数学教师能像陈老师一样，将自身定位为研究者，真心实意地热爱教学研究，专心致志地研究教学，做到随时随地思考，随时随地发现，随时随地实践，随时随地体验，随时随地领悟，随时随地反省。这是教研的真谛，也是教好书、做好人的真谛。

是为序。

章建跃

2022 年 4 月于人民教育出版社

前　言

　　课堂是数学教学的主阵地,也是师生共同成长的乐园。上好每堂课,关注每个学生的发展,是每位教师的目标。课堂改革就是课程改革的核心。

　　1994 年,我加入了教师队伍。在近 30 年的教学生涯中,我始终工作在一线。从农村学校的教研组到教务处,再从城镇学校的教研组、教务处、教科室,到在新疆维吾尔自治区支教成为援疆副校长,最终回到杭州市富阳区成为一名农村中学的教学副校长。虽然角色不同,但我一直坚持以聚焦数学课堂、关注师生发展为主轴的课堂教学策略。我先后主持了"初中学习材料选择与创设""数学学习方式变革"等课题的研究与实践,参与了褚水林老师主持的"导学式思维课堂"课题的研究与实践,以及"高阶思维的初中教学问题的导学研究策略"等省市级课题的研究。"问题驱动·思维发展"这一教学主张在探索中逐步形成并被提炼出来。

　　"问题驱动·思维发展"的核心在于思维发展。教学要站在学生的立场,以学习为中心,以问题为主线,在解决问题的同时,发展高阶思维,提升核心素养,在学的过程中体会学什么、怎么学、为什么学,真正实现深度学习,让学生感受数学思维的美妙,最终达到助力学生生命成长的目的。"问题驱动·思维发展"的关键在于问题驱动,以问题引发数学思考,以活动激活数学思维,以评价促进自主学习,让学生在学习中不断掌握知识、方法、积累经验,逐步发展数学思维。

　　我曾陆陆续续撰写了 30 余篇与之相关的文章,最终形成《问题驱动:初中数学思维发展大讲堂》一书,其间离不开众多老师和所在工作室团队的大力协助,可以说本书是大家共同努力的结果。本书力求客观呈现教学研究过程中的实践与思考,突出成果的科学性、实用性和创新性,并展现以学为中心、思维为核心的数学教育思想,其出版的目的是助力发展学生的核心素养,以便更好地服务于数学课堂教学。

　　本书分为五章,第一章为多路径培养学生的数学思维,主要是通过提出问题、解析数学思维的内涵特征,观察数学思维的具体分类。第二章为指向深度学习的课堂教学策略,主要包括学生发展的思维现状分析、数学思维发展的课堂特征、指向一般性发展的课堂探索和高阶思维发展的课堂探索。第三章为高效教学:激活数学学习材料,针对教学中如何利用文本素材和其他学习资源,提出了一些建议,分析了数学作业的现状和数学作业的设计策略,以及对数学作业的评价、设计、反馈的实践,介绍了典型的作业设计案例。第四章为上好复习课,针对中学复习课的一些核心问题和相关经验,做了比较详细的论述。第五章为"生本课堂"设计范例,着重分析了数学问题的创设现状,对"生本课堂"设计进行了探索。

本书非常荣幸地邀请到人民教育出版社编审章建跃博士于百忙之中为本书作序,在此表示感谢。还要感谢浙江省特级教师盛志军、褚水林、张宏政等专家的指导和帮助。同时感谢富阳区工作室的全体成员和杭州对口援疆工作室成员的共同参与,他们提供的鲜活案例,增加了本书的活力。此外,本书借鉴和引用了一些专家学者的研究成果,一并表示感谢。

由于本人水平有限,时间也较仓促,书中难免有不当之处,恳请各位读者、同行和专家批评指正。

陈建国

2022 年 4 月于富阳

目　录

第一章　多路径培养学生的数学思维

世界范围内的数学教育研究一直在强调对学生数学思维的训练,而这在新一轮数学课程改革中,也是一项重要内容。这充分表明,数学教育的共识是培养思维能力、逻辑能力强的人。芬兰、新加坡等国家的数学课程标准,均对数学思维发展做了重要表述。

数学教育的核心价值在于发展学生的数学思维模式,并由此形成关联性强的其他逻辑思维模式。从课堂教学实践来看,培养学生的数学思维,有多种方法和途径。本书中课堂教学实践均依托浙江教育出版社出版的《义务教育教科书数学》(以下简称浙教版教材)中的相应内容开展。

第一节　问题驱动下,发展数学深度思维

《义务教育数学课程标准(2011年版)》(以下简称《新课标》)提出,数学知识的教学与能力的培养,要注重数学问题的生长点与延伸点。由此可见,问题驱动是促进深度学习的重要途径,是发展深度思维的起始点。笔者经过多年的一线教学实践,提出通过"选择激趣性问题,提升思维活跃度;设置开放性问题,感受思维宽广度;导学探究性问题,体验思维延伸度;创设批判性问题,优化思维品质"四个方面发展深度思维。

一、选择激趣性问题,提升思维活跃度

妙趣横生的问题能引发学生的思维与认知冲突,促使学生充满参与的激情,提升思维活跃度,为进一步获得思维广度的迁移做好准备。选择激趣性问题,是指选择一些贴切和有趣味的数学故事,组织与教学内容相关的现实生活中的活动,或选择一些能激发学生思维的问题进行诱导。它不仅可以激发兴趣、活跃思维,而且可以使学生产生强烈的学习知识的欲望,从而促进深度学习,发展深度思维。

【案例1】5·1 矩形

问题1：在课桌面上用 6 根牙签首尾顺次相接，能摆成一个平行四边形吗？

问题2：能摆成多少个不同的平行四边形？它们有什么共同的特点？

问题3：在这些平行四边形中，有没有一个角为直角的平行四边形？

问题4：这样的平行四边形该取一个什么名字？应该从哪些方面开展研究？

【点评】 教师通过创设活动情境，让学生感受平行四边形的多种形式，回顾平行四边形的诸多性质。问题3的设计，是让学生在头脑中形成"矩形是平行四边形一个内角特殊化的结果"的概念，经历矩形概念的生成过程。问题4的设计，主要是从"直角"即"矩"入手产生矩形的定义，为矩形的性质和判定的深度学习埋下伏笔，让学生体会研究几何图形的基本途径与构想，发展深度思维。

【案例2】常量与变量

观看视频：(1)水面上圆形涟漪慢慢延伸的场景；(2)我国载人航天飞机发射的壮观场面；(3)恒星在宇宙中的位置变化动态；(4)风景随海拔的变化画面。

问题1：在平静水面上丢一颗石子，将会产生圆形涟漪，这些涟漪慢慢扩展。在这个变化过程中，存在哪些量？哪些量不变？哪些量变化？

问题2：在载人航天飞机点火发射升空的过程中，哪些量不变？哪些量变化？

问题3：恒星是一成不变的星星吗？随着时间的推移，哪些量不变，哪些量变化？

问题4：不变的量叫作常量，对不对？请给变量下一个定义。

【点评】 从学生常见的生活情境、新闻与见闻引入，在学生已有知识和经验的基础上，让学生感受引入常量和变量的必要性。通过问题设计引导学生关注变化过程中量与量之间存在的关系，初步感悟两个量的对应关系，体会研究变化过程的必要性。让学生充分体验变化过程中的常量和变量之分，经历常量和变量的概念形成过程。同时，引导学生在遇到实际问题时用数学的眼光去观察事物，并用数学的思维去深度分析问题。

二、设置开放性问题，感受思维宽广度

开放性问题具有挑战性，它能开启学生的创造潜能，促进思维发散，发展学

生多角度、深度地思考问题,培养学生的创造能力,发展深度思维。因此,依据教学内容恰当地设计开放性问题是体现学科宽度、培养学生创造力的重要途径,有助于潜移默化地开发学生的发散性思维,培育创新能力。根据苏联学者奥加涅相的"问题要素论",开放性问题分为方法开放、条件开放、结论开放、条件和结论双开放四个方面。

【案例3】综合复习

问题:符合等式 $\dfrac{a}{2}+\dfrac{b}{2}=\dfrac{a+b}{2}$ 创设的问题情境。

反馈1:端午节到了,小明的爸爸、妈妈各自的单位均发放粽子作为福利,合计 60 个,爸爸把单位发的粽子取出一半给小明,妈妈也取出一半给小明,并让小明给爷爷奶奶送去,小明送去了多少个粽子?

反馈2:如图 1-1-1 所示,OB 平分 $\angle AOC$,OD 平分 $\angle COE$。

(1)若 $\angle AOB=40°$,$\angle DOE=30°$,求 $\angle BOD$ 的度数。

(2)若 $\angle AOE=130°$,$\angle COD=30°$,求 $\angle AOB$ 的度数。

图 1-1-1

反馈3:在线段 AB 上取一点 C,若 AC、BC 的中点分别为 E,F,且 $EF=6$,求线段 AB 的长。

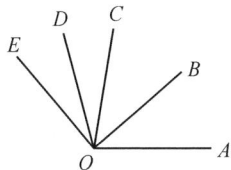

【点评】 七年级上册教材中主要含有理数及其运算、实数、代数式、一元一次方程、图形的初步认识等内容,围绕等式 $\dfrac{a}{2}+\dfrac{b}{2}=\dfrac{a+b}{2}$ 创设情境,作为开放性问题,有利于培养学生的逆向思维,感受思维广度,还可以帮助学生认识到不存在绝对孤立的问题,发展深度思维和培养创新能力。

三、导学探究性问题,体验思维延伸度

数学学习不是体现在记忆多少法则和公式,而是让学生主动探究解决问题的方法。由此可见,探究性学习是数学学习的必要方式,应该成为教师倡导的教学手段,在课堂中发挥其价值。对探究性问题进行导学是引导学生主动发现、主动探究、主动创造的驱动力。因此,应引导学生对探究性问题进行探索,体验思维延伸度。只有导学得法,才能推动思维从低阶走向高阶,发展深度思维。

【案例4】探索勾股定理

问题1：请同学们动手画出相邻两边长分别是 3cm、4cm 的三角形，这样的三角形有多少个？

问题2：如果两边的夹角确定为 90°，那么能画多少个三角形？为什么？

问题3：对于所画的直角三角形，如何求斜边的长度？

【点评】 通过画三角形，学生感受到确定三角形的条件之一是 SAS（边角边），尤其是当夹角为 90° 时，直角三角形的三边存在联系。通过这样的导学与探究，学生发现勾股定理合乎自然。在探索的过程中，应遵循从特殊到一般的认知规律。

问题4：如何探索直角三角形的三边关系？先思考一下，有一个两直角边为 1 的 $\text{Rt}\triangle ABC$，你能求出斜边 c 的值吗？

问题5：同学们用面积法建立方程求出了 c 的值。可否将直角三角形放入网格中进行思考，求出斜边 c 的值呢？

问题6：如图 1-1-2 所示，正方形 A 的面积为9，正方形 B 的面积为9，正方形 C 的面积为18，你有什么发现？一般的直角三角形的三边分别记为 a，b，c，你有什么猜想？

问题7：刚刚用图 1-1-2 所示的拼图解决了你们的猜想。你们桌面上有全等的 4 个直角三角形纸板，它们的三边分别记为 a，b，c，如何再用拼图证明你的猜想？

【点评】 从等腰直角三角形入手，以网格图为支撑，通过导学探究性问题，引导学生通过面积关系进行思考，为验证勾股定理打好基础。学生通过对三角形纸板拼接操作、合作探索、猜想论证，尝试用不同的模型（如图 1-1-3、图 1-1-4 所示）解决问题，在感受图形变化的同时，用"数"描述图形的面积，进而数形结合，得出勾股定理。探究过程步步深入、循序渐进，让学生体验思维的延伸，发展深度思维和培养创新能力。

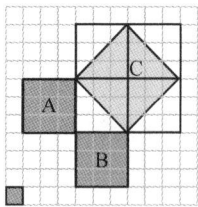　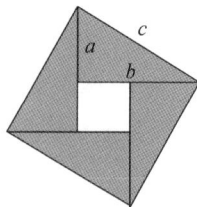　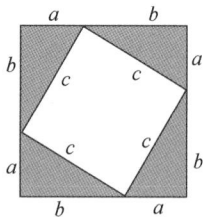

图 1-1-2　　　　　　　图 1-1-3　　　　　　　图 1-1-4

四、创设批判性问题,优化思维品质

伏尔泰说过,要判断一个人,看他提出的问题比看他的回答重要,更重要的是看他提出的问题是否有深度和批判性。教师要不断创设批判性问题,引导学生对批判性问题进行深度思考,这有利于培养学生深度学习,发展深度思维,优化思维品质。

> **【案例5】反比例函数的图象和性质**
>
> 问题1:反比例函数 $y = \dfrac{6}{x}$ 的图象是怎样的?请同学们谈谈自己的看法。
>
> 反馈1:猜想是过原点的直线,通过列表、描点、连线的步骤可以看看它是否是一条直线?
>
> 问题2:反比例函数图象如果是过原点的直线,有什么看法?
>
> 反馈2:不会过原点,因为点(0,0)不符合解析式 $y = \dfrac{6}{x}$。
>
> 问题3:不画图象,有人认为反比例函数 $y = \dfrac{6}{x}$ 的图象是直线,谁能提出批判性理由。
>
> 反馈3:从解析式 $y = \dfrac{6}{x}$ 角度发现,x、y 同号,即肯定在一三象限,而且不经过原点,故肯定不是直线。
>
> 反馈4:如果 (x,y) 在图象上,$(-x,-y)$ 也必然在图象上,即其图象关于原点对称,故不可能是直线。
>
> 反馈5:显然点(1,6)、点(2,3)和点(3,2)在图象上,y 随 x 的增大而减小,而且三点不在同一直线上。
>
> 反馈6:发现 (x,y) 在图象上,(y,x) 也必然在图象上,由此可见,图象关于直线 $y = x$ 对称,同时发现图象关于原点对称,故不可能是直线。
>
> 总结:综合上述问题及反馈,请尝试描述反比例函数图象的特征,按步骤进行画图,再用几何画板软件验证。

【点评】"反比例函数的图象"在新授课时教过多次,观摩同仁并交流该堂课的内容也不下十次。教学过程基本如下:通过一个问题情境出示一个正比例函数的关系式 $\left(如\ y = \dfrac{x}{6}\right)$,让学生按照画函数图象的基本步骤画出它的图象,再出示一个反比例函数的关系式 $\left(如\ y = \dfrac{6}{x}\right)$,让学生用同样的操作画出其图象,得到反比例函数的图象及特征。本案例一反常态地创设批判性问题,让学生通过独立思考推测反比例函数的图象,揭示反比例函数的本质,然后画图验证,在批判中促进学生深度学习,发展深度思维,优化思维品质。

从课堂实践的角度来看,引导学生进行深度学习,发展深度思维,能使培育数学核心素养真正落地。因为浅层学习对记忆、模仿、简单理解的依赖性较大,深度学习更关注综合应用、分析、评价和创造层面的认知思维,这正是核心素养的价值所在。激趣性问题、开放性问题、探究性问题、批判性问题等是开展深度学习的主要驱动载体。要善于发现并挖掘这些数学问题,使其成为发展深度思维的学习资源,充分发挥其数学育人价值,不能任由其一闪而过。上述案例是一些值得借鉴的深度学习资源,是问题驱动下发展深度思维的课堂教学实践,期待数学教育研究者更进一步探索。

第二节 利用"变通"思维解决数学问题

课堂上,在解决数学问题时,师生往往只热衷于得到标准答案,而不在乎获取答案的过程和思考问题时的思维"变通"。长此以往,学生学数学的思想就会被禁锢起来,数学学习也将因过于僵化而被学生日趋疏远。因此,在数学教学活动中,我们要善于发现联系、利用联系,善于运用独创的、新颖的"变通"方式引导学生解决一些问题,这同样是一种数学再创造过程的体现。

《新课标》将课程目标重新定位为知识技能、数学思考、问题解决、情感态度四个方面。在这里将"解决问题"改为"问题解决",是要求学生在提出问题、分析问题的基础上综合运用所学知识及技能解决问题。因此,在具体教学中,要注重知识联系,加强"变通"思维训练,帮助学生培养问题意识并形成基本的解题策略,最终提高学生解决问题的能力。

一、摆脱定式思维的"变通"

"变通"是发散性思维的显著标志,需摆脱习惯性思考方式的束缚,不受固定模式和定式思维的限制。因此,在学生较好地掌握了一般方法或对某些问题的理解比较费劲时,教师可以引导学生在考虑问题时转换思维角度,帮助学生在对一个数学问题已有认知的基础上,做出适当转换、化归、假设、逆反等形式的动态"变通",使思路豁然开朗,"柳暗花明",尽享数学所蕴含的动态美。

二、利用"变通"思维解决问题

(一)在"变通"中培养灵活的思维习惯

美国心理学家吉尔福特(Guilford)提出了发散思维(divergent thinking)的培养,即思维灵活性的培养。在数学教学中,"变通"可以培养学生的灵活思维,有助于形成良好的思考习惯。

如图 1-2-1 所示,四边形 $ABCD$ 和 $BEFG$ 均为正方形,则 $\dfrac{AG}{DF}=$ _____。

(结果不取近似值)

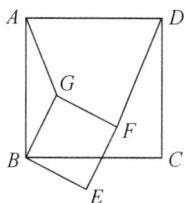 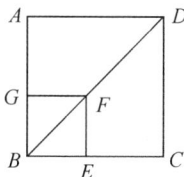

图 1-2-1　　　　　　图 1-2-2

【点评】 该题作为自选题,具备一定难度,学生很难将 AG 和 DF 用知识点联系起来,如果在已知条件允许下进行"变通",将图形特殊化,如图 1-2-2 所示,将求 $\dfrac{AG}{DF}$ 转化为求 $\dfrac{BA}{BD}$,就简单得多!

用特殊值法解决数学问题往往有事半功倍的效果。学生在解答一些较复杂问题时,不易发现知识之间的联系,思路受阻,若将所给的条件或图形进行"变通",即通过特殊值或特殊图形法,就容易找到待求问题与已知条件间的枢纽,从而轻松获解。灵活多变的教学方法对学生思维灵活性的培养具有潜移默化的作用,而富有新意的"变通"指导能及时为学生注入灵活思维的活力。

(二)在"变通"中整合创新思维能力

创新思维是主动、独立地发现新事物,整合并提出新的见解,是解决新问题的思维形式。要培养学生的创新能力,必须从培养学生的创新思维能力入手,因此应深入分析并把握知识之间的联系,从实际出发,依据数学思维规律,采用"变通"的教学方法去启迪和引导学生积极思维,广开思路;鼓励学生标新立异,大胆探索。

教材中先后讲了 4 个"二次",即先讲了 ax^2+bx+c 是关于 x 的二次三项式,然后讲了 $ax^2+bx+c=0(a\neq0)$ 是关于 x 的一元二次方程,进而讲了 $y=ax^2+bx+c(a\neq0)$ 是二次函数,在二次函数图象的应用中又出现了 $ax^2+bx+c>0(a\neq0)$ 或 $ax^2+bx+c<0(a\neq0)$ 的二次不等式。在中考第一轮复习时,通过"变通"可以将这 4 个"二次"有机地联系起来。在二次函数的复习课上,首先设置一组预备练习:

(1)当 $x=1$ 时,求二次三项式 $2x^2-x-3$ 的值;

(2)用适当的方法解方程 $2x^2-x-3=0$;

(3)求不等式 $2x^2-x-3>0$ 和 $2x^2-x-3<0$ 的解集。

学生解决这 3 个问题其实是在经历对已学知识的整合过程,特别是第(3)小题,很多学生首先想到用解不等式的方法求解,因此求出的解集不完整或错误,教师不要急着反馈,尝试让学生接着练习。

已知二次函数 $y=2x^2-x-3$,

(1)当 $x=1$ 时,求函数 y 的值。

(2)求函数图象与 x 轴两个交点的横坐标。

(3)观察图 1-2-3,当 x 为何值时,$y>0$? 当 x 为何值时,$y<0$?

最后,让学生进行类比、反馈、归纳,从而达到知识的内化与升华。

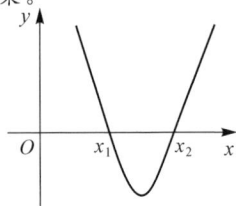

图 1-2-3

【点评】挖掘教学内容的内涵,了解学生学习的层次、方法、效率,以点织网,探索创新的思维方法,用"变通"手段让学生从基础知识点出发,学习概念和基本原理,并将其"串联"或"并联"起来,有机地编织成纵横交错的认知系统,再归纳和总结,从而达到较好的复习效果,这样的过程有助于学生掌握数学知识,提高创造能力。

如图 1-2-4 所示,分别以 $\triangle ABC$ 的边 AB,AC 为一边向外作正方形 $AEDB$ 和正方形 $ACFG$,连接 CE,BG。求证:$BG=CE$。

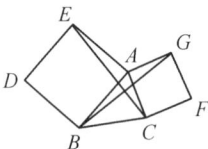

图 1-2-4

【点评】 此题可以通过"变通",充分挖掘潜在价值。可以改变条件,探索结论;可以改变图形位置,让图形动起来,变为动态问题;也可以把正方形改为矩形、正三角形、圆,把三角形改为梯形;还可以将整个图形引入直角坐标系中将其与函数联系起来,如图 1-2-5 所示。通过"变通",引导学生对初中所学内容进行复习,并加深理解,既扩大了知识面,加深知识间的联系,融会贯通,又进一步熟悉了基本知识在解决实际问题中的应用,掌握了更多的数学思想方法,走出题海战术,真正做到轻负高质。

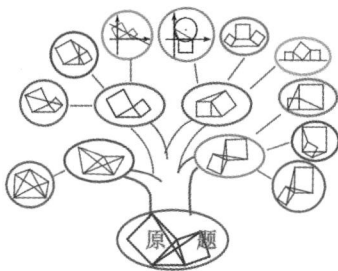

图 1-2-5

(三)在"变通"中探索求异的思维方式

美国认知心理学家皮亚杰认为,教育的目标是造就批判性思维的头脑,以及敢于验证问题的头脑,而不是人云亦云的头脑。

> 教师:若 a 为自然数,说出 a 以后的 7 个连续自然数。
>
> 一名学生举手抢答:"b,c,d,e,f,g,h。"话音刚落,便引起哄堂大笑,老师也愣然了。学生觉察到自己的答案驴唇不对马嘴,闹了笑话,满脸通红。
>
> 接着,另一名学生补正:"$a+1,a+2,a+3,a+4,a+5,a+6,a+7$。"
>
> 接下来,教师用令人钦佩的"变通"手段对错误进行了剖析:"对于这些字母,没有给出符合题意的数学含义,也就是没有完成将英语字母转化为数学符号的任务。简单地说,将 7 个英语字母赋予符合题意的数学含义,即可找到与众不同的答案。若 a 为自然数,令 $b=a+1,c=a+2,d=a+3,e=a+4,f=a+5,g=a+6,h=a+7$,则 b,c,d,e,f,g,h 便是正确答案。"
>
> 就是这样,正确与错误之间,只有一步之差。

【点评】 运用"变通"性方式改错,不仅有利于学生学习能力的提高,也有利于其创造思维能力的增长。"变通"性改错,加大了思维难度,是进行发散思维而获得的结果,当然,这不是唯一的结果,重要的是,解法由原来认为的唯一一个变为无穷。

求抛物线 $y=-\dfrac{1}{2}x^2+3x+1$ 向左平移 2 个单位,再向上平移 1 个单位后的解析式。

按常规做法,需用配方法得到顶点式,再按平移规律"左加右减、上加下减"得到结论。但很多学生对配方法掌握得不够娴熟,无法配或配错,这时可以要一下"小聪明",用公式法先求出顶点坐标 $\left(3,\dfrac{11}{2}\right)$,也可以由 $a=-\dfrac{1}{2}$ 和顶点坐标写出正确的顶点式,或者先用 $x=-\dfrac{b}{2a}=3$ 求得顶点横坐标,再把 $x=3$ 代入解析式 $y=-\dfrac{1}{2}x^2+3x+1$,求出顶点纵坐标 $y=\dfrac{11}{2}$,再写出顶点式。

【点评】 当对教学中出现的问题"山重水复疑无路"时,通过"变通",积极引导学生挖掘可能蕴含的新内容、新方法、新推理和新表达方式,就会有"柳暗花明又一村"的欣喜,也会对学生今后的数学学习产生深远的正面影响。

在直角 $\triangle ABC$ 中,$\angle C=90°$,$\angle A$ 和 $\angle B$ 的对边分别是 a 和 b,且满足 $a^2-ab-b^2=0$,则 $\tan A=$　　　　　　　　　　( )

A.1　　　　B.$\dfrac{1+\sqrt{5}}{2}$　　　　C.$\dfrac{1-\sqrt{5}}{2}$　　　　D.$\dfrac{1\pm\sqrt{5}}{2}$

这道题的得分率十分低,所以教师在讲评时从以下三个方面进行"变通":

1. 先根据两边比值的非负性,排除选项 C 和 D。用特殊值法代入选项 A,发现 $a=b$,与已知条件"$a^2-ab-b^2=0$"相悖,排除选项 A,故得到正确选项 B。

2. 由 $\tan A=\dfrac{a}{b}$ 联想到在等式"$a^2-ab-b^2=0$"两边同时除以 b^2(在考虑 $b^2\neq0$ 的前提条件下),得到 $\left(\dfrac{a}{b}\right)^2-\left(\dfrac{a}{b}\right)-1=0$,再用整体思想将 $\dfrac{a}{b}$ 看作一个未知数,解方程后舍去负值,即可得到正确答案 B。

3. 由"$a^2-ab-b^2=0$"变形得到"$a^2=b(a+b)$",即较长线段 a 是较短线段 b 和原线段 $a+b$ 的比例中项,利用黄金分割点的定义,得到 $\dfrac{b}{a}=\dfrac{a}{a+b}=\dfrac{\sqrt{5}-1}{2}$,所以 $\dfrac{a}{b}=\dfrac{1+\sqrt{5}}{2}$。

【点评】整合学生求异的思维能力,既要注重思维定式的形成,又要注重消除思维定式的负面影响,两者缺一不可,而在实际的教学中,后者易被忽视。

在学习有理数时,比较 $\frac{10}{17}$,$-\frac{12}{19}$,$\frac{15}{23}$,$-\frac{20}{33}$ 的大小。

习惯上先通分母,再比较新的分子,运算起来比较烦琐、耗时。若"变通"一下,先通分子,再比较新的分母,运算起来简单多了,究其解题时思路堵塞的原因,往往是思维定式惹的祸,因此很有必要利用"变通"消除思维定式负面影响,防止思维定式走向思维僵化的极端。

【点评】在教学中到处可见求异思维,如应用题教学中的条件不变变换问题、问题不变变换条件、结构不变变换内容,以及"一题多解"等,通过"变通"培养学生思维的求异性和灵活性。

由此可见,在平时教学中,应经常反思和创新教学方法与手段,尽可能通过"变通"培养学生对数学的热情。变则通,通则恒久,学会"变通",思维一转天地宽。

第三节　高阶思维下的教学探索

高阶思维下的课堂教学越来越得到同行的认同,它是培养数学创新思维的有效载体,可以从设计情境、探究定理、追问疑点、倡导编题四个方面入手,通过学生同感、共情、猜想、探索、批判、思辨、创新、评价来展现高阶思维课堂,从而促成学生数学核心素养的提升。

美国教育家杜威(J. Dewey)提出了"反省思维分析"理论,认为反省思维是一种高阶思维,并且提出了"思维五步"。钟志贤教授认为,高阶思维在教学目标分类中表现为分析、综合、评价和创造,认为高阶思维主要由创新能力、问题求解能力、决策力和批判性思维能力构成。因此,问题解决能力、推理能力、探究能力、表达能力和构思能力是数学高阶思维能力的主要方面。

为了培养学生的理性精神、数学思维能力,教学课堂应从低阶思维走向高阶思维,这是教学方式变革的需要,也是学生数学核心素养的提升与发展的需要。信息时代,需要学会检索和筛选信息、分析和应用信息。追求高阶思维课堂是提高教育教学质量和培养创新人才的有效途径。那么,如何达成高阶思维下的数学课堂教学?以"探索勾股定理(2)"为例,谈谈高阶思维下数学课堂教学的策略。

一、设计情境,在同感与共情中培养高阶思维

生活中处处有数学,把数学与人类的活动、经历和经验结合起来,让学生体会数学的历史与价值。在课堂教学中,恰当的问题是探究式教学的起点和关键点,问题的质量直接影响后续探究环节。那么如何设计课堂情境?需要创设问题诱导情境,将学生的质疑、猜测唤醒。

教师:公元前 2700 年左右,古埃及人已建成世界闻名的七十多座大大小小的金字塔。当时没有直角三角板,更没有其他先进的测量仪器。可是,这些金字塔的塔基都是正方形,这确实是个谜,古埃及人是用什么方法得到直角的?

(学生疑惑、思考、猜测……)

教师:直角三角形两直角边的平方和等于斜边的平方,这是我们已学的勾股定理。那么,你能说说它的逆命题吗?

学生 1:如果三角形中两边的平方和等于第三边的平方,那么这个三角形是直角三角形。

教师:不错!命题是否正确呢?也就是勾股定理是否有其逆定理?

学生 2:如果正确,这就需要加以证明。

教师:我们的祖先用 13 个等距的结把一根绳子分为等长的 12 段,一个工匠同时握住绳子的第一个结和最后一个结,两个助手分别握住第 4 个结与第 8 个结,拉紧绳子,就会得到一个直角三角形,如图 1-3-1 所示。大家有什么思考?

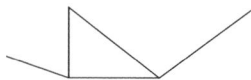

图 1-3-1

学生 3:这不就是说明勾股定理的逆定理是存在的吗?

【点评】 本环节既让学生感受数学发展中的趣事,又复习了勾股定理,为引出勾股定理的逆定理做了铺垫。

高阶思维的产生源自学生追求解决有意义的问题,课堂的情境导入是否能满足学生的思维好奇心显得尤为重要。为了让课堂导入指向高阶思维,笔者在高阶思维数学课堂教学的情境引入中进行了如下探索与思考。

(1)设计有同感的情境。案例中"古埃及人是用什么方法得到直角的?""拉紧绳子,就会得到一个直角三角形。大家有什么思考?"可以激发学生的学习积极性,为问题解决提供内驱力。将解决问题所需的数学知识、策略方法及探索原点镶嵌于有意义、生活化的情境之中,激发学生的学习主动性。共情是高阶思维教学立足点。

（2）设计有探究性的问题。情境的设计虽然来自于生活实践,但前提是学生能积极参与,那么应设计具有探究价值的问题。本环节对勾股定理的逆定理是否成立进行设计,为接下来的探究做准备,从而实现思维层次的提升。

二、探究定理,在猜想与探索过程中培养高阶思维

思维的表现需要学生在问题发现、思考解决、猜想比较、结论评判的基础上做出决策,同时需要学生在课堂上进行讨论、对比、猜想、选择、确定、证明、反思交流等。探究活动可能促使学生认真分析和交流问题,经历观察、分析、比较、概括、证明等高阶思维下的探索,从而体验探究过程,获得结论。高阶思维下的课堂需要这样的猜想与探索过程。

如图 1-3-2 所示,在 $\triangle ABC$ 中,$BC=a$,$AC=b$,$AB=c$,且 $a^2+b^2=c^2$,求证:$\triangle ABC$ 是直角三角形($\angle C=90°$)。

教师:请同学们进行小组讨论,希望大家能探索出多种证明方法,可以借用桌子上的两个直角三角形纸板,$BC=B'C'$,$AC=A'C'$,$\angle C'=90°$。

学生 1:先观察这两个直角三角形纸板,发现一个画着直角符号(图 1-3-3),另一个没有,于是令 $B'C'=a$,$A'C'=b$,记 $A'B'=c'$,则 $a^2+b^2=c'^2$,因为 $a^2+b^2=c^2$,可得 $c'^2=c^2$。再利用 SSS(三角形全等条件)证明这两个三角形全等,得出 $\angle C=\angle C'=90°$,所以 $\triangle ABC$ 是直角三角形。

教师:很好! 通过勾股定理可知,第三组对应边相等,还有其他方法吗?

学生 2:如图 1-3-3 所示,受学生 1 的启发,我想构造一个直角三角形,使得 $B'C'=a$,$A'B'=c$,$\angle C'=90°$,然后由勾股定理得 $b^2=b'^2$,从而 $b=b'$,然后利用 SSS 证明这两个三角形全等,得出 $\angle C=\angle C'=90°$,所以 $\triangle ABC$ 是直角三角形。

教师:太棒了! 这两位同学的方法叫作构造法! 还有不同的想法吗? 提示一下,如果 $\angle C$ 不是直角,那会是什么角?

(教室立刻热闹起来了……)

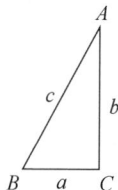
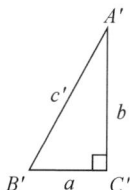
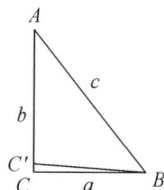

图 1-3-2　　　　　图 1-3-3　　　　　图 1-3-4

学生3:如图1-3-4所示,如果∠C≠90°,则∠C为锐角或者钝角。当∠C为锐角时,过点B作$BC'\perp AC$于点C'。设CC'为x,BC'为y,则在$Rt\triangle BC'C$与$Rt\triangle BC'A$中,由勾股定理得$\begin{cases}y^2+(b-x)^2=c^2,\\x^2+y^2=a^2,\end{cases}$整理得$a^2+b^2-2bx=c^2$。又因为$a^2+b^2=c^2$,可得$2bx=0$,由于$b\neq0$则$x=0$,与题设中$b\neq0$矛盾,得到$C$与$C'$重合,得证。同理,如果∠C为钝角,可得结论一致。

教师:真会动脑筋!这是一种新方法,数学上叫作"反证法"。大家能否用自己的语言来叙述这个直角三角形的判定定理?

(学生合作讨论,教师在严密与规范上进行提醒。)

文字语言:如果三角形中两边的平方和等于第三边的平方,那么这个三角形是直角三角形。这是勾股定理的逆定理,也是直角三角形的判定定理。

几何语言:在$Rt\triangle ABC$中,$BC=a$,$AC=b$,$AB=c$且$a^2+b^2=c^2$,所以$\triangle ABC$为直角三角形,∠C=90°。

【点评】学生合作探究,这是本教学片段中的重要环节,也是新课程倡导的学习方式。将勾股定理与全等三角形相结合,同时引导学生利用直角三角板去构造,为学生提供了思考方向,但"反证法"学生接触得少,较难形成思路。在探究时,这些富有探索性和创造性的探究活动将帮助学生形成高阶思维,教师应该引导学生不断地猜想与探索,让学生独立思考。

为了使课堂导向高阶思维,笔者在课堂教学中进行了如下探索与思考:

(1)设计引导探究活动。勾股定理的逆定理的探索是本堂课的难点,勾股定理与全等三角形是学生已经掌握的知识,那么如何利用"构造法"将两者结合起来,就需要教师的引导。在本教学片段中,教师巧妙地提醒学生利用两个直角三角形纸板,让学生经历探索的过程,促进其转变学习方式,在利用"构造法"的证明后,引导学生用"反证法"证明,凸显思维层次。

(2)体验问题解决方法。以问题为契机,启发学生自主思考、解决问题,并概括解决问题的方法。在本教学片段中,"构造法""反证法"均属于体验问题解决方法。

三、追问疑点,在批判与思辨过程中培养高阶思维

思维的行为表现需要学生在对理解问题、探求策略、猜想判断、验证反思的基础上深层次地理解、推广与运用知识。课堂教学中有很多探点、疑点,需要教师在追问的基础上引导学生进行探索,从而实现高阶思维课堂。

教师：直角三角形的三边都是整数，这样的三个整数称为一组勾股数，比如，3,4,5 就是一组勾股数，请问，还有哪些勾股数？你寻找勾股数的方法是什么？

学生1：6,8,10;9,12,15……方法是 $3n,4n,5n$（n 为正整数）。

教师：你的方法非常好！还有没有其他寻找勾股数的方法？

学生2：观察以上三组勾股数，发现 $3^2 = 4+5, 5^2 = 12+13, 7^2 = 24+25$，猜想可得到规律为 $n^2 = \dfrac{n^2-1}{2} + \dfrac{n^2+1}{2}$（$n$ 为奇数）。

教师：很好！有没有寻找勾股数的更一般的方法？

（学生专注地思考、画图。）

教师：已知 $\triangle ABC$ 的三边长分别为 a,b,c。且 $a = m^2 - n^2$，$b = 2mn$，$c = m^2 + n^2$。其中 m,n 是正整数，且 $m > n$。$\triangle ABC$ 是直角三角形吗？请说明理由。

学生3：$\triangle ABC$ 是直角三角形，利用勾股定理的逆定理证明 $a^2 + b^2 = c^2$，即可得到结论。

教师：不错，虽然没有完成"寻找勾股数的更一般的方法"的任务，但是这个探点与疑点给我们提供了一个方向。哪位同学来说明一下？

学生4：只需取任何两个正整数 m,n，且 $m > n$，然后构造三个数 a,b,c，使得 $a = m^2 - n^2$，$b = 2mn$，$c = m^2 + n^2$，分别以 a,b,c 为三边的三角形一定是直角三角形，a,b,c 就是勾股数。

教师：很好！你能举个例子吗？

学生4：如 $m = 5, n = 4$，则 $a = m^2 - n^2 = 9$，$b = 2mn = 40$，$c = m^2 + n^2 = 41$，而 9,40,41 就是勾股数。

教师：同学们，为他点赞！实际上我们这个交流过程，相当于在探索 $x^2 + y^2 = z^2$ 的正整数解，而且存在很多正整数解，符合这样的正整数就称为勾股数，是不是？

众生：是的。

教师：好！那么，当整数 $n > 2$ 时，关于 x,y,z 的不定方程 $x^n + y^n = z^n$ 有没有正整数解？

学生5：应该有吧，就是不知道怎么找。

教师：确实如此，感觉是有解的，但数学不能凭感觉。到目前为止，我们就是找不到这样的正整数！事实上，早在 17 世纪，就有这样的猜想，即费马大定理：当整数 $n > 2$ 时，关于 x,y,z 的不定方程 $x^n + y^n = z^n$ 没有正整数解。

历经 300 多年几代数学家的努力,该定理最终在 1995 年被英国数学家安德鲁·怀尔斯所证明。

（学生聚精会神聆听、畅想、思索,仿佛进入神奇的数学历史长殿堂。）

【点评】 教学中,从"勾股数"这一探索点开始,创设相关问题情境,使学生的思维从被动变为主动。从存在勾股数到寻找一类勾股数再到求勾股数的方法,从低阶思维到高阶思维。高阶思维的培养需要学生质疑和追问现有的结论,形成探点与疑点,再引导学生进行猜想、判断、思辨、证明、反思,以生成可行的方案和正确的结论。

为了使课堂指向高阶思维,笔者在探点、疑点追问环节进行了如下探索与思考。

（1）创建"思辨"氛围。或许学生的疑惑、质疑、评判是与生俱来的,但批判性思维绝不是天生的。只有经常创建"思辨"氛围,学生才会将"批判"作为一种思考方式,因此,为学生创建"思辨"氛围,选择或设计恰当的探点,不断地追问探索,才能培养学生无穷的思维创造力。

（2）创设探点追问问题。探点追问问题的创设,需要教师大胆地去改组教材、优化教材、超越教材,在理解教材的前提下,根据学情,针对探点,创设问题。在问题对话中经历质疑—猜想—思辨—论证的过程,获得分析、解决问题的过程体验,这对提升学生的数学核心素养和思维品质很有帮助。

四、倡导编题,在创新与评价中指向高阶思维

在课堂上让学生用好已学的知识与方法,通过设计、修改、评判、建议、制作等行为,创设新的问题,进行编题和鉴题,对培养创新能力是非常有效的。高阶思维的课堂需要展示学生的创新、评价,使其获得成功体验。

如图 1-3-5 所示,在四边形 $ABCD$ 中, $AB=3$, $BC=4$, $CD=12$, $AD=13$, $\angle B=90°$,求四边形 $ABCD$ 的面积。

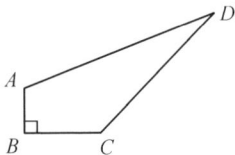

图 1-3-5

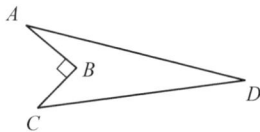

图 1-3-6

本题是为了巩固两大定理而设计。需要连接 AC ,教师引导后学生很容

易找到求解方法。

教学后进行变式练习:题干不变,如图1-3-6所示,求四边形$ABCD$的面积。

这道变式练习题难度不大,采用割补法,由学生独立完成,教师巡视后评析。接着,教师提出要求:哪位同学能够设计一个问题将两种情况融合在一起,然后求解。

学生1:在四边形$ABCD$中,$AB=3$,$BC=4$,$CD=12$,$AD=13$,$\angle B=90°$,求四边形$ABCD$的面积。

学生2:我觉得不严谨,我们初中阶段的四边形不包括凹四边形。

学生3:有一块四条边围成的农田,边长依次为3m,4m,12m,13m,其中边长为3m和4m的夹角为90°,求该农田的面积。

学生2:不切实际,哪有这么小的农田!

学生4:有一块由四条田埂围成的农田,田埂长依次为30m,40m,120m,130m,其中长为30m和40m的夹角为90°,求该农田的面积。

教师:在同学们的交流中题目越来越完善了。

【点评】本环节主要让学生发挥个人的创新能力、逻辑推理能力及表达能力等。从编题到鉴题,锻炼学生猜想、比较、评价、创造等技能,在问题解决的过程中,高阶思维能力的培养相伴而生。至于题目的合理性、严密性,可以让其他学生展开讨论,并做出鉴别、选择和改进。

为了使课堂指向高阶思维,笔者在倡导编题鉴题上进行了如下探索与思考。

(1)问题设计要开放。编题鉴题环节能给学生展示已学知识、方法和思想的机会。通过教学片段的反馈,了解到学生能够运用一些方法和策略,且非常关注数学问题的严谨性与逻辑性。值得强调的是,问题设计要开放,否则,会限制学生进行串联与重组新旧知识,从而约束学生进行反思、鉴别、创新等思维活动,达不到发展高阶思维的目的。

(2)鼓励学生从不同角度编题。高阶思维能力的培养需要学生在探索问题的同时从不同角度提出问题,这从某种意义上来讲也是一种创新。这种创新能力的培养是数学教育的核心所在。

美国著名数学家波利亚曾主张,数学教育的主要目的之一是培养学生解决问题的能力,教会学生如何思考问题,要关注学生的深度思维过程。深度思维过程的实质就是高阶思维。改变低阶应试式课堂,促进学生高阶思维能力的发展,已成为现代教育的核心取向与价值追求。因此,课堂教学不能只停留在课堂内容变革与目标达成上,应更多关注学生的思维品质养成和思维创新等问题。

第四节   如何在教学中培养学生的批判性思维

美国当代数学教育革新的核心任务是对批判性思维和问题解决能力的培养。我国也提倡善于发现问题和批判性地提出问题,有解决问题的兴趣和热情。但在很长时间内,受应试教育的影响,灌输式教学大行其道,批判性思维被扼杀在摇篮中,学生缺乏创造力。在数学课堂中,学生很难"持怀疑"态度,很难做到因深信数学的本质属性而坚持不懈地思考与论证。

因此,开展敢于怀疑的批判性思维课堂教学已经刻不容缓。那么,该如何开展指向批判性思维的数学课堂教学呢?

一、变革学习方式,创设批判氛围

变革学习方式已经成为新时期教育的共识,通过自主学习、小组合作、问题探究等方式,不断启发学生开展质疑、讨论、辩证等教学活动,逐步创设批判氛围。批判性思维的培养需要班级的思辨氛围,教师应大胆地变革学习方式,让学生畅所欲言、积极思辨。

教师:上一节课,我们学习了二次根式的相关性质,现在有一个问题:试比较 $2\sqrt{3}$ 与 $3\sqrt{2}$ 的大小。

学生1:我知道! 由于 $2\sqrt{3} \approx 2 \times 1.732 = 3.464$,$3\sqrt{2} \approx 3 \times 1.414 = 4.242$,故后者大。

学生2:我觉得上述方法不好,万一不知道 $\sqrt{2}$ 与 $\sqrt{3}$ 的近似值怎么办? 如比较 $7\sqrt{8}$ 与 $8\sqrt{7}$ 的大小关系呢?

教师:嗯。真不错! 请同学们自主思考解决办法,3min 后进行小组讨论,讨论 2min 后,再选派一位同学介绍你们组解决该问题的一种好办法。

教师:好,5min 时间到,现在请哪一组先来?

学生3:我们组将 $2\sqrt{3}$ 化为 $\sqrt{12}$,$3\sqrt{2}$ 化为 $\sqrt{18}$,于是一目了然。

学生4:我们组将 $2\sqrt{3}$ 平方得12,$3\sqrt{2}$ 平方得18,根据一个正数平方后的值越大,被开方的值也越大。

学生5:我们组将 $2\sqrt{3}$ 与 $3\sqrt{2}$ 分别扩大 $\sqrt{2}$ 倍,得 $2\sqrt{6}$ 与 6,再同时缩小 2 倍得 $\sqrt{6}$ 与 3,观察即可得。

学生6：我们组对 $2\sqrt{3}$ 与 $3\sqrt{2}$ 作商，得 $\dfrac{2\sqrt{3}}{3\sqrt{2}}=\dfrac{2\sqrt{6}}{6}=\dfrac{\sqrt{6}}{3}<1$，得后者大。

学生7：利用已学勾股定理，边长为1的正方形对角线是 $\sqrt{2}$，斜边2截直角边1得 $\sqrt{3}$，我们组将 $2\sqrt{3}$ 与 $3\sqrt{2}$ 分别画在边长为9的正方形格子内，然后比较线段的长短。

【点评】通过自主探索、合作交流、问题探究等学习方式，营造学生敢于质疑、敢于批判的良好课堂思辨氛围，为发展批判性思维创设条件。此外，还能够增强学生对学习数学的自信，激发学生主动思考的内驱力，彰显"以学为中心"，体现学生的主体地位。创设班级内的批判氛围，还利于融合学生自己理解的"数学观点"，鼓励了学生的再创造。

二、引导探疑"破定"，力求批判深度

在数学学习中，唯教材、唯教师、唯权威是学生的潜在弱点，学生普遍存在一种"安逸获得"的心理，对知识信息、方法结论缺乏质疑的勇气和探疑的欲求，这就是思维定式。它产生的负效应影响了学生的创造力。要提倡与引导探疑"破定"，培养批判精神和树立创新意识，逐步引导学生加大批判力度与深度，这样有利于学生的深度学习和实践创新，从而提升学生的数学素养与关键能力。

教师：通过初步学习数据分析，我们对统计量的选择有了一定的认识。哪位同学来说一下学习了哪些统计量？

学生1：平均数、中位数、众数、方差、标准差。

教师：很好，下周我们八年级9个班将进行校歌、国歌比赛，评委是各班文艺委员，每个班级的得分如何确定比较合理科学？取平均数吗？

学生2：我觉得取平均数不太合适，比如 93，80，81，84，84，85，86，88，60。第一位评委似乎有些偏私，最后一位评委估计也有偏见，取平均值有失公允。

教师：嗯。那么中位数可以吗？哪位同学来陈述一下？

学生3：我觉得也不太好，比如 81，81，80，80，79，87，88，91，90，就显得不公平，中位数没有代表性。

教师：举例不错！那么众数呢？

学生4：我觉得众数更不公平，刚刚这位同学的例子就证明了这一点，也没有代表性。

教师:那怎么办?

学生5:我觉得去掉一个最低分和一个最高分,然后取平均数,就比较合理。

教师:真厉害!掌声鼓励一下!因为这位同学创造了一个新统计量,老师暂时称它为去端平均数,使统计更科学且可操作。事实上,中位数、众数不能充分利用全部数据信息,平均数又容易受极端值影响。

教师:还有其他想法吗?取标准差或者方差,行不行?

学生6:我觉得不可以,它们体现的是数据波动大小,不能反映整体水平。

教师:那有没有既体现评委的一致性,又能反映团队的真实水平的统计量?谁能像学生5那样创设一个统计量?

【点评】数据分析其实是一个复杂的思维过程,在选择统计量时学生往往惯性地认为"不是这就是那",存在思维定式。要引导学生探疑"破定",从多角度进行思考,明白统计量无好差之分,只有合理与不合理的区别,体会创设与选择统计量的重要性,用批判深度促进学习深度,用批判思维导向高阶思维。

三、设置探究问题,提升批判能力

探究性问题一般有一定的趣味性、可研究性,故其思维含量很高,有利于激发学生的解题欲望,同时进行质疑、批判和探究,活跃数学思维。设置思维含量高的探究问题,让学生进行主动探究、持续质疑、细致分析及理性思考,可提升学生的批判能力。久而久之,学生就掌握了批判能力,从而对问题本质的认识更深入、更多元。

问题1:一般地,物体从空中落地所用时间 t 与物体的高度 h 有近似关系式 $t=\sqrt{\dfrac{h}{5}}$,若物体的起始高度为102,则物体落地所用时间与下列最接近的是(   )

A.3   B.4   C.5   D.6

小明同学先把 $h=102$ 代入,求得 $t=\sqrt{20.4}$,发现 $16<20.4<25$,且16到25的中间数为20.5,故 t 靠近整数4,选择B。请同学们思考并探究是否正确,说明理由。

问题2:数轴上 A,B,C 三点代表的数分别是 $-10,5,10$,现在点 A 向右以每秒 2 个单位的速度移动,同时点 B 向左以每秒 2 个单位的速度移动,点 C 向左以每秒 3 个单位的速度移动,探索当时间 t 为何值时,其中一点到另外两点的距离相等。

问题 3:我们知道,判定两个三角形全等的主要方法有 SAS,AAS,SSS,ASA,没有 SSA,即"两边及一边的对角对应相等的两个三角形全等"不成立。但在一定条件下能用 SSA 判定全等,如"当两个三角形为直角三角形时成立"。请自行提出一个观点,并进行探究证明。

问题 4:将矩形 ABCD 纸片沿对角线 AC 剪开,得到△ABC 和△A'C'D,如图 1-4-1 所示。将△A'C'D 的顶点 A'与点 A 重合,并绕点 A 按逆时针方向旋转,使点 D,A(A'),B 在同一条直线上,如图 1-4-2 所示。

观察图 1-4-2,与 BC 相等的线段是_____,∠CAC'＝_____。

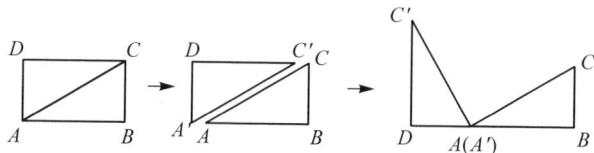

图 1-4-1　　　　　　　图 1-4-2

探究 1:如图 1-4-3 所示,△ABC 中,AG⊥BC 于点 G,以 A 为直角顶点,分别以 AB,AC 为直角边,向△ABC 外作等腰 Rt△ABE 和等腰 Rt△ACF,过点 E,F 作射线 GA 的垂线,垂足分别为 P,Q。试探究 EP 与 FQ 之间的数量关系,并证明。

探究 2:如图 1-4-4 所示,△ABC 中,AG⊥BC 于点 G,分别以 AB,AC 为一边向△ABC 外作矩形 ABME 和矩形 ACNF,射线 GA 交 EF 于点 H。若 $AB=kAE$,$AC=kAF$,试探究 HE 与 HF 之间的数量关系,并说明理由。

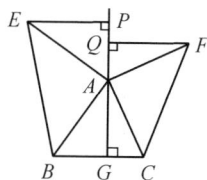　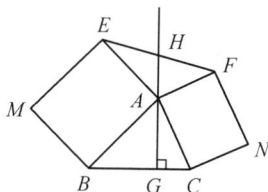

图 1-4-3　　　　　　图 1-4-4

【点评】 苏联著名心理学家维果茨基指出,提供思维含量高的探究问题,要考虑学生思维的"现有发展水平"和"潜在发展水平",这就是最近发展区理论。

因此,设置探究问题要恰当,要让学生"够得着",还能够"跳一跳"。教师在课堂内外设置探究问题,让学生有质疑、猜想、探究的时间与空间,久而久之,学生的批判能力将会不断提升。

四、提倡自编创编,优化批判品质

陆海涛教授认为,学生逐步学会理性质疑、保持独立分析、学会主动思考、学会辩证思维、学会审慎批判、善于开拓创造、学会谨慎反省和增强求真精神,逐渐养成批判性思维品质。教师要提倡学生自编与创编数学问题,从而提升学生的独立分析能力,增加批判的程度与深度。

教师:已知一次函数 $y=(1-2m)x+m-1$,要求每位学生在 3min 内自编一个问题,记录下来,然后在互动期间展示,并听取解答者的回答是否符合题意,如果符合就让对方提问。

学生 1:当 m 为何值时,该一次函数的图象与平分坐标系的夹角的直线平行?

学生 2:当 $1-2m=1$,即 $m=0$ 时,符合题意。

学生 1:不全面,有谁补充?

学生 3:当 $1-2m=\pm1$,即 $m=0$ 或 1 时,但 $m=1$ 与平分坐标系的直线重合了,故 $m=0$ 符合题意。

学生 1:嗯,正确。现在你的问题呢?

学生 3:函数的图象不经过第三象限,求 m 的范围。

学生 4:只需 $1-2m<0$ 且 $m-1>0$,即 $m>1$。

学生 3:不对,不够严密,谁来补充?

学生 5:只需 $1-2m<0$ 且 $m-1\geqslant0$,即 $m\geqslant1$,也就是过原点的正比例函数也是符合题意的。我的问题是"无论 m 取何值,该函数的图象一定经过一个定点,求这个定点。"

学生 6:将函数 $y=(1-2m)x+m-1$ 变形为 $y=(1-2x)m+x-1$,无论 m 取何值,当 $x=\dfrac{1}{2}$ 时,$y=-\dfrac{1}{2}$,可得定点为 $\left(\dfrac{1}{2},-\dfrac{1}{2}\right)$。

学生 5:有没有其他解法?

学生 7:由于无论 m 为何值,故任意取 $m=1$,$m=0$,得直线 $y=-x$ 与 $y=x-1$,求其交点为 $\left(\dfrac{1}{2},-\dfrac{1}{2}\right)$,就是该定点。我的问题是"函数的图象与坐标轴形成的三角形为含 $30°$ 角的直角三角形时,求 m 的值。"

【点评】通过师生互动、生生互动的学习方式，在质疑、分析、批判中不断优化问题的解决方案，同时，学生的批判思维品质得到逐步优化，思维的深刻性和创新性也得以加强。教师要提倡学生自主编题、创题、析题，注重启发式、导学式等教学方法，促进学生批判性能力的提升和思维品质的优化。

批判性思维是培育学生基本数学素养和数学能力的需要。我们要坚持"以学为中心"的课堂和践行培养学生核心素养的教育理念，要基于发展批判性思维逐步提升学生的创新能力。显然，批判性思维的培养不能一蹴而就，需要数学教育工作者的不断研究与实践。除上述基于批判性思维培养的数学教学策略分享外，笔者还有以下三点思考。

（1）提供批判样例。数学批判性思维样例作为旨在专门训练学生数学批判性思维的课堂教学手段，可以为学生学习与实践数学批判性思维提供榜样与示范。当然，这些样例要有代表性、过程性、普遍性、适切性。在数学教学中，教师引导学生逐步理解批判性思维的基本意义与基本内涵，通过分析具体的批判样例，帮助学生获得初步的批判性思维体验，促使学生逐步理解与掌握基本的批判方法，以及进行一定的批判性思维实践，培养学生批判性思维意识。

（2）留足批判时间。教师要合理选择与创设思维问题，要提供足够的空间和时间，特别是要留足发展批判性思维的时间，这有助于提升学生主动思考的意识、培育学生独立思考和自主探索的能力，发展学生的求真精神。教师还要有耐心，适时给予学生提示与引导，不强求在课内解决问题，而是鼓励学生课后质疑、思辨、探索。在一定程度上保证学生所提观点的过程性、真实性、原创性，让学生经过深度学习、充分思考、反复论证，对问题本质进行充分理解，能有别出心裁的见解，从而提升自身的批判能力和创新能力。

（3）强化有据可依。思维的论证性是思维批判性的高层次表现。因此，批判性思维不是简单地争吵输赢，而是论证数学观点的正确性。批判一个结论的缺陷性，需要数学证据的支撑。在教学中，教师应该有意识地要求学生为自己得出的数学结论引经据典，或者对某结论的缺陷举出反例，体会数学根据的条件性与时效性。让学生感悟数学思维的严谨性，促使其逐步养成质疑问题谨慎、思考问题全面、分析问题审慎、实事求是的思维习惯，使学生的学习更具敏锐性、批判性、探究性，培养学生良好的思维和学习品质。

第五节 指向高阶思维的问题驱动

根据美国著名教育家布卢姆对认知过程的划分，数学界将数学高阶思维初步定义为，在数学活动中发生的较高认知水平层次上的心智活动或认知能力。杜威认为，反省思维是一种高阶思维，并且提出数学高阶思维能力分别由问题解决能力、探究能力、推理能力、构思能力和创造能力等构成。

问题驱动课堂是以学生为中心、以思维为核心、以问题为主线的三个关键要素，"两心一线"将内容问题化、问题思维化、思维实践化，培养学生的高阶思维能力。笔者在"函数图象会说话"的教学中，以问题为载体，不断丰富问题背景，在问题驱动下进行探究，组织学生进行指向高阶思维的学习活动，让学生经历问题思考—问题分析—导学交流—判断质疑—评价创造的高阶思维过程，主要从疑题引入，激活思维；开放拓展，开拓思维；导学探究，延伸思维；变式评价，创造思维等方面进行实践。促使学生通过问题驱动课堂实践，提升高阶思维能力。

一、问题驱动下指向高阶思维的课堂实践

(一)疑题引入，激活思维

某飞机着陆后进行滑行，滑行路程 $S(\mathrm{m})$ 与滑行时间 $t(\mathrm{s})$ 的函数关系为 $S=60t-1.5t^2$，问：该飞机着陆后滑行多长时间才能停下来？

（学生通过画图，思考片刻……）

学生 1：画出图象，如图 1-5-1 所示，滑行 40s 后才能停下来。

教师：善于通过函数图象解决问题，这非常好！ 40s 滑行的路程 S 是多少米？

学生 1：当 $t=40\mathrm{s}$ 时，$S=0$，感觉不太对劲。

学生 2：应该是 20s 后才能停下来。

教师：为什么？

学生 2：根据实际，学生 1 画的图象错了，应该取函数图象对称轴的左边部分。

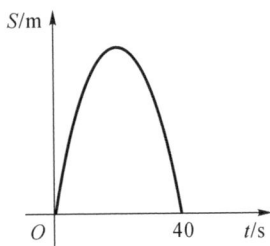

图 1-5-1

教师：真棒！ 由此可见，函数图象确实会说话，可以告诉我们很多信息，但图象首先要符合实际，同学们要重视这类"易错题"，要加大对这类题的研究与反思。

【点评】数学思维的起点和动力是问题,通过引入易错问题,激活学生的思维。错题释疑更容易吸引学生,促使其积极参与课堂交流。"函数图象会说话",绕不开发展数形结合思想,图象的正确与否将直接影响学生的思维,教学中引入疑题除了激活学生的思维,更为了警醒学生函数图象要符合实际。另外,教师通过问题引导促使学生进行反思,通过思维冲突,产生怀疑,培养学生的批判精神。问题解决后及时引导归纳提炼,提升学生分析、归纳、反思的能力。需要注意的是,由于学生平时的错题资源很多,我们要加以选择后再利用。

(二)开放拓展,开拓思维

如图 1-5-2 所示,圆柱形容器内水平放置着两个实心圆柱体组成的几何体,几何体的下方圆柱体底面积为 15cm^2,容器底面积为 30cm^2。现向容器内匀速注水,注水过程中,水面高度 $h(\text{cm})$ 与注水时间 $t(\text{s})$ 之间关系如图 1-5-3 所示,注满为止。解答下列问题:

(1)圆柱形容器的高为 _____ cm;(2)匀速注水的水流速度为 _____ cm^3/s。

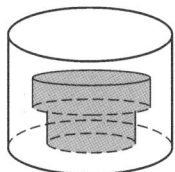 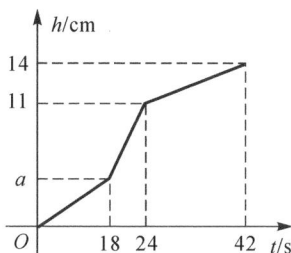

图 1-5-2   图 1-5-3

(留足够时间让学生自主思考后……)

教师:哪位同学自告奋勇,谈谈你的思考过程?

学生1:我观察坐标图的第三段末端,题中有"注满为止",故 14cm 就是圆柱形容器的高,但不知道水流速度公式。

教师:分析得好。注意 cm^3/s 为水流速度的单位,你想到了什么?

(学生1似有所悟,刚要回答,被学生2急切抢答。)

学生2:我知道了!水流速度应该是单位时间内流出水的体积,而且由第三段图象可知,水流速度为 $\dfrac{30(14-11)}{42-24}=5\text{cm}^3/\text{s}$。

教师:真不错。根据图 1-5-3,同学们还能提出问题吗?

（小组合作交流，学生进入思辨状态……）

学生 3：可以求 a 的值。

师师：哪位同学来回答？

学生 4：下方圆柱体底面积为 $15cm^2$，水流速度为 $5cm^3/s$，即 $18 \times 5 = a(30-15)$，$a=6$。

学生 5：可以求"几何体"上方圆柱的高。

学生 6：还可以求"几何体"上方底面积 S。

师师：嗯，哪位同学来求一下上方圆柱的高和底面积？

（学生跃跃欲试，很快就有了解决方法。）

教师：同学们真不简单！下面我们来总结一下，用函数图象解决问题要进行三看：一看轴、二看点、三看线，并且要关注端点与实际意义的"互译"。

【点评】发展高阶思维的关键途径是让学生在"思考—分析—交流—判断—评价—创造"的过程中，体会思维的碰撞、交流、内省。对于学生出现的不解和疑问或由于困惑、混淆或怀疑引发的暂时的思维不畅通，教师要加以疏导。开放拓展，是倡导学生自主学习、提出问题，并通过小组合作等学习方式进行思辨、评判，让学生体验问题提出的多角度、多样性，提高学生探究积极性。开拓思维促成学生的自我省思与策略调节，让学生经历综合分析、理解反思、创造评价，这是进行探究过程的核心收获。

（三）导学探究，延伸思维

对某教室内的饮水机开机加热，水温每分钟上升 $10℃$，加热至 $100℃$，停止加热，水温开始下降，此时水温（℃）与开机后用时（min）呈反比例关系，下降至 $30℃$ 进入自动加热阶段，重复上述自动程序。在水温为 $30℃$ 时，接通电源后，水温 y（℃）与时间 x（min）的关系如图 1-5-4 所示。为了在上午第一节下课时（8:45）能喝到不超过 $50℃$ 的水，应在当天上午哪个时刻接通电源。　　　　（　　　）

A. 7:20　　　B. 7:30　　　C. 7:45　　　D. 7:50

（学生思考与操作良久，没有头绪，于是教师开始导学。）

教师：同学们，接下来老师帮助大家进行思考，首先当第一次水温为 $100℃$

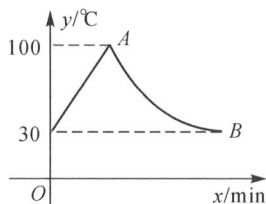

图 1-5-4

时的该点的坐标是什么？当水温第一次降至30℃时，该点坐标是什么？（导学1）

学生1：开机加热时水温每分钟上升10℃，由图1-5-5可知，$100-30=70℃$，$70÷10=7$min，故当水温为100℃时点 A 的坐标是$(7,100)$，从而得直线与反比例函数的解析式为 $y=10x+30$ 与 $y=\dfrac{700}{x}$。当 $y=30℃$ 时，$x=\dfrac{70}{3}$，即点 B 的坐标为 $\left(\dfrac{70}{3},30\right)$。

教师：从第一次开始加热到水温降至30℃，这个过程中水温不超过50℃的时间范围是什么？大家一起小组合作交流与探究。（导学2）

（经过讨论，答案逐渐明朗。）

学生2：如图1-5-5所示，水温不超过50℃的时间范围为 $0\leqslant t\leqslant 2$ 或 $14\leqslant t\leqslant\dfrac{70}{3}$。

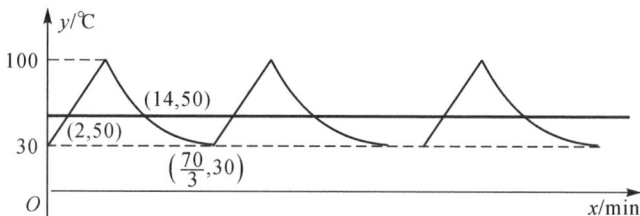

图 1-5-5

教师：从第一次开始加热到水温降至30℃，需要多长时间？接下来是不断循环这个过程吗？如果0:00开始加热，经过700min水温是否符合要求（不超过50℃），怎么思考？大家以小组为单位合作交流与探究。（导学3）

学生3：$y=10x+30$ 与 $y=\dfrac{700}{x}$，当水温降至30℃时，点坐标为 $\left(\dfrac{70}{3},30\right)$，得到 $\dfrac{70}{3}$min 为一个循环周期，700min 刚好为30个周期，符合要求。仍不能解决原题，没有思路。

教师：好的，接下来看看下面问题。(1)如果0:00开始经过701min水温是否符合要求（不超过50℃）？(2)为了在上午第一节下课时(8:45)能喝到不超过50℃的水，则接通电源的时间可以是当天上午的7:20吗？（导学4）

学生4：明白了，701min是30个周期余1，符合要求，从7:20到8:45用时85min，即 $85÷\dfrac{70}{3}=3+\dfrac{9}{14}$，3个周期余 $\dfrac{9}{14}$ 个周期，$\dfrac{9}{14}×\dfrac{70}{3}=15$min，符合要

求,故选 A。

教师:真棒! 其实导学 2 与导学 3 的区别在于条件"重复自动程序"(周期),那么用图来刻画,只需画一条直线 $y=50$,关注图中的交点与该线上方与下方,显然在直线 $y=50$ 下方的水温不超过 $50℃$。同学们,还有其他方法吗? 课外试一下……

【点评】"问题导学"是以核心问题为主线,解决问题为基石,引领学生在发现问题、生成问题、解决问题过程中掌握知识、技能、方法,形成自主学习能力,激发学习数学兴趣,促进学生高阶思维发展。通过问题导学,以解决问题为重心,开展以自主合作探究学习为主要特征的思维课堂。本教学片段中的 4 个导学问题的目的是引导学生解决问题,核心是"学",关键在"导",问题导学的有效性不仅需要教师关注如何创设"问题",引领学生解决问题,还要关注如何启发学生发现问题,表达自己的困惑,让学生也能提出"问题",真正做到问题引导学习,问题驱动学习。

(四)变式评价,创造思维

如图 1-5-6 所示,甲在离地 2m 的 A 处将排球发出,球沿着抛物线的一部分运行,当球到达距发球点水平距离为 6m 的地方时,达到最高,高度为 h,已知球网与发球点 O 的水平距离为 9m,高度为 2.27m,球场对面的边界距点 O 的水平距离为 18m,以点 O 为原点,OA 所在直线为 y 轴建立直角坐标系,当 $h=3m$ 时,球能过网吗? 请说明理由。

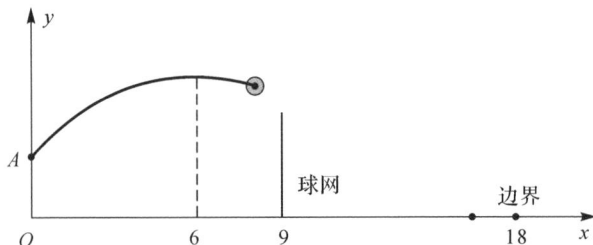

图 1-5-6

(有了前面的教学,学生很快有了解决问题的办法。)

学生 1:根据题意,$h=3$,设该抛物线为 $y=a(x-6)^2+3$,且过点 $(0,2)$,得抛物线 $y=-\dfrac{1}{36}(x-6)^2+3$,取 $x=9$,代入得 $y=2.75>2.27$,故球能过网。

教师:嗯,不简单。若题干不变,将问题变为"若球一定能越过球网,求 h 的取值范围"。(变式1)

学生2:根据题意,设该抛物线为 $y=a(x-6)^2+h$,且过点 $(0,2)$,得 $a=\dfrac{2-h}{36}$,抛物线 $y=\dfrac{2-h}{36}(x-6)^2+h$,取 $x=9$,代入得 $y=\dfrac{2-h}{36}(9-6)^2+h>2.27$,故 $h>2.36$。

教师:若球既能越过球网,又不出边界,求 h 的取值范围。(变式2)

学生3:在 $h>2.36$m 时,$y=\dfrac{2-h}{36}(x-6)^2+h$,取 $x=18$,代入得 $y=\dfrac{2-h}{36}(18-6)^2+h<0$。

学生4:不对!应该是 $y=\dfrac{2-h}{36}(18-6)^2+h\leqslant0$,解得 $h\geqslant\dfrac{8}{3}$,在 $h>2.36$ 时,$h\geqslant\dfrac{8}{3}$。

教师:在实际情况下,发球后球飞跃的最高点不超过8m,要求球既能越过球网,又不出边界,则人应该在何处发球?请在课后研究。(变式3)

【点评】 变式是数学的魔方,也是创新的训练场。变式促进交流与评价,是一种再创造,可以在带领学生解决问题的过程中培养他们的高阶思维。美国著名数学家波利亚指出,发展学生解决问题的能力是数学教育的主要目的之一,尤其是在变换不同背景下的问题理解与分析的能力。改变就题论题的课堂,培养学生通过变式解决问题的能力,已成为判断学生创新能力强弱的标准之一,应该得到数学教育工作者的高度重视。另外,需要引导学生进行课后研究,给出问题的变式,引导学生在函数图象环境中继续探究,让学生对问题解决方法进行再认识和再创造,从而达到培育学生高阶思维的目的。

二、问题驱动下指向高阶思维的思考

(一)问题驱动,问题选择与创设是前提

问题驱动是以学生为主体、以选择与创设的问题为学习起点,围绕问题解决推动学习内容,让学生在寻求问题解决方案的同时提升思维能力。叶澜教授曾提到,驱动学生思维的有效载体是好的数学问题,新基础教育成功的关键指标之一是教师们关注数学课堂教学过程中的问题设置。因此,为了让学生更好地回顾旧知、发展数学高阶思维、完善学习品质,应该选择与创设好的数学问题。同

时,初中数学专题课堂中的知识呈现与生成、数学思维训练以及价值体现,都需要以问题为驱动。因此,选择与创设数学问题非常关键,对于学生来说,一堂有效的数学课堂教学,一定是有效问题组合体的进行曲。

(二)高阶思维,过程启发与引导

高阶思维能力的培养是通过共鸣、共情、猜想、探索、批判、思辨、创新、评价等共同促进的过程。在问题理解、问题分析、策略探求、猜想比较、结论判断、后期验证的基础上,对知识有更深层次的理解、推广与运用,这需要教师的启发与引导。问题驱动就是"问题教学",基础在于思维活动的启发与引导,因此,教师是思维的"唤醒者",唤醒的过程就是学生思维能力不断提升的过程,是高阶思维能力发展的过程。

(三)专题课堂,注重内化与反思

在专题课堂上,教师要注重内化与反思,舍得留出一定时间让学生大胆尝试,并适时引导,以协助学生找到解决问题的核心与方法,挖掘思维深度。这需要进行学习方式的变革,提倡探究式、问题解决式、自主式、合作交流等学习方式。探究式学习对高阶思维的养成尤其重要,这是由于探究尝试的过程就是发展高阶思维的过程。另外,要注意解决问题后留出时间让学生进行内化,内化的过程就是自我提升的过程,是将探究策略与经验内化的数学素养过程。学生学习能力发展是专题课的着眼点,通过课堂学习,创新数学思维方式,积累解决问题的方法,并不断进行反思。反思是一种学习品质,可提升学生的优化意识。教师也要明白,高阶思维能力的培养是细水长流、潜移默化的过程,不能一蹴而就,要有耐心和信心在日常教学中不断以合适的方式引导和培养学生。

第六节　发展应用意识的数学教学实践

数学源于现实,也服务于现实,数学应用具有深刻的广泛性与重要性。《新课标》明确指出,要让学生接受将实际问题抽象为数学问题的训练,形成应用数学的意识。教育部发布的《中国学生发展核心素养》也提出,培养学生的实践能力和创新精神是实现素质教育的时代特征。由此可见,发展应用意识的数学教学,已成为迎接当下知识经济、人工智能时代的重要教育任务,必然满足人们对学数学、用数学的强烈要求。

长期以来,受应试教育的影响,教学活动枯燥、乏味、抽象,学生乃至教师对数学的理解就是"做题目",对数学的应用意识非常淡漠。20世纪90年代,随着科学技术运用与变革,中国数学教育界逐步意识到要强化数学的实践与应用,如设置实践与综合应用领域,就是为了扩大教学中的数学与现实生活中的数学间的紧密联系,引导学生将所学的数学知识用于解决生活中的问题。

可见,在教学中,应该着力培养学生的数学应用意识,强调数学应用的重要性,培养学生的应用创新和实践意识。那么,如何开展培养应用意识的数学教学呢?

一、设置激趣诱导,体验新知学习的必要性

设置激趣诱导引发学生的思维与认知冲突,使其感受到学习新知的必要性和迫切性。《新课标》指出,通过组织一些与教学内容相关的活动,讲述一些有趣数学故事,或创设一些激发学生思维的问题,不仅可以激发学生的兴趣、活跃其思维,也会使学生的注意力迅速集中,促使学生产生强烈的新知学习欲求,发展数学应用意识。

【教学片段1】"因式分解"教学

教师:我国正在进行美丽乡村建设,小明爷爷的农村老家也开展了这样的行动。小明的爷爷想美化一下栅栏,如图1-6-1所示,他发现有三块长方形栅栏片的宽都是0.17m,长分别为3.10m,3.76m,3.14m,请同学们帮他计算一下三块长方形栅栏片的总面积。

图1-6-1

学生1:总面积等于$0.17 \times (3.10 + 3.76 + 3.14)$。

教师:好,还可以有怎样的计算方式?

学生2:还可以这样,总面积等于$0.17 \times 3.10 + 0.17 \times 3.76 + 0.17 \times 3.14$。

教师:很好! 很明显这两个式子都是三块栅栏片的总面积,同学们更喜欢用哪一个计算?

众生:当然是第一个!

教师:为什么呢?

众生:第二个太烦琐。

教师:嗯。我们学了用字母表示数,谁能用字母表示这样的简化过程?

学生3:$ab + ac + ad = a(b + c + d)$。

教师:不错!那么,这是一种什么变形呢?让我们一起进入"因式分解"的学习。

【教学片段2】"二次函数应用"教学

教师:同学们喜欢篮球运动吗?

众生:喜欢。

教师:本节课老师将与同学们一起研究"篮球运动中的数学问题",同学们加油啊!

如图1-6-2所示,在一场篮球赛中,运动员小姚在距篮圈中心水平距离4m处跳起投篮,篮球运行的轨迹是抛物线,当球运行的水平距离为2.5m时,达最大高度3.5m,然后准确落入篮圈(不考虑打板入篮)。已知,篮圈中心到地面的距离为3.05m,该运动员身高为1.8m,在这次跳投中,球在头顶上方0.25m处出手,问球出手时小姚跳离地面的高度是多少?请同学们审题,寻求解决问题的方法。

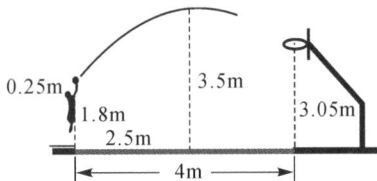

图 1-6-2

【点评】 在教学片段1中,教师把教材中的内容创设成生活中的问题,把问题情境换成学生身边的事物。这样的情境变换,让学生迅速体会到数学在现实生活中的应用价值,在激发学生兴趣的同时,让学生感受到后续学习"因式分解"的必要性。在教学片段2中,呈现的数据贴近生活、源于生活,这对喜欢篮球运动的学生来说感觉比较亲近。这种源于生活的现实问题能唤起学生用数学的眼光审视生活,积极参与数学活动,尝试用数学知识、方法、思想解决问题的应用意识和心理冲动,培育学生的数学敏感性和应用意识,使其感受数学的价值和趣味性。

二、开展数学活动,感受数学实践的普遍性

美国心理学家布鲁纳提出,数学的"活动学习"是一种在数学活动中自主发现、交流验证、合作应用获得知识、结论和规律的学习,对于学生体会数学的实用性非常有效,所以,教师要将知识性与应用性有机地结合起来,通过开展数学活动,引导学生感受数学知识与应用实践是普遍存在且密不可分的,逐步发展学生的数学应用意识。

"无理数"教学

通过对 A4 纸长与宽的估计、度量、折叠等活动,探索 A4 纸长与宽的比,解释无理数的存在现象。可设计如下实验:将一张 A4 纸按照如图 1-6-3 所示的方式折叠(先折出一个正方形,再将折叠后的纸片以 45°角对折),发现正方形的对角线与原 A4 纸的长边恰好重合,进而发现 A4 纸长与宽的比为 $\sqrt{2}:1$,帮助学生理解无理数的存在现象,这比教师的口头讲解效果好得多。

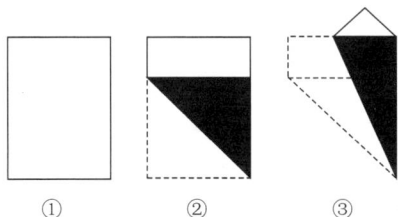

图 1-6-3

"二元一次方程"教学

可以通过测量硬币的厚度和质量的实验,体会二元一次方程组是解决实际问题的一个有效的数学模型。可以设计如下实验:(1)设计一种方案,分别测量一枚 5 角和 1 元硬币的厚度和质量;(2)将若干 5 角和 1 元的硬币混合在一起叠起来,用尺测量厚度,此时你知道 5 角和 1 元的硬币各有多少枚吗? 为什么? (3)如果再用天平称出这些硬币的质量,这时你知道 5 角和 1 元的硬币各有多少枚吗? (4)分小组提出类似问题,并利用二元一次方程组求解。

【点评】有意识地利用数学的概念、原理和方法解释现实现象,解决现实问题。学生可以通过实验(测量)了解和体会"实际问题—建立数学模型—应用已有知识解决问题"的过程,从而增强问题意识和自主探究意识,发展数学应用意识。

三、创设实际问题,领悟知识运用的广泛性

数学应用意识在某种意义上是将实际问题转化为数学问题的意识。因此,解决实际问题不仅能够发展数学应用意识,还能让学生领悟数学在现实生活中的广泛应用。

1.某机械厂的一个车间生产螺钉和螺母,该车间有 40 名工人,每人每天平均生产 600 个螺钉或 300 个螺母,已知 1 个螺钉配 2 个螺母。如何分配生产螺钉和螺母的人数,才能使每天的产品刚好配套?

2.有一条河,它的两岸是平行的直线,要在这条河上架一座桥,要求桥与河岸垂直,请提供一种设计方案,使河两侧离岸较远的 A 地与离岸较近的 B 地间的路程最短。画出示意图,并说明理由。

3.某服装厂生产领带和西装,领带定价每条 50 元,西装定价每套 300 元。春节期间,厂方开展促销活动,提供两种优惠方案:①买西装送领带,一套西装送一条领带;②领带和西装都按定价的九折付款。现某客户打算购买西装 20 套,领带 x 条($x>20$)。

（1）若该客户按方案①购买,需付款_____元（用含 x 的代数式表示）;若该客户按方案②购买,需付款_____元（用含 x 的代数式表示）。

（2）自编一道题,写出解题过程。

另外,通过用火柴棒搭建正方形、三角形的游戏,发现拼图的方法;通过透明纸画平行线、垂线,发现不完全归纳法;通过不同的拼图活动,得到证明勾股定理的不同思路与方法;通过"剪出中心对称图案",发现设计中心对称图形的方法;通过寻找三角形硬纸板重心的过程,发现寻找重心的方法;通过测量旗杆的高度,经历探索测量物体高度的过程,发现测量物体高度的方法。

【点评】 创设物品配套问题、架桥优化问题、方案选择问题、排球过网问题以及其他各类活动等,让学生感受数学的广泛应用,体会数学的趣味性。教师不仅要会选择与创设实际问题,还应引导学生联系实际自编创编问题,发展学生的主动探索和创新意识,提升学生的数学核心素养,也为其他学科的学习打下扎实的理论基础。

四、倡导问题探究,感悟数学建模的优越性

数学建模是一种高层次核心素养,是为了解决某个实际问题,用符号、字母、数字建立方程、函数、不等式、图等以反映问题的一种方式。教师要倡导问题探究,在探究中让学生体会数学建模的优势,培养学生运用数学知识、数学方法、数学思想解决现实问题的能力。这些能力对发展数学应用意识具有十分重要的推动作用。

探究问题举例

1.通过无序的翻牌,以及赋值计算,发现隐藏于翻牌背后的一般规律。

2.从"折叠成无盖的盒子"到"折叠成正方体",再到"折叠成标有字母的正方体",探究从平面到立体的变化原理。

3.通过动手操作,硬纸条能否拼成三角形,探究三角形三条边之间的数量关系。

4.通过度量、拼图、分割等操作过程,探索多边形的内角和,以及通过度量、剪拼、转笔等操作活动,探索多边形的外角和。

5.通过将三角形叠合,发现两个三角形全等的各种情形,探索两个三角形全等的条件。

6.通过圆形透明纸片覆盖线段、三角形等活动,探索最小覆盖圆与线段、三角形之间的关系。可设计如下实验流程:

(1)将如图 1-6-3 所示的圆形纸片揭下来,覆盖图 1-6-4 中的线段。哪些圆形纸片能完全覆盖线段? 其与线段有何关系? 给出最小覆盖圆的定义。

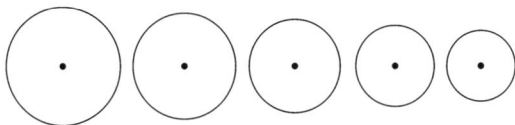

图 1-6-3

(2)将如图 1-6-3 所示的圆形纸片揭下来,覆盖图 1-6-5 中的两个三角形,分别找出两个三角形的最小覆盖圆。它们的最小覆盖圆与这两个三角形有何关系?

图 1-6-4　　　　　图 1-6-5

【点评】现实生活中蕴含着大量与数量和图形有关的问题,可将这些问题抽象为数学问题予以解决,即培养对现实生活主动进行数学抽象的意识。在第 6 题中,通过(1)和(2)两个实验操作活动,探究线段的最小覆盖圆是以该线段为直径的圆,直角三角形和锐角三角形的最小覆盖圆是该三角形的外接圆,而钝角三角形的最小覆盖圆则是以钝角所对边为直径的圆,进而应用所得规律解决新的问题,如怎样确定矩形的最小覆盖圆等,可较好地发展学生的数学应用意识。

在数学教学过程中,发展数学应用意识不是片面单一的,也不可能一蹴而就,需要逐步引导。只有将培养数学应用意识贯穿于整个数学教学,才能更好地激发学生的学习兴趣,培养其创新精神,提高其数学素养。

总之,将数学教学回归实践本源,紧密联系生活实际,让学生在激趣诱导、问题探究中体验数学,并自觉运用数学知识、数学建模解决问题,感受数学包含的探索乐趣、无限智慧和巨大魅力,从而提升其学习数学的内驱力。

第七节　发展统计观念的数学教学实践

"统计与概率"的教学长期以来不被师生重视,主要原因是该内容的分值在考试中占比较低,还有的学生认为该内容简单易学。因此,教师对统计意识与统计思维的培育较缺乏,阻碍了学生统计观念的发展。

其实,统计观念是学生数学素养的重要组成部分,在日新月异的信息时代,学会检索和筛选信息、比较和甄别信息、分析和应用信息尤为重要,引导学生发展统计观念显得极为迫切。

《新课标》指出,要发展学生的统计观念,要让学生从统计的角度思考与数据相关的问题,还能认识到数据对决策的作用。通过收集、描述、分析数据的过程,逐步学会做出合理的决策,还能合理地质疑数据来源的科学性、描述数据方法的合理性以及所得结论的现实性等。那么,如何达成发展统计观念的课堂教学?以"中位数和众数"一课为例,谈谈以发展学生统计观念为主的教学策略。

一、创设问题引入,感受统计量不足

教师:我们在上一课学习了平均数的知识。表 1-7-1 为某小组测试成绩。大家从表 1-7-1 中可以得到什么信息?

表 1-7-1　某小组测试成绩

姓名	小铭	缺考	小明	萌萌	璐璐	小红	晓晓
成绩/分	85	0	70	87	90	95	98

学生1:可以发现最高分是晓晓,还可以计算出平均分!

教师:很好。小铭同学计算了小组平均分后,回家对妈妈说,他的成绩在小组内已经是"中上水平"了。小铭的话有道理吗?

学生2:经计算,平均分 $\overline{x}=75$ 分,$85>75$,小铭的话有道理。

学生3:不对! 去掉缺考学生的成绩后,平均分 $\overline{x}=87.5$ 分,$85<87.5$,小铭的话不对。

学生4:两位同学都说错了。"中上水平"指的是成绩排名!现在7名同学,应该排在第4名及以上才算"中上水平"。去掉缺考学生,应该排在第3名及以上,计算平均数没有意义!

教师:同学们! 他分析得有没有道理?

学生:嗯,完全正确。

教师:那么,平均数能刻画小铭同学的排名情况吗? 如果不能,怎么办呢?

【点评】本教学片段既让学生感受了学习生活中的趣事,又复习了平均数,为中位数的引出做了铺垫。教师还让学生描述从表格中获取信息,培养学生的数据获取与分析意识,让学生养成尊重事实、用数据说话的科学态度。同时,感悟数据对问题决策的作用,从统计的角度分析与数据相关的问题。最后,学生已经感受到统计量不足,于是对解决问题产生"需要",进而激发认知动因,保持学习积极性。

在教学中,要让学生逐步有意识地从统计的角度考虑问题,用统计的知识分析数据,并尽量用有统计特征的统计量解决问题,从而发展统计观念。

二、联系生活情境,体会统计量生成

教师:表1-7-2是某网络技术公司6月的工资报表,可从中得到什么信息?

表 1-7-2　某网络技术公司6月的工资情况

员工	总工程师	工程师	技术员A	技术员B	技术员C	技术员D	技术员E	技术员F	实习生
工资/元	10000	6000	4000	4000	3000	2800	2800	2800	600

学生1:总工程师收入最高,实习生最低。另外,这个公司员工的人均月收入 $\overline{x}=4000$ 元。

教师:嗯,好的。小明是一名待业的普通技术人员,看到该公司的招聘广告"本公司因发展需要,现招聘技术员若干名,月平均工资3800元及以上。"请问,用平均工资反映公司普通员工的收入水平合适吗? 为什么?

学生 2：我觉得不合适，因为绝大多数员工没有达到 4000 元。

教师：嗯。同学们，该公司用员工平均收入吸引人才合理吗？小明应该关注哪些数据呢？

（小组讨论交流。）

学生 3：我组觉得公司的广告不合理，平均数受最大值影响很大。小明应该关注排名中间的那个人的收入！

学生 4：我组也觉得公司的广告不合理，平均数受最大值或最小值——极端值影响大。小明应该关注大多数人的收入！

教师：讲得真好！在统计学中，排名中间的数，即处于中间位置的数，叫作中位数。大多数人的收入，即大众化的数据，叫作众数。那么，表 1-7-2 中的中位数是多少？众数是多少？

（学生恍然大悟。）

学生 5：中位数是 3000 元，众数是 2800 元。

教师：正确。如果小明决定应聘，并最终进入该公司，一个月后，小明收到的第一笔工资是 2800 元，如果其他人的收入没有改变，那么新的中位数是多少？众数又是多少？

学生 6：中位数是 2800 元还是 3000 元？（学生充满疑惑），众数仍是 2800 元。

教师：好的。接下来同学们自主学习教材第 58 页中间自然段的内容，学习后回答上述问题。

（2min 后学生反馈，师生一起整理总结。）

教师：让我们进一步巩固这两个概念……

【点评】联系生活情境，让学生感受数据与生活是紧密联系的，体会数据中蕴含的信息，进而自觉地运用统计知识和方法解决实际问题。教学过程中形成的统计量，是学生发展统计观念的主要载体。要让学生体会统计量的产生与选择是具体情境下数据分析的需要，感受单一的统计量不能解决所有统计问题，逐步让学生形成数据意识和数据思维。在本教学片段中，教师先通过情境问题引导学生用新的统计量解决问题。再通过自主学习，规范新统计量的概念，帮助学生对新统计量重新理解与计算。最后，及时跟进小结与整理，并练习反馈，帮助学生内化所学知识。

三、经历思辨过程,探索统计量选择

教师:某商贸公司 2021 年完成的销售额如表 1-7-3 所示。从中可得到什么信息?

表 1-7-3 某商贸公司 2021 年完成的销售额

销售额/万元	3	4	5	6	7	8	10
销售员人数	1	3	2	1	1	1	1

学生 1:可以求销售额的平均数、中位数、众数等。

教师:如何求平均数? 求众数和中位数呢?

学生 1:用加权平均数计算方法,可得平均数 $\bar{x} = \dfrac{1×3+3×4+2×5+1×6+1×7+1×8+1×10}{10} = 5.6$ 万元,对数据先排序,得中位数为 5 万元,众数为 4 万元。

教师:很好。如果该公司为了提高销售额,又想调动员工积极性,计划采取"超额有奖"的措施。请分析数据,合理确定 2022 年销售员的销售额标准是多少万元? 说明理由。

(自主思考 2min,然后小组讨论,选代表发言。)

学生 2:我组认为以平均数 5.6 万元为标准,这样少数人(40%)获得奖励,可以刺激其他人努力工作。

学生 3:不对! 如果以平均数 5.6 万元为标准,多数人无法或不可能超额完成,反而会挫伤积极性。我组认为以众数 4 万元为标准,则大多数人可以获得奖励,皆大欢喜。

学生 4:不太好吧,90% 的人不必努力就可以超额完成,不利于提高公司年销售额。我组觉得以中位数 5 万元为标准,多数人能完成或超额,少数人经过努力也能完成,所以以 5 万元为标准较合理。

教师:很好。这三位同学说得都很有道理,同学们最赞成哪位同学呢?

学生:第三位同学。

教师:嗯。同学们,统计量没有好与差,只有选择是否合理。我们需要在不同的具体背景问题下,合理选择统计量来分析问题、解决问题。

【点评】联系实际,通过自主探索、合作交流的学习方式,逐步建立数据分析观念,应该成为初中统计教学的主要形式之一。教师借助"销售额标准"这个熟

悉的情境激发学生的积极性,"真理"就会越辩越明。通过引发学生对统计量合理性的思考,发展其统计观念。同时,引导学生在思辨中体验感悟,加强其数据意识,为后续学习打下坚实的基础。

四、设置变式探疑,完善统计量认识

教师:已知一组数据10,10,7,8,求这组数据的平均数、众数和中位数。

学生1:平均数 $\bar{x}=\dfrac{35}{4}$,众数为10,中位数为 $\dfrac{17}{2}$。

学生2:中位数不对,应该为9,求中位数需由小到大(或者由大到小)排列。

教师:很好。接下来,请同学们思考"已知,一组数据10,10,x,8(由大到小排列)的中位数与平均数相等,求这组数据的众数。"(变式1)

学生3:由于10,10,x,8的中位数与平均数相等,得 $\dfrac{10+x}{2}=\dfrac{10+10+x+8}{4}$,即 $x=8$,故没有众数。

学生4:不对! 众数应该有两个,分别是10和8,众数可以是多个。

学生3:那4个数都不同的话,有4个众数,这不是笑话吗?

教师:同学们思辨得很好。确实,众数可以是多个,但如果都是不同的数,众数就没有意义了。接下来,去掉"由大到小排列"这个条件,请同学们的思考"已知,一组数据10,10,x,8的中位数与平均数相等,求这组数据的众数。"(变式2)

学生5:此题要进行分类讨论,分 $x\leqslant8,8<x<10,x>10$ 三种情况。

【点评】对问题进行变式,围绕统计量的计算设计问题串,使学生经历观察、理解、对比、交流等探索过程,激发学生主动参与思辨与探究的积极性,引导学生进行深层次的思考,帮助学生理解统计量之间的联系,有助于认识统计量,发展统计观念。

教师:为了迎接国际数学奥林匹克竞赛,国家队集训几个月后,进行了5次模拟检测选拔参赛者。A同学的成绩为65,70,75,80,85(总分为100),这个成绩能够反映这位同学的数学学习情况吗? 为什么?

(自主思考后进行小组讨论。)

学生1:我组认为可以,这也是常用的公平选拔形式。

　　学生 2：我组也认为可以，而且用平均数、中位数即可说明，众数没有意义。

　　教师：不错。如果 B 同学的成绩为 73，74，75，76，77（总分为 100），A 和 B 中只有一人参赛，大家认为哪位同学可以参赛？说明理由。

　　学生 3：我认为选 A 同学，尽管两位同学成绩的平均数、中位数都相同，但 A 同学 80 分以上次数较多。

　　学生 4：我认为选 B 同学，A 同学 80 分以上次数多，但 B 同学全部 70 分以上，A 同学有 65 分，很揪心，万一发挥不好怎么办？

　　（学生仍在讨论……）

【点评】设置探疑问题，引导学生在对数据分析进行观察时融入数学思考与分析，尝试用统计量描述问题的数学本质，从而培养抽象概括能力和统计思维，发展数据分析观念。

　　事实上，学生在学习"统计与概率"内容时，无法进行逻辑推理，很难得到判断性的结论。教师要重视将统计内容与实际生活结合，在教学设计中根据学生的特点对问题加以选择与创设，通过情境引入、思辨交流、问题变式、疑点追问等形式，展开统计内容的学习。要培养学生的统计观念，引导学生从数据统计、数据分析的角度思考问题。在遇到相关问题时，教师既要提倡学生选择现有统计量解决问题，又要鼓励其发表不同观念、选择合理科学的统计量解决问题。

　　总之，给学生预留充足的时间，引导学生独立思考，鼓励学生合作交流，以问题决策者的身份看待问题，衡量不同分析方法的优劣，这是发展统计观念和应用意识的有效方式。

第二章　指向深度学习的课堂教学策略

美国学者罗杰·萨尔乔和费尔伦斯·马顿提出了深度学习理论。该理论沿用布卢姆对认知过程的划分,将理解、记忆、应用归为浅层学习,其发展指向低阶思维;将分析、评价、创造归为深度学习,其发展指向高阶思维。可见,教师在日常教学中应加强对学生深度学习能力的培养,提升其思维能力。

能力发展的核心时期是在初中学段,受身心发展情况的影响,初中生的学习行为很多停留在对知识的理解与记忆阶段,属于浅层学习,不利于在知识数量和质量上向更高学段提升。在实际教学中,教师注重对教学内容与结果的研究,而忽视学生的学习过程,导致学生缺乏个性思考和探究意识,丧失学习的主动性和积极性,也没有深度学习的意愿。同时,教师很少对学习方式进行变革,课堂沉闷且问题陈旧,缺乏问题导学与变式,从而不利于学生深度学习以及高阶思维能力的培养。

因此,改变学生浅层学习、实现深度学习尤为迫切。数学教师应该如何开展深度学习,从而提升学生的数学核心素养呢?

第一节　数学例题再创造教学策略

在实际教学中,不少教师在例题教学中只关注解题的思路与结果,观察、思考问题的角度单一、方法单调,缺乏再开发,不注重提炼延伸例题反映的思想方法,无法领会例题隐藏的教育功能,导致学生在学习例题后仅能模仿解决类似题目,而不能从本质上领悟和掌握解题方法。

再创造理论的奠基者、荷兰数学教育家弗赖登塔尔指出,数学教学不是单纯地让学生鹦鹉学舌式地复述所学知识,而是将数学作为一项活动进行解释和分析。数学教师的任务是指导和帮助学生进行再创造。用再创造理念挖掘例题价值,除了明晰例题设置的目的外,还要以例题为基础进行拓展,了解数学本质,激活数学思维,逐步培养主动探求数学问题的钻研精神。

一、回溯知识，找到解决问题的新据点

简单地说，回溯就是回归，回到"原始状态"，一方面是指基本素材，可以是基本图形，也可以是基本知识点；另一方面是指学生的生活经验和认知经验。回溯知识，找到解决问题的新据点，就要先"带过去"，把学生带到例题本身的基本素材；再"带回来"，在基本素材的基础上进行简要开发，重新回到例题本身。

如图 2-1-1 所示，在六边形 $ABCDEF$ 中，$EF/\!\!/BC$，$AF/\!\!/CD$，$DE/\!\!/AB$，求 $\angle FAB+\angle C+\angle DEF$ 的度数。

解：连接 AD，因为 $AB/\!\!/DE$，$CD/\!\!/AF$，所以 $\angle EDA=\angle BAD$，$\angle FAD=\angle CDA$。

（两直线平行，内错角相等。）

所以 $\angle EDA+\angle CDA=\angle BAD+\angle FAD$，

即 $\angle FAB=\angle CDE$，同理 $\angle B=\angle E$，$\angle C=\angle F$。

因为 $\angle FAB+\angle B+\angle C+\angle CDE+\angle E+\angle F=(6-2)\times180°=720°$，所以 $\angle FAB+\angle C+\angle E=720\div2=360°$。

图 2-1-1

思考 1：有没有其他的解法？

带过去 如图 2-1-2 所示，已知 $AB/\!\!/DE$，求 $\angle A+\angle F+\angle E$ 的度数。

带回来 添加平行线构造图 2-1-3，要求 $\angle A+\angle C+\angle E$ 的度数，只要证明 $\angle F=\angle C$。

将图 2-1-2 作为原始素材，在此基础上添加平行线，如图 2-1-3 所示，由于这两条平行线距离较近，教师略做处理，如图 2-1-4 所示。易证明 $\angle B=\angle 1=\angle 2=\angle E$，同理，可得 $\angle C=\angle F$，$\angle FAB=\angle CDE$，问题得证。

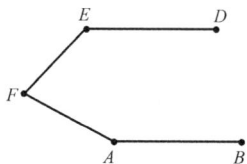
图 2-1-2

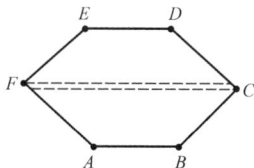
图 2-1-3

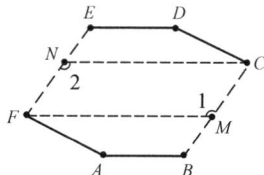
图 2-1-4

思考 2：此题还可以如何回溯？

带过去 如图 2-1-5 所示，已知 $MB/\!\!/NE$，$BN/\!\!/ME$，求证：$\angle B=\angle E$。

带回来 如图 2-1-6 所示，已知 $MB \parallel NE$，$BN \parallel ME$，AF，CD 分别截 MB，ME 和 BN，EN，且 $CD \parallel AF$，求 $\angle FAB + \angle C + \angle DEF$ 的度数。这正是例题，解法过程略。

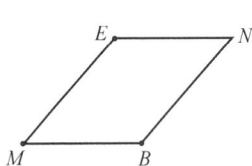
图 2-1-5

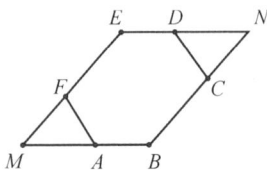
图 2-1-6

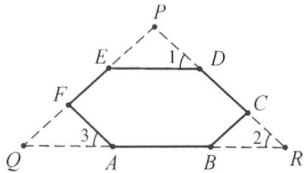
图 2-1-7

思考 3：还可以这样回溯，如图 2-1-7 所示，已知 $\triangle PQR$，截 $AF \parallel PR$，$BC \parallel PQ$，$DE \parallel QR$，去掉图中虚线，求 $\angle FAB + \angle C + \angle DEF$ 的度数。这也是例题，解法过程略。

【点评】 教师的作用是把学生"带过去"，再"带回来"。"带过去"能够地找准例题的最近发展区，这是再创造的出发点，是显而易见的收获。"带回来"是创造新的思考点，然后非常自然地连接这些新思考的关键点，让学生主动生成解决策略，例中思考 1~3 就是一种范式的做法。回溯知识寻原点，创造生成续美篇，而不是"帽子里突然跳出一只兔子"的感觉。

二、严格示范重本质，养好习惯提能力

例题是联系知识与技能、思想与方法的"纽带"，其分析与解决过程是深化知识、提高能力、发展创造力的重要途径，为学生解决数学问题提供了示范作用。再创造的例题教学能够让学生养成良好的学习习惯，提高思维水平。这就要求教师正确且严格地进行示范性例题教学。

"因式分解"例题

检验下列因式分解是否正确：

① $x^2 y - xy^2 = xy(x - y)$；

② $2x^2 - 1 = (2x + 1)(2x - 1)$；

③ $x^2 + 3x + 2 = (x + 1)(x + 2)$。

以下是甲、乙两位教师教学时的师生互动过程。

甲教师在呈现题目后，先把题目读了一遍，说道："你们应该知道是正确还是不正确，但要注意解题书写的格式，看黑板。"于是，甲教师在黑板上板演

了第①小题：因为 $xy(x-y)=x^2y-xy^2$，所以因式分解 $x^2y-xy^2=xy(x-y)$ 正确。

写完后又不放心地强调：你们看好，我们只要把等号右边展开，看是否等于左边就可以判断了，懂了吗？

学生齐答说懂了，然后模仿教师的板书完成了后面两小题的检验。

乙教师在呈现题目以后，一言不发，让学生读题、审题。然后问："谁有办法检验它是否正确呢？"

学生1：可以把等号右边的式子乘出来。

乙教师：好，你说，老师写。

乙教师：①因为 $xy(x-y)=x^2y-xy^2$，然后呢？

学生1：因为乘出来的结果与左边相等，所以因式分解是正确的。

乙教师继续板书：所以，因式分解 $x^2y-xy^2=xy(x-y)$ 正确。

乙教师追问：如果不相等呢？

学生1：那就说明因式分解是不正确的。

乙教师故作疑惑：那么在检验因式分解是否正确的过程中，实际运用了什么方法呢？

众生：整式的乘法。

乙教师：请继续完成后面两小题的检验，从中体会因式分解与整式的乘法在本质上是互逆的，所以因式分解的结果是否正确，可以用整式的乘法来检验。

【点评】该教学片段体现了教师对例题的两种不同解读和处理方法。甲教师采用传统方法，没有充分给出解题思路，只重视例题的解题板演过程，完成了例题的显性示范教学。这种只停留在知识表面的解题方式，对后续学习没有延续作用。乙教师则加强了师生的互动过程，不仅完成了例题的显性示范教学，且进一步深化了例题的隐性知识，让学生明白为什么这样做，在后续的学习中也能运用这个方法检验解题结果。引导学生通过例题学习，遵循或模仿最基本的解题格式是必要的示范，即显性示范；引导学生正确理解题意，揭示问题本质，在理解知识概念和性质上进行分析、推导，乃至解决问题，才是本质的示范，即隐性示范。

严格示范重本质，养好习惯提能力。教师对于类似例题的处理，是可以在课前进行预设的，这就要求教师在实施教学之前认真解读教材例题，优化例题的教学方法，更深层次正确规范例题的示范性。如果每位教师都能长此以往坚持下去,相信学生对例题的价值会有更深的体会,从而更大限度地发挥例题的辐射作用。在此过程中,学生良好的学习习惯得以养成,解题能力得以提升。

三、引导学生多探析,倡导传道也解惑

例题教学要倡导带着学生围绕基本问题一起深入探究,让学生体会基本问题的本质解题方法,以及如何在适当增加问题的情况下思考解决问题的方法。教师要重视这个探析过程,这是培育学生探索精神的有效途径。

再创造教学在于引导学生"走弯路",珍惜思考过程,逐步走向"思维的丛林"。因此,教师可以从原始例题出发,抓住例题解决的核心问题,引导学生层层深入地探索、分析问题,逐步解开思维的"枷锁"。例题教学不仅是传道,更是"解惑"。

画出函数 $y=|x|$ 的图象。

教师:请列表画出它的图象。(探析1)

有学生轻声说:"好像是 V 形"。在讨论过程中,另有学生主动把自己的图表画在前面的黑板上,让其余学生观看并核对;也有学生帮助有困难的同学;还有学生建议利用电脑验证图象,很多学生赞同。显示做对了之后,全班欢呼。

教师:现有一组函数 $y=|x|+1,y=|x|+2,y=|x|-3$,请继续画出它们的图象,然后与前面函数 $y=|x|$ 的图象比较,写出评论,可以合作交流。(探析2)

学生1和学生2:所有图象形状一样!

学生3:是不同角顶点的角形。

学生4:其实是相似的角形。

一个小组齐声喊:我们发现了,是图象的平移!

教师:你们的猜测很有意思,其他人同意吗?(其他学生无表示,似乎不理解。)

学生5:$y=|x|+2$ 的图象是 $y=|x|$ 的图象往上移2格;$y=|x|-3$ 的图象是 $y=|x|$ 的图象往下移3格。

教师:请直接画出函数 $y=|x|+4$ 的图象。(探析3)

(学生们迅速举手,连平时不常发言的学生6也举手,并说出图象的特点。学生7利用电脑证实了学生6的尝试,大家为他鼓掌。)

教师:说说一次函数 $y=kx$ 与 $y=kx+b$ 的图象规律,反比例函数 $y=\dfrac{k}{x}$ 与 $y=\dfrac{k}{x}+a$ 的图象规律,你能再举出其他函数吗?(探析4)

【点评】 问题驱动式的学习与研究是科学研究的重要方式。在数学教学中，已有很多教师重视问题驱动式的导入。然而，不少教师往往只在开课阶段选用一段所谓的问题情境，而且以生活情境居多，而在实现了新知导出之后就让情境问题完全退场，因为其在本质上与新知的内涵关联不够。从该例题看到，画绝对值函数图象的问题不但启动了好奇心，而且驱动了整堂课的进程，在探析问题的同时，学生不仅习得了新知，而且获得了陌生函数的探究方法。

培养学科核心素养，应该关注教学过程，引导学生不断创造性地探索、分析，让学生经历再创造过程，提升学生解决问题的能力，同时发展学生的创新意识与探究精神。

四、例题创变现灵活，变式训练育能力

一题一解是一般例题所展现的基本情况，目标指向明确，且解法是倡导的通性解法，基础性强，适合大多数学生的认知需求。然而，学生在掌握解题模式的同时，会机械地应用这个模式完成相似的习题，从而造成思维定式。再创造学习则是在教师的"留白"下，不断引导学生获得求异思维，生成创新观念，从而融会贯通，提升解题能力。

因此，进行例题的灵活变式训练，可以让学生进一步掌握问题的内涵与外延，挖掘思维的深度与广度，培养创造能力。特别是对于学有余力的学生，通过对例题的不断开发，掌握一题多变、一题多解或一题多用（包括静止到动态，特殊到一般的开放性拓展），培养数学解题途径的再创造能力，提升创新意识。

"一次函数的图象"复习

已知一次函数 $y=(1-2m)x+m-1$，函数值 y 随 x 的增大而增大，求 m 的范围。

变式 1：函数图象与 y 轴的负半轴相交，求 m 的范围。

变式 2：函数图象过第二、三、四象限，求 m 的范围。

变式 3：函数图象不经过第一象限，求 m 的范围。

变式 4：函数图象一定经过一个定点，求这个定点。

变式 5：当函数图象与坐标轴形成的三角形为等腰直角三角形时，求 m 的值。

【点评】 例题可以直接用一次函数的性质求解。变式 1 需利用一次函数的性质、数形结合、不等式求解。变式 2 虽然也考察一次函数的性质，但在不能准确作出图象的情况下，开始抽象地用函数性质求解问题。同时，还要让学生理解

一次函数 $y=kx+b$ 中的 $k\neq0$。变式 3 不仅是前两个问题的延续,更是对一次函数包括正比例函数的涵盖。变式 4 和变式 5 是对例题的创新,体现了数学的灵活性,使枯燥乏味的数学课堂充满活力,让学生体会思维的发散性。从某种意义上说,学生的变式能力就是创新能力。

总之,例题的潜在功能的发挥需要充分地创变,从训练中完成知识的整理与解题策略总结,让师生在有限的课堂时间内创造更大的教学效益。

五、解后反思应开展,学习品质该培育

教师除了要引导学生探索例题的多种解法,还要引导学生多方位、多角度地思考问题的本质特征,理解解题方法,还要培养学生的反思意识和反思品质,让其养成反思习惯,提升再创造学习的能力。

"一元一次方程的应用"复习例题

某家具装配厂有 40 名工人装配桌子和凳子,每人每天平均装配 60 张桌子或 30 把凳子,1 张桌子配 2 把凳子,为了使每天的桌子凳子刚好配套,应该分别分配多少名工人装配桌子和凳子?

学生 1 板演:设 x 名工人装配桌子,根据题意得,$60x=2\times30(40-x)$,解得 $x=20$。答:20 名工人装配桌子,20 名工人装配凳子。

(做完后学生 1 心情复杂地摸着头,感觉哪里有问题,但又不知道问题出在哪里,充满疑虑地回到座位。)

教师:有多少同学像学生 1 这样列方程,请举手!

(近一半同学举手了,情况出乎预料。)

教师:同学们代入答案检验一下,告诉我结果。

学生 2:装配桌子 1200 张,凳子 600 把,这与 1 张桌子要配 2 把凳子相矛盾。

(学生议论纷纷,反思从此开始。)

学生 3:我认为应该是 $2\times60x=30(40-x)$,凳子的数量多,桌子的数量少。

教师:对! 凳子的数量多,桌子的数量少。

教师在黑板上举例说明:桌子 1、凳子 2;桌子 2、凳子 4;桌子 3、凳子 6…以此类推。

教师:根据桌子与凳子的数量关系,凳子的数量是桌子数量的 2 倍。所以列出方程 $2\times60x=30(40-x)$。

反思:学生为什么会列出 $60x = 2 \times 30(40-x)$ 呢? 一是学生没有理解 1 张桌子要配 2 把凳子成一套的真正含义;二是没有理解列方程的本质,事实上列方程,就是同一数量用两种不同的形式表示。如方程右边表示凳子的数量,方程左边用另一种形式表示凳子的数量,用桌子数量表示凳子的数量,从 1 张桌子要配 2 把凳子转化为凳子的数量是桌子数量的 2 倍。

教师:如果 2 张桌子要配 3 把凳子呢?

学生 4: $\dfrac{60x}{2} = \dfrac{30(40-x)}{3}$。

教师:你是怎么思考的?

学生 4:每份,也就是套数。

(多么精彩的回答,学生 2 根据套数寻找等量关系列出方程。)

学生 5: $3 \times 60x = 2 \times 30(4-x)$,我是从比例关系得到的。

学生 6: $\dfrac{3}{2} \times 60x = 30(4-x)$,我是这样想的,2 张桌子要配 3 把凳子,也就是凳子的数量是桌子数量的 $\dfrac{3}{2}$ 倍。

【点评】从方程的本质入手,学生从三个不同的角度寻找等量关系列出方程,一是根据生产套数列方程;二是根据凳子与桌子的比例关系列方程;三是根据桌子与凳子的数量关系列方程。反思促成思考,反思促成思维再创造。

解后反思应开展,学习品质该培育。在例题教学中,重点引导学生三点反思。第一,反思解题过程,引导学生思考在解题过程中是否领会了题意? 用到了哪些基础知识? 解题的突破口在哪里? 是否能将条件转化为解题的思路和方法? 第二,反思解题方法的规律,启发学生思考解题过程中所使用的方法和技能是否更好,帮助学生养成对方法技能的归类和隐含数学规律的归纳。第三,反思思路及过程,错误点在哪里? 为什么出错? 为什么这样想? 老师和其他的同学是怎么想的? 哪种方法最优? 此类问题今后该如何思考? 养成反思的习惯并坚持,就此形成良好的思维品质。

在再创造教学方法的思想下,遵循主动性、活动性、层次性和系统性的基本原则,灵活开展例题教学。一般来说,一道例题教学要经历上述五个方面之一或者更多,但也要根据例题的内容,有主次地彰显其价值。

第二节　创设数学问题情境的策略

荷兰数学教育家弗赖登塔尔认为,数学教学是"有指导的再创造"。创设问题情境,实际上是通过问题情境这个思维载体,让学生经历由学习知识到理解吸收再创造的过程,让数学问题隐含在问题情境之中,促使引发学生的认知冲突,点燃学生思维的火花,让学生能够独立地发现问题,进而分析问题、解决问题。《新课标》强调,教师要创造性地使用教材,积极开发利用各种教学资源,为学生创设各种素材,形成对数学知识的学习与理解。

在数学教学活动中,教师应以问题为主线,通过创设问题情境来调动学生的积极性,使学生听其言、入其境,激发他们饱满的学习热情,引导他们以积极愉快的心态和旺盛的精力主动探索、主动思考,成为学习的主人,从而达到良好的教学效果。通过教学实践,笔者认为创设问题情境可从以下四个方面进行导学。

一、从"原点"出发,创设问题情境,激发学生学习数学的兴趣

通过教学设计和问题创设,将问题的情境作为思考问题的背景,在解决问题的过程中利用原有的生活经验学习新知识。原有的生活经验,即"原点",可以使学生在愉悦的氛围中,感受学习数学的乐趣,从而激发他们学习数学的浓厚兴趣。在数学课堂教学中,教师应使情境结构、数学知识结构与学生认知结构三者和谐统一、相互促进,从"原点"出发,创设问题情境。

正如张奠宙先生所言,没有问题的数学教学,不会有火热的思考,同样地,任何问题的思考都将回归原点。因此,问题是思维的起点,有效的数学教学必须以问题为起点,以问题为驱动,激发学生学习的欲望。

勾股定理作为平面几何有关度量的基本定理,是源于对实际问题解决的需要。因此,在学习勾股定理时,教师应选择创设某个现实的或数学的问题情境,那么从哪个现实"原点"出发呢?

可以根据学生认知状况,选择以下问题情境。

情境1:在一次强台风中,一根旗杆在离地面9m处折断倒下,旗杆顶部落在离旗杆底部12m处,旗杆折断之前有多高?

情境2:某隧道的截面是一个半径为3.6m的半圆形,一辆高2.4m、宽3m的卡车能顺利通过该隧道吗?

情境3:某圆柱高30cm、底面直径10cm,一只蚂蚁沿着圆柱侧面从左下

底面的 A 处爬到右上底面的 B 处,它怎么爬最近? 最近距离是多少?

　　情境 4:在等腰三角形 ABC 中,底边 BC 的长为 6,腰 AB 的长为 10,你能求出三角形 ABC 的面积吗?

　　【点评】4 个情境的侧重点各有不同。情境 1 较现实、简单,易于理解,学生可以较快地切入主题,适宜认知水平一般的班级选用;情境 2 更具现实性和挑战性,学生认知水平较高的班级可以选用该情境;情境 3 具有一定的趣味性,可以激发学生的学习兴趣,但其更具挑战性,教学中可以选择该情境作为初始问题,但教师不必要求学生在本堂课求解,可以在章末让学生回顾并最终解决问题;情境 4 关注了数学自身研究的需要,同时关注了知识间的内在联系,便于整体认知。

　　教师选择哪个"原点",需要从学生的实际出发,这就需要关注学情。"学起于思,思起于疑"。创设问题情境能激活或唤醒学生原有的知识经验,进而引发学生的兴趣,调动他们的主动性和积极性,特别是激发学生头脑中一系列的思维加工活动。它是从学生现有的知识经验和熟悉的"原点"出发,挖掘与教学内容有关的教学情境,满足教师激发学生思考的积极性和求知欲的需求,创造"不愤不启,不悱不发"的认知冲突,充分调动学生学习的主观能动性和积极性,激发学生学习数学的兴趣,从而提高数学教学的质量。

二、从生活发现,创设问题情境,体会数学知识的应用

　　数学来源于生活,生活中处处有数学。创设贴近学生生活的问题情境,能唤起学生学习的亲切感,培养学生对所学知识的兴趣,并引起他们的好奇心和关注度,集中精力,积极思考,主动探究发现知识。

　　"合并同类项"教学情境的创设

　　1. 求代数式 $-7x^2+12x+6x^2-8x+x^2-2x$ 的值,看谁做得又快又对。

　　2. 请一位同学报一个关于 x 的一位或两位整数,老师与另一位同学比赛,看谁先求出正确的答案,学生很奇怪,为什么老师这么快? 学生的心理冲突和疑问,使他们的注意力完全集中在一起。

　　【点评】教师在教学中把问题情境生活化,让学生亲自发现、体验问题情境中的问题,从而增加学生的直接经验。这不仅有利于学生理解问题情境中的数学问题,培养学生的观察能力和初步解决实际问题的能力,而且有利于学生体会数学在生活中是无处不在的,从而认识到学习数学的价值。

因此,问题情境的创设要多从生活中发现素材,让学生切身体会数学知识的应用,从而有效地服务于教学。

三、从疑问切入,创设问题情境,经历数学知识的生成过程

教师应认识到,一方面,学生学习的数学应该是生活中的数学,是学生"自己的数学";另一方面,生活中的数学具有活力和灵性。生活中存在大量的疑问,如果从疑问切入,带着疑问思考,就能引导学生善于思考生活中的数学现象,加强知识与生活间的联系,课堂上学生通过活动获取知识,突出知识的生成过程,这样既掌握了学习方法,又锻炼了数学思维。

> 在学习菱形的性质时,要求学生动手操作:
>
> 将一张矩形纸片对折,不展开纸片,接着将折痕对折并重合,折叠出一个直角,以该直角为内角剪出一个直角三角形,然后展开,得到一个新的图形。最后提问,这是什么图形?你从操作中得到什么猜想?你能总结出菱形的性质吗?
>
> 根据这个菱形的生成,学生学习菱形的性质,感觉更直观,印象更深刻。

【点评】同样地,在等腰三角形的教学过程中,教师也可以运用这种操作性原则,通过折纸剪出一个等腰三角形,引导学生学习了解等腰三角形的性质。这种问题情境从疑问切入,带着疑问思考,不仅能充分调动学生的多种感觉器官参与学习进程,而且使他们的形象思维与逻辑思维有机结合,对已学知识也可以经久不忘。

> **"多边形内角和公式"问题情境创设**
>
> 教师:我们知道三角形内角和是 $180°$,边数为 3。如果以三角形的一边为边,再画一个三角形,就得到一个四边形,请问四边形内角和是多少度?
>
> 学生 $1:360°$。
>
> 教师:为什么?
>
> 学生 1:四边形的内角和就是两个三角形的内角和。
>
> 教师:噢!原来是把四边形的内角和转化为三角形的内角和。同学们再思考一下,如果给你一个五边形,怎样求它的内角和?
>
> (学生思考、讨论。)
>
> 学生 2:我知道了,是 $540°$。

教师:你是怎么得到这个结果的?

学生 2:在五边形内添加一条辅助线,将五边形分割为一个三角形和一个四边形,那么,五边形的内角和就是 $180°+360°=540°$。

教师:很好! 还有没有不同的思考方法?

学生 3:也可以添加两条辅助线,将五边形分割为 3 个三角形。

教师:非常好! 通过添加辅助线,将五边形分割为一个三角形和一个四边形,或分割成 3 个三角形,从而将五边形的内角和转化为已知的四边形或三角形的内角和,这是我们数学学习中常用的数学思想——转化与化归。下面请同学们猜想 n 边形的内角和(画出图中 n 边形)。

【点评】教师应该从疑问切入,创设问题情境,让学生经历数学知识的生成过程,经过学生的思考、讨论,得出结论,即 n 边形的内角和为 $(n-2)×180°$。由学生自己发现、总结出的公式,无论在思想感情上还是在学习兴趣上,都要比由教师直接给出公式再加以证明更富有吸引力。

四、从变式出发,创设问题情境,拓展学生数学思维空间

从变式出发,通过对问题情境的创设,引导学生识别新情境下的问题模式,识别问题的本质,从而达到对知识的理解和内化,提高解决问题的能力,拓展学生的数学思维空间。

【例题】 如图 2-2-1 所示,$AB=AC$,BD,CE 分别是 AC,AB 上的高,求证:$BD=CE$。

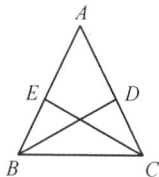

图 2-2-1

拓展:根据条件,可以得到哪些结论? 相等的线段、相等的角、全等三角形、等腰三角形? 适当改变条件可得到哪些结论?

变式 1:如果 BD,CE 分别是 $∠B$,$∠C$ 的平分线,那么结果如何?

变式 1′:如果 BD,CE 分别是 $∠B$,$∠C$ 的三等分角线,那么结果如何?

变式 1″:如果 $∠CBD=∠BCE$,那么结果如何?

变式 2:如果 BD,CE 分别是 AC,AB 上的中线,那么结果如何?

变式 2′:如果 D,E 分别是 AC,AB 上的三等分点,那么结果如何?

一般地,如果 $AD=AE$,那么结果如何?

逆向思考:

变式 3:如图 2-2-1 所示,$AB=AC$,D,E 分别是 AC,AB 上的点,$BD=CE$,你能得到哪些结论?

变式 4:如图 2-2-1 所示,$AB=AC$,D,E 分别是 AC,AB 上的点,试添加一个条件,使得 $BD=CE$。

变式 5:如图 2-2-1 所示,$AB=AC$,D,E 分别是 AC,AB 上的点,试添加一个条件,使得 $\triangle ABE \cong \triangle ACD$,并证明你的结论。

【题 1】如图 2-2-2 所示,在四边形 $ABCD$ 中,$AB \parallel CD$,BE,CE 分别平分 $\angle B$ 和 $\angle C$,并与 AD 相交于点 E,求证:$AB+CD=BC$。

最为习惯的思路是和差问题,截取或者延长,构造两个量,将问题转化为两个量之间的相等问题。

方法 1:在 BC 上取 $BF=BA$,如图 2-2-3 所示,可得 $\triangle ABE$ 与 $\triangle FBE$ 全等,再证明 $\triangle FCE \cong \triangle DCE$,得到 $FC=CD$,从而得证。

反思 1:是否还有其他方法?可尝试延长 DG,如图 2-2-4 所示,使得 $DG=AB$,转化为证明 $BC=CG$,需要证明 $\triangle CEG \cong \triangle CEB$,或者 $EG=EB$,好像不甚方便,存在一定的困难。

能否换种方式表述,力图使得 $DG=AB$?通过观察图形发现,点 B,E,G 共线,那么真的共线吗?答案是肯定的,经求证结论正确,$\triangle CEG \cong \triangle CEB$,$\angle CEG=\angle CEB=90°$。

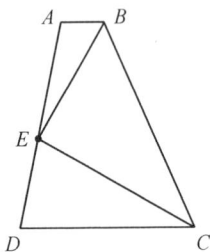 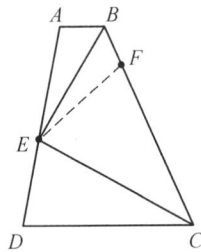 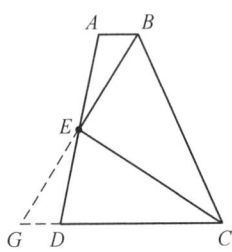

图 2-2-2　　　　　　　图 2-2-3　　　　　　　图 2-2-4

方法 2:尝试延长 BE,交 CD 延长线于点 G,可证 $\triangle CEG \cong \triangle CEB$,$BE=EG$,$DG=AB$。

反思 2:还能从图中得到哪些结论?

反思 3:以此图为背景能构造哪些新的习题?

构造变式题:

【题 2】(改变条件形式)如图 2-2-1 所示,在梯形 $ABCD$ 中,$\angle B$ 的平分

线交 AD 于点 E，BE 垂直于 CE，求证：$AB+CD=BC$，E 是中点($AE=ED$)。

【题3】(逆转问题)如图 2-2-1 所示，在梯形 $ABCD$ 中，E 是中点($AE=ED$)，且 BE 是 $\angle B$ 的平分线，求证：$AB+CD=BC$，BE 垂直于 CE，CE 平分 $\angle C$。

【题4】(逆转问题)如图 2-2-1 所示，在梯形 $ABCD$ 中，$AB+CD=BC$，$\angle B$ 的平分线交 AD 于点 E，求证：E 是中点($AE=ED$)，BE 垂直于 CE，CE 平分 $\angle C$。

【题5】(逆转问题)如图 2-2-1 所示，在梯形 $ABCD$ 中，$AB+CD=BC$，E 是中点($AE=ED$)，求证：BE 垂直于 CE，CE 平分 $\angle C$，BE 平分 $\angle B$。

【题6】(逆转问题)如图 2-2-1 所示，在梯形 $ABCD$ 中，E 是中点($AE=ED$)，BE 垂直于 CE，求证：CE 平分 $\angle C$，BE 平分 $\angle B$，$AB+CD=BC$。

【点评】教师应从问题情境的变式出发，使学生识别新情境下问题的模式、类型和实质，从而达到对知识的理解和内化，促进学生数学思维的培养与数学素养的形成。

五、关于创设问题情境教学的思考

一名出色的数学教师，不是满足于完成教学任务，而是引导、激发学生学习数学，其中引导和激发显然源自于"教"的层面，其核心在于建立问题，即创设问题情境。笔者认为以下几个方面值得反思。

(1)问题是创新的起点，"没有问题"是教育的失败。创设问题情境的教学，不能把问题情境等同于"剧前广告"。创设问题情境的目的是激发学生的思维，并为引领学生进行自主探索提供载体。问题情境的创设，于课前可以形成认知冲突，激发学生的求知欲；于课中可以拓宽学生思维空间，使教学过程高潮迭起；于课尾可以使学生回味无穷，从而激发他们继续学习的热情。

(2)要创设一个好的问题情境，关键在于所设置的问题要适应学生已有的知识、经验，问题过难或过易都难以引起学生的兴趣。因此，教师不仅要熟悉教材，还要了解学生现有的认知结构、智能水平和生活经验，从而设计出既为学生所熟悉又难度适宜的问题情境。

(3)在数学教学中，要激发学生不断地产生学习意向，引起学生的认知需求，这就需要教师营造出浓厚的学习气氛，引导学生主动思考；需要教师设置与学生有关的问题和操作，利用学生已有的知识经验和认知结构，以造成认知冲突。心理学的研究表明，认知冲突是指已有知识和经验与新学知识之间的冲突，这种冲突会引起学生的新奇心，并促使其积极探索。

问题情境主要来自学习主体内在的困惑,来自理性的需要。培养学生的数学思维,引导学生学会独立自主地思考,是数学教学的终极目标。因此,教学情境的创设要与学生的实际情况相符合,既不能喧宾夺主,也不能画蛇添足。社会的发展、人类的进步最终要靠教育工作者的研究及实施。

第三节　初中数学课堂中问题引导策略

《新课标》指出,自主学习、合作学习与探究式学习是应该倡导的教学方式。然而,笔者在教学实践中发现,学生的探究活动有时不能很好地延续和体现,不能从表面走向深入,其原因常常是教师采用的问题引导策略存在问题,所设计的问题缺乏引导功能。笔者将结合自身教学实践,谈谈初中数学课堂探究式教学中问题引导的策略和问题的设计。

一、从问题引导的效果谈起

在探究式教学中,问题引导策略中的问题如何发挥引导作用是关键。笔者以"平行四边形的性质"教学为例,先后采用了两种不同的教学设计。

(一)设计一

1. 共同复习四边形和三角形的有关性质。

2. 请每个学生任意画一个平行四边形;分小组探究平行四边形的性质。

3. 全班共同交流探究的结果。

本以为学生有旧知识做铺垫,能对平行四边形的性质进行全面深入的探究,但是结果却让人感到遗憾,因为多数学生的探究仅仅停留在对平行四边形的一些浅显的边角性质的认识上,并未发现平行四边形更深刻的性质。

(二)设计二

1. 提出问题:(1)三角形和四边形有哪些性质?(2)三角形和四边形的上述性质是如何发现的? 通过什么方法证实?

2. 引导学生进行交流,并将交流的重点放在问题(2)上。

3. 请每个学生任意画一个平行四边形;分小组探究平行四边形的性质。

4. 全班共同交流探究的结果。

在设计二的课堂上,学生的交流内容非常丰富,以下是部分教学片段。

教师:你们发现了平行四边形的哪些性质?

学生1:经过研究,我们发现平行四边形的两组对边分别相等,而且两组对角分别相等。

教师:你是怎样发现平行四边形的两组对边分别相等,两组对角分别相等的?

学生1:我是通过观察发现的,并通过测量进行了验证。

学生2:添加了平行四边形的一条对角线,证明两个三角形全等,得出平行四边形的对边分别相等,对角分别相等的结论。

教师:很好,还有其他发现吗?

学生3:将平行四边形的两条对角线连接起来,它们把平行四边形分为4个三角形,我们发现这4个三角形的面积相等。

教师:是怎么证实这个结论的?

学生4:平行四边形的一条对角线被另一条对角线平分。

(在教师的引导下,学生又发现:平行四边形的两条对角线互相平分。)

学生5:我们发现,平行四边形不是轴对称图形。

学生6:我们发现,把平行四边形旋转180°后,会与原来的图形重合。

教师:怎么旋转? 绕什么点旋转? 请完善学生6的陈述。

学生7:两条对角线的交点是平行四边形的中心,把平行四边形绕中心旋转180°后,会与原来的图形重合。

【点评】设计一和设计二都是引导学生通过自主探索、合作交流的方式去探索新知,但二者的教学效果却大相径庭。分析发现,在设计一中,教师给出了探究性问题,但没有引导学生回忆必要的探究活动经验,学生缺乏经验,难免陷入无序且低层次的探索中。在设计二中,教师不仅设计了具有探究空间的问题,还适时进行问题引导,在师生交流过程中开发学生已有的知识和经验,使学生用独特的方法探究问题,使得有效地完成知识探究成为可能。

为了使学生的探究活动达到应有的效果,教师必须发挥主导和引导作用,注重问题引导的策略,关注问题对学生的激励和引领作用,并促进学生进行及时的总结和必要的反思。

二、问题引导策略举例

(一)创设学生感兴趣的问题情境

教师应将学生的生活、经历、经验与数学结合起来,让学生看到数学知识在生活中丰富的应用价值,使数学教学活动充满活力和灵性。

"圆周角"教学情境

教师:足球运动风靡世界,我们班同学喜欢踢足球吗?这里有这样一个问题,在足球比赛场上,甲、乙两名队员互相配合向对方球门 MN 进攻,当甲带球冲到 A 点时,乙已跟随冲到 B 点,如图 2-3-1 所示。此时甲是直接射门好,还是迅速将球传给乙,由乙射门好呢?为什么?

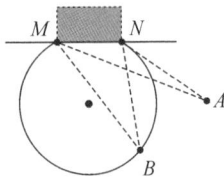

图 2-3-1

学生 1:我认为甲直接射门好,因为甲距球门更近。

学生 2:我认为乙射门好,因为甲距底线较近,但射门较困难。

学生 3:我也认为乙射门好,因为乙与球门所成的角比较大,而甲与球门所成的角比较小。

学生 4:当射手与球门所成角比较大时,射进门的概率较大。

教师:同学们注意到射手与球门所成角的问题,那我们来研究一下,射手分别在哪些位置时与球门所成的角较大、较小、相等?

(学生顿时兴趣高涨,跃跃欲试想要弄清这些问题。)

教师:要想弄清这些问题,就先来学习圆周角的概念及圆周角定理。

【点评】以学生感兴趣的足球比赛为背景,用 FLASH 设计动画效果,创设情境,迎合学生的兴趣,营造探究的课堂气氛,为学生探究开好头。

(二)为解决问题预留一定的开放空间

在问题引导中,如果问题的解答是单一的、确定的、程式化的,将很难激发课堂活力。因此,设计的问题要有一定的开放度,这对激活学生探究动力、提升学生思维强度具有促进作用。

在学习利用函数的图象求解一元二次方程的解时,设计了如下情境:

教师:我们是否可以利用函数的图象求方程 $x^2+x-1=0$ 的近似解?

学生 1:在直角坐标系中,画出函数 $y=x^2+x-1$ 的图象,方程 $x^2+x-1=0$ 的解就是该函数图象与 x 轴的交点的横坐标。

教师:为什么函数图象与 x 轴的交点的横坐标就是方程的解呢?

学生 2:我们可以将方程 $x^2+x-1=0$ 变形为 $y=0$ 和 $y=x^2+x-1$,构

成二元方程组,又由于 x 轴的方程是 $y=0$,函数 $y=x^2+x-1$ 的图象与 x 轴的交点坐标就是方程组的解,因此交点的 x 坐标就是方程 $x^2+x-1=0$ 的解。

教师:很好,这是利用函数图象解方程的基本原理,请大家认真体会,并用自己的语言复述一下。

(教师在此处停留几分钟,对于重要的思想方法,要给学生体会、巩固的时间。)

教师:对于上面这个用函数图象解决方程的问题,还有其他解决方法吗?大家可以讨论一下。有了好方法就说给全班同学听听。

学生3:可以看作函数 $y=x^2+x$ 与 $y=1$ 图象交点的横坐标。

学生4:也可以看作抛物线 $y=x^2$ 与直线 $y=1-x$ 交点的横坐标。

教师:你们回答得真漂亮,大家鼓励一下!

【点评】由于展示给学生探究"问题"的求解方法有多种,有一定的开放度,成为激励学生不断探索的动力,从而促使学生不断思考,在无形之中就增强了自主探究的能力。

(三)问题设计要有一定的趣味性

初中生的年龄比较小,学习的责任感、自我控制能力还比较弱。因此,对于具有抽象特征的数学学科,提高他们学习内容的趣味性就显得很有必要。学习兴趣是学生学习动机的源泉。

在讲解"黄金分割"这个知识点时,发现学生很茫然,课堂气氛沉闷,学习兴致不高,于是教师提出问题:"女孩子爱穿高跟鞋,你们知道为什么穿了高跟鞋会显得美吗? 你知道穿多高的高跟鞋,看起来最美呢?"

【点评】"鞋跟高度"与"美"之间难道有数量关系? 学生的探究欲望立即被激发,于是就有了下面的探究过程:

首先,教师给出"美"的标准:当人的腰部位于身高的黄金分割点处时,其身材看上去是最美的。这时学生认识到"黄金分割点"的实用价值,然后认真理解黄金分割点的概念,并进一步通过计算得到,当人的下肢与身高比为 0.618 时,看起来最美。

其次,教师提出,"事实上,大多数人的腰部在身高的黄金分割点的下方,高跟鞋可增加下肢长度,使腰部恰好位于身高的黄金分割点处。现在的问题是,高跟鞋的鞋跟应该多高？"学生理解了黄金分割点的概念和计算方法，就有了探索问题的基础，于是开始有效的探索活动：

设某人下肢部分长为 m，身高为 n，鞋跟高为 x。因为当人下肢与身高比为 0.618 时看起来最美，即 $\frac{m+x}{n+x}=0.618$，所以 $x=\frac{0.618n-m}{0.382}$。有了此模型，可以根据身高和下肢长度，计算出不同身高的人应该穿多高的高跟鞋了。

学生们完成了此问题后，还在兴趣盎然地讨论，如当一个人的腰部正好在黄金分割点时，即 $x=0$，即使不穿平底鞋也很美；原来高跟鞋是有美学依据的，怪不得芭蕾舞表演那么美，而踩高跷表演就没有这种美感。

（四）在教学过程中生成新问题

一般来说，学生的思维是有规律的，因此可以整体把握，这正是探究性教学的设计基础，因此教师在备课时将相关问题设计为某种既定的思路，称为预设思路。但是事实上，学生的思维是活跃的，甚至是千变万化的，有时教师并不能完全预见。而一旦出现与预设思路相左的情形，教师的教学活动常难以开展，有时为了不打乱既定的教学计划，教师便采取回避的态度，这样看似回到"正轨"，其实效果并不理想。这样不仅会使一些极有探索价值的问题从身边溜走，而且很容易挫伤学生自主思考的热情、信心和积极性。

"正方形"复习题

如图 2-3-2 所示，在正方形 $ABCD$ 中，E，F 分别是 CD，DA 上的点，$AE \perp BF$，求证：$AE=BF$。

原先的教学设计是在讲解证明方法之后，进行如下变式：

1. 若将 BF 向右平移到 HF（保持 HF 与 AE 垂直），如图 2-3-3 所示，HF 与 AE 相等吗？

2. 若将 AE 也往下平移至 GE（保持 GE 与 HF 垂直），如图 2-3-4 所示，GE 与 HF 相等吗？

3. 设 GE 与 HF 的交点为 O，若此交点在正方形外，如图 2-3-5 所示，GE 与 HF 相等吗？

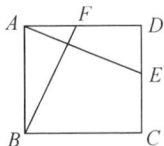

图 2-3-2

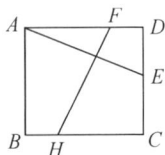

图 2-3-3

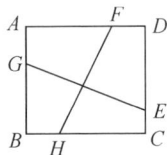

图 2-3-4

本来是想导出变式 1 后,引导学生观察图 2-3-2 与图 2-3-3 的不同之处,期望学生通过观察得到线段 BF 与 HF 的位置不同,从而通过将线段 BF 与 AE 平移得到图 2-3-4、图 2-3-5 的情形。但又感觉这样的问题开放度太小,探索空间不够,不能充分发挥学生的自主性,于是临时改变了主意,问:"你能改变题目中的某些条件或结论,改编出一道新的题目吗?"

学生经过小组讨论后,提出了如下问题:

1. 如果 E,F,G,H 分别在四边形 $ABCD$ 的四条边上,且 $EG = FH$,则四边形 $ABCD$ 是正方形;

2. 在正方形 $ABCD$ 中,E,F,G,H 分别在四条边上,且 $EG = FH$,则 $EG \perp FH$。

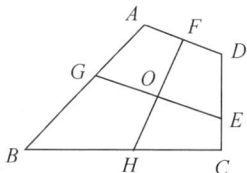
图 2-3-6

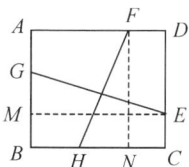
图 2-3-7

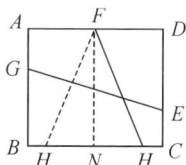
图 2-3-8

学生提出的问题并非教学预设中的变式 2 和变式 3,教师正在对学生提出的新问题正确与否做紧张的判断。此时有学生提问:"老师,它们是不是真命题?"于是,教师顺势对学生提出新的要求:"它们是不是真命题呢? 我们先来解决这个问题,认为是真命题的,给出证明;认为是假命题的,举出反例。看一看谁能最快解决这个问题。"学生的积极性空前高涨。经过探究,得到问题 1 是假命题,反例如图 2-3-6 所示。问题 2 也是假命题,在图 2-3-7 所示的情形中,$EG \perp FH$;但在图 2-3-8 所示的情形中,EG 并不垂直于 FH。

教师肯定了学生对新命题真假的判断,仍有学生意犹未尽,继续提问:"在已知条件中再增加什么条件,可以使新命题符合图 2-3-7 的情形啊?""在图 2-3-8 所示的情形中,虽然 EG 不垂直于 FH,但肯定隐含了某些关于角的结论,是什么结论呢?"

下课铃响了,学生还沉浸在探索的兴奋之中。

【点评】虽然教学过程偏离了教师的预设思路,但往往更能揭示或呈现学生当前认知发展的独特状态,这也是学生从另一个角度进行的创造性思维。教师不应因固守预设思路而忽视学生的创造性思维,而应在学生的探究欲望被激起时,适时地鼓励学生进行大胆探究,使探究式学习真正成为学生的学习方式。这正是我们数学教学所需要的。

第四节　基于问题探究的数学再创造教学策略

一、问题寻问

（一）课堂片段重现

《新课标》强调,教师要重视学生的生活和学习经验,组织学生积极活动,引发学生投入数学思考,不断帮助学生探究问题,即发现问题、提出问题、分析问题和解决问题。因此,问题探究学习成为学生最重要的学习方式和学习内容。然而,在教学实施中,较多课堂对课程标准的认识存在偏差,在实践中出现较多弊病。

1. 教学趋于盲目,偏离核心问题

"一元一次方程应用题"教学片段

教师:同学们,请大家看屏幕。

（接着,反复播放 30 张幻灯片,内容全是 2018 年北京奥运会场馆图片。学生瞪大眼睛,处于兴奋中,教师停止播放。）

教师:刚才同学们观看了北京奥运会各个场馆的照片。奥运会在我国举行,大家为我们的祖国骄傲吗?

学生:骄傲。

教师:好,下面我们开始学习一元一次方程的应用题。

（教师出示教材中以亚运会为背景的应用题）

【点评】基于生活实际经验和学习经验进行情境设计,从而引入新课,这没有错,但播放 30 张幻灯片的目的是什么? 其与这堂课的核心问题"一元一次方程应用题"的联结点到底在哪里? 这些让学生有些摸不着头脑。这在表面上迎合了学生的兴趣,实际上则脱离了核心问题。与其说是数学课,不如说是社会课。这种负情境设计,具有极大的盲目性,导致教学低效,更谈不上问题探究。

2. 教学偏重结果,缺失经历探索

"有理数的减法"教学片段

教师打开多媒体,屏幕上呈现标题"有理数的减法(1)",教室里开始出现轻轻的说话声。部分学生因超前学习了该内容,对此有点不屑,似乎失去了学习的新鲜感和好奇心。

接着,教师提出引例:

厦门的最高气温是 9℃,哈尔滨的最高气温是－7℃,问这天厦门的最高气温比哈尔滨的最高气温高多少摄氏度? 请列式,再算出结果。

教师读题刚结束,已经有学生举起了手,教师请一位男生回答。

学生:等式＝9－(－7)。

教师:有谁知道这是个什么算式?

众生:减法。

教师:这个减法的结果是多少?

部分学生:16。

部分学生抢着回答:减去一个数等于加上它的相反数。

教师:哦,很好,今后大家只要记住这个法则,碰到减法,就按照这个法则计算就可以了。现在请大家读三遍。

(众生齐读。)

教师:让我们来运用法则。

(大量的例题、习题机械操作由此开始。)

【点评】教师利用教材实例,引入有理数减法,用两个反问将学生带到有理数减法原理的入口处。遗憾的是,当学生抢着回答运算法则时,教师的"很好",并且强调"今后大家只要记住这个法则,碰到减法,就按照这个法则计算就可以了",接着是大量的机械操作。对减法原理避而不谈,严重缺失探索过程,这是对数学本身蕴含的特有思维方法、研究方法、推理方法的抹杀。长此以往,学生的数学探究能力日趋低下。值得指出的是,当前有些学校实行的先学后教的所谓导学稿,由于没有把握好,时有这种现象发生。

3. 教学不切实际,弱化数学思维

"用字母表示数"教学片段

教师:同学们,早餐吃过了吗?

学生:吃过了。

教师:你们都吃了什么呢?

学生:面包、稀饭、饼干等。

教师(感觉不太好):有吃过拉面的吗?

学生:没有。

教师:拉面是怎么做的?

(学生用手比画)

教师:通过做拉面,你发现了什么规律吗?

学生:拉面越拉越长。

教师:还有其他规律吗?

(学生茫然,教师无奈。)

教师:拉面拉长后条数怎样变化?

学生:越来越多。

教师(迫不得已):告诉大家,任意多次后,拉面条数可以用 2^n 表示。

【点评】第一,在教学材料选择上,脱离学生生活实际。对于没有相关体验的学生来说,只能从表面的现象回答问题,不能从数学的本质去认识问题;第二,教师完全按照自己的意愿,牵着学生的鼻子走,学生完全处于被动的地位,不能发现其中的数学问题,更不能提出问题、分析问题。无法寻求生活事实与数学认识的联结点,当然达不到推理出"用字母 n 表示 2^n"数学问题的目的,这样的学习毫无意义。

4. 教学不善反思,忽视生成拓展

一堂综合题复习课教学描述

上课开始,教师发下一张练习题,纸张的正反面布满了 15 道压轴综合题。其中 2 道题是例题,13 道题是作业。教师为了显示学生的主体地位,先让学生尝试完成两个例题。由于是压轴题,只有四五个人有点思路,其他同学望题兴叹。教师很着急,也不顾及学生的主体地位,就自己解题,并要求大家聚精会神地听,集体回答。接着教师读题、审题、做题。第一题解答完成;第二题,第三题……发现一名学生举手,教师假装没有看见。当第三题讲到一半,下课铃响了,又讲了 5min,还是没有讲完。唉,算了。接着开始责怪学生,要求学生中午前做完其余的 12 道题。这时,距下节课上课大概还有 2min。

【点评】典型的题海战术。这样的课充斥着当前的数学课堂。一方面教学材料赘叠,内容多而杂,没有主题,不能面向全体学生;教学方式是地道的注入式,我讲你听,讲到哪里算哪里,无目标无计划。由于这样的教学方式,学生的主观能动性完全处于遏制状态。另一方面，整个课堂教学没有科学的教学流程，没有让学生去反思和拓展，教学无法形成知识的生成空间，当然更没有生成的教学。如果个别学生有"节外生枝"的火花，也被这种教学方式过早地泯灭。

（二）数学教学改革呼唤再创造教学

鉴于以上教学现状，很多教育有识之士强烈呼唤教学必须真正改革，如杭州市教研室主任曹宝龙博士呼吁，"课堂教学要以合理的学习材料为教学载体，以学习的能力立意为教学主线，以学生的思维提升为教学核心，以自我的发展为教学最高境界。"这为当前课堂教学提供了宏观的改革框架。还有很多教师在实践中不断尝试，积累了一定的经验。然而，涉及具体的数学问题探究教学，还需专业的理论教学指导，以及总结零碎的实践经验，从而形成系统的对策。

二、教学理念

（一）核心概念

1. 问题探究

问题泛指"要求解答的题目"或"需要研究解决的疑难和矛盾"。数学问题指不能用现成的数学经验和方法解决的一种情景状态。对学生而言，凡是学习中遇到的疑难或矛盾，均可看作问题。问题探究是对问题答案的寻求过程。对数学学习而言，问题探究是探寻数学问题过程和结果的学习方式。

2. 再创造教学

首先，从务虚的视角看，再创造是一种教学思想。要求教学引导学生在实践活动中体验，像数学家一样去发明和创造。这种创造是学生创造了自己，不仅学会数学，而且会学数学、积极探究、乐于学习。应该澄清再创造并不是客观创造，也不是模仿创造，而是通过"再"字去经历和体验。

其次，从务实的视角看，再创造是一种教学方法。数学教学是一个指导学生再创造的过程。在课堂教学实际操作时，将数学作为一种活动进行解释和分析。这里的活动就是学生进行再创造的学习，教师进行再创造的引导。

根据弗氏理论，我们把再创造教学的基本路径描述为：

（1）将处于学术状态的"现成数学"中的核心内容作为教学材料；

（2）将核心问题回溯至学生的现成数学状态中，发现问题，提出问题；

（3）引领学生数学认知联结（寻求兴趣点、知识生长点和疑难点等），通过水平化探索，分析问题，初步解决核心问题；

（4）巩固核心内容，并以此为起点，进行垂直化探索，发现新的问题，从水平探索到螺旋上升，循环往复。再创造教学的基本路径示意如图 2-4-1 所示。

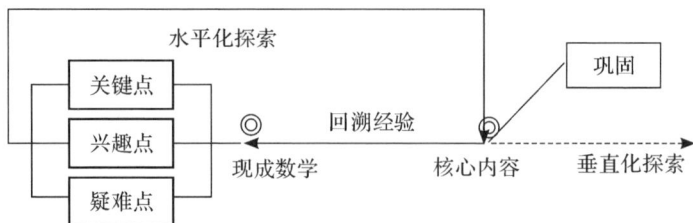

图 2-4-1   再创造教学的基本路径示意

（二）理论依据

再创造理论是数学教育最权威的指导理论之一。如果将再创造作为数学教学原则,其合理之处至少有以下五点教育学依据:

（1）系统性——遵循数学发展和学生发展的规律。数学的系统性必须遵循数学本身发展和学生的认知发展的系统规律。教学不是公布现成答案,而是将学术形态转化为教育形态,引导学生重新系统地思考,揭示规律,认识数学的真正价值。

（2）主动性——激活学生内在的学习动力。再创造是一种发现,发现能激发学生的学习兴趣,并转化为积极探索的内在动力。

（3）活动性——改变学生外在的学习方式。学生学的过程就是活动的过程。对数学知识的再创造能让学生进一步认识到数学是人类的一种活动。本书中无论是师生之间,还是生生之间,都是自主活动、合作活动和探究活动的过程。

（4）层次性——构建引领学生学习的教学流程。教学活动的材料组织的分层性,符合循序渐进过程;只有循序渐进地学习数学才能更好地再创造。学生从自学课本到自行作业,期间的拓展提升是一个由低层次到高层次的过程,本书紧密联系这条原则。整个教学流程建立在从最低层次上发现问题,层层递进,不断进入更高层次,实现教学目标,即低起点,高落点。

（5）反思性——形成学生学习的良好数学思考习惯。反思性是"再创造"的基本要素,这是再创造教学理论中一个很重要的原则,在这个原则下环环反思,不断观察、猜测、实验、计算、推理、验证、纠偏和发展。

三、再创造教学策略

根据再创造教学原则,结合数学现状,总结数学课堂再创造教学策略和目标,如图 2-4-2 所示。

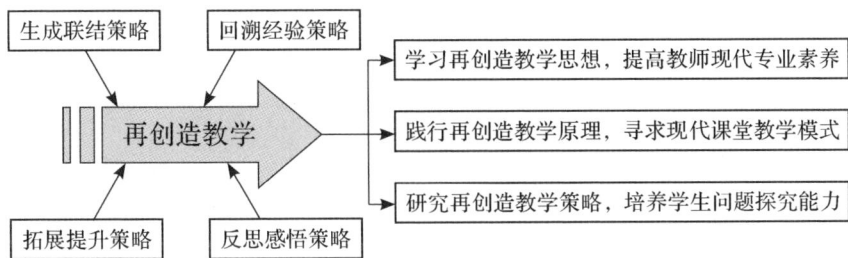

图 2-4-2　再创造教学策略的结构与目标

(一)回溯经验策略

回溯经验是引导学生再创造的关键。

1. 抓住学习的关键点,引导学生亲历知识发生的过程

应试教育的目标是反复操练、强化训练、形成条件反射,从而达到知识与技能的熟练运用。教学不能急功近利,要坚持把学生引导至原理的解析。但是,死记硬背和机械套用不是教学的全部目标,导出原理涉及的数学思想方法才是更有价值的教学目标。

2. 找准学习的兴趣点,激发学生数学学习的心向

心向即乐于学习的愿望,兴趣是学好数学的前提。只有找准学生学习中的兴趣点,学生才有可能乐于学习数学。不顾学生学习数学的愿望,不顾青少年学生的身心特点,强加给学生机械重复的数学练习,让学生长期圈囿于抽象的、繁复的学习境地,势必导致学生产生厌学情绪。数学的特点是抽象的,但抽象的数学蕴含着丰富的自然美、和谐美、简约美、对称美、逻辑美。在教学中挖掘这些美,让学生在愉悦中学习,享受数学美,对数学产生热烈的情感,树立积极的学习态度,从而激发学生学习的兴趣。如二次根式 $\sqrt{a^2}$ 的性质是教学的一个难点,为突破该难点,笔者设计了一个"荒唐"问题,即"蚂蚁的重量等于大象的重量?"以启发学生的兴趣。

"二次根式 $\sqrt{a^2}$ 的性质"教学片段

教师:同学们,天下竟有这样的奇事,蚂蚁的重量等于大象的重量! 大家信不信?

学生:啊?

教师:大家肯定和我一样想,即使是最大的蚂蚁和最小的大象,它们的重量明显不是一个数量级。但是下面的"推导"确实让你感到蚂蚁和大象一样重!

设蚂蚁的体重为 x,大象的体重为 y,且 $x+y=2a$,两边同乘以 $(x-y)$,得 $(x+y)(x-y)=2a(x-y)$,$x^2-y^2=2ax-2ay$,$x^2-2ax=y^2-2ay$,两边都加 a^2,得 $(x-a)^2=(y-a)^2$,于是 $\sqrt{(x-a)^2}=\sqrt{(y-a)^2}$,可得 $x-a=y-a$,所以 $x=y$。

这里竟然得出了蚂蚁和大象一样重的结论,岂不荒唐! 那么问题究竟出在哪里呢?

(众生愕然、好奇、困惑、议论、质疑、思考。)

【点评】为什么这样设置? 因为教科书原来给出的填空内容,只考虑符合数学学科的逻辑体系,显得抽象、枯燥。如果按此教学,就不能满足学生的心理需求,学生的学习欲望不强,积极的学习心向无法得到调节,难以关注二次根式 $\sqrt{a^2}$ 的性质。教师抓住知识的重点、难点,用一个"荒唐"的问题,让学生产生愕然、好奇、困惑等激烈的认知冲突,学生的注意力得以集中,产生主动学习心向。教师在此时顺势导入课题,启发学生的兴趣。

3. 找准学习的疑难点,促进学生数学精神的培养

数学精神的培养除了挖掘学生的兴趣点、知识的生长点外,更重要的是发现学习的疑难点,发现思维的"断点",从而引领学生展开想象的翅膀,领略数学的精神,闪烁思维的火花。

在学习"三角形内角和定理的证明"时,师生一起讨论定理的两种证法,然后教师问:"还有其他方法吗?"

一位男生给出了如下方法。

证明:作高 AD,如图 2-4-3 所示,因为 $\angle BAD+\angle B=90°$,$\angle CAD+\angle C=90°$,所以 $\angle BAD+\angle CAD+\angle B+\angle C=180°$,即 $\angle BAC+\angle B+\angle C=180°$。

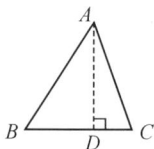

图 2-4-3

这位学生发言后沾沾自喜,有些同学也频频点头。事实上,这种证法中的 $\angle BAD+\angle B=90°$ 和 $\angle CAD+\angle C=90°$ 存在循环论证的错误。

教师问:"这种证法正确吗?"学生沉默。接着,教师用"儿子生老子"幽默通俗的比喻,诠释了其中循环论证的错误,同学们在笑声中学习了知识。教师给出证明方法:如图 2-4-4 所示,先得到 $EF\parallel BC$,即 $\angle C=\angle AFE=\angle EFD=\angle FDC$,同理 $\angle EDB=\angle B$,而 $\angle EDF=\angle BAC$,

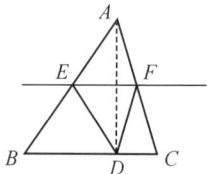

图 2-4-4

所以∠BAC+∠B+∠C=∠EDF+∠EDB+∠FDC=180°。在完成三角形内角和定理的证明后,教师再一次肯定了前面那位学生添的辅助线AD。

【点评】 在这个案例中,教师发现学生出现了循环论证,这是个疑难点。学生的疑难点正是培养学生数学思想方法的契机,教师通过巧妙地提问和解释,引导学生认识产生错误的原因,加深对逻辑演绎的认识,同时利用课堂现成资源,打破教材编排,师生一起讨论,得到了新的证明方法。这样的证明没有牵强附会,而是顺乎自然,水到渠成。学生在自然地学习中进行再创造。

数学教学的目标是教会学生再创造,而再创造的关键是扎实的基础,因此数学教学应该回溯经验,本书中对关键点、兴趣点、疑难点的处理正是笔者在教学回路基础中的一些做法和体会。

(二)生成联结策略

教师引导学生回溯至数学现实,找准认知的关键点、学习的兴趣点、问题的疑难点,促使学生产生学习的心向和问题意识,进入水平化再创造学习的"最近发展区",从而产生新知的联结点。教师积极地导向促进学生自主获得新知的过程,称为生成联结。从以下几方面予以突破:

1. 从简联结,促进学生数学新知的获得

学生在学习中联结新知,在联结中提高思维能力,这是学习数学的核心。联结从哪里开始? 将最简单的知识点作为突破口,重视认知基础,并在此基础上建立知识的生长点,使数学思考与问题解决成为有源之水,有本之木,稳扎稳打,循序渐进。

$x=1$ 是一元一次方程吗? 为什么?

显然,该题重点放在"为什么"上,其教学思路以"$x=1$"为"题眼",设计问题,逐步引导。

Ⅰ.概念的本质属性复习

问题:请你说明 $x=1$ 是一元一次方程的理由。

首先,它是一个_____,它含有_____,因此它是一个方程;

其次,这个方程的左右两边 x 和1都是_____,并且只含一个_____,未知数 x 的次数是_____次。

Ⅱ.举反例,强化概念的理解

(1)$2+3(x-7)$不是一元一次方程,理由是它不是一个_____;

(2)$\dfrac{2}{x}=x-1$ 不是一元一次方程,理由是方程左边不是一个 ＿＿＿＿＿＿＿；

(3)$x=y-1$ 不是一元一次方程,理由是方程中含有两个 ＿＿＿＿＿＿＿；

(4)$y^2=y-1$ 不是一元一次方程,理由是方程中未知数的最高次数是 ＿＿＿＿＿＿＿＿＿。

Ⅲ.引入参数形式的方程,促进对定义的掌握

问题:关于 x 的方程 $(3-m)x^{2|m|-5}+2=3$ 是一元一次方程,则 $2|m|-5=$ ＿＿＿＿＿,所以 $m=$ ＿＿＿＿＿或 $m=$ ＿＿＿＿＿,但 $3-m\neq 0$,因此,$m=$ ＿＿＿＿＿。

Ⅳ.顺势进入方程解法的复习

上述诸步骤紧紧抓住一元一次方程的定义,由易到难,循序渐进,让学生认识、理解,甚至掌握一元一次方程。在此基础上,自然地进入一元一次方程解法的复习,设计了逆向策略,开放式地复习方程同解变形的基本方法,该过程运用了相关的性质和法则。例如:

由 $x=1$ 变形为 $-\dfrac{3}{2}x=-1.5$(运用基本性质2);

再变形为 $2x-\dfrac{3}{x}s=-1.5+2x$(运用移项法则);

再变形为 $4x=-4(1-x)+1+3x$(运用去括号、合并同类项法则);

再变形为 $1+\dfrac{3-8x}{12}=\dfrac{x}{3}+\dfrac{1}{x}$(运用去分母等法则);

再变形为 $\dfrac{0.2x+0.3}{0.6}-\dfrac{0.3-0.8x}{1.2}=1$(解决形式比较复杂的方程);

再变形为方程的简单应用,即已知代数式 $4x+2$ 与代数式 $3x-9$ 互为相反数,求 x 的值;

再变形为含参数的方程应用问题,即已知方程 $(4x+2)+(3x-9)=0$ 的解与方程 $1+\dfrac{3-ax}{12}=\dfrac{x}{3}+\dfrac{1}{2}$ 的解相同,求 a 的值。

【点评】上述一元一次方程解法的复习以"$x=1$"作为学习的生长点,遵循数学本身的发展规律和学生根据已有的学习经验、认知水平去实现目标的原则。其特点是围绕概念的本质属性,直奔定义,通过列举反例和使用参数法提升对定义的理解,再自然地进入方程解法的复习,数学知识的联结一气呵成。

2. 分解联结,促进学生综合知识的获得

面对复杂的综合题,其策略是分解联结,在分解中联结,在联结中生长,促进

问题探究。

综合题解法探析

如图 2-4-5 所示,设抛物线 $y = ax^2 + bx - 2$ 与 x 轴交于两个不同的点 $A(-1, 0)$, $B(m, 0)$,与 y 轴交于点 C,且 $\angle ACB = 90°$。

(1) 求 m 的值和抛物线的解析式;

(2) 已知点 $D(1, n)$ 在抛物线上,过点 A 的直线 $y = x + 1$ 交抛物线于另一点 E。在 x 轴上是否存在点 P,以点 P, B, D 为顶点的三角形与 $\triangle AEB$ 相似,若存在,求点 P 的坐标,若不存在,请说明理由。

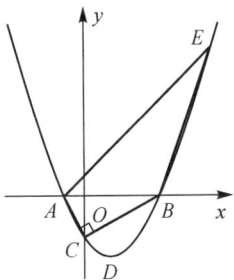

图 2-4-5

教师设计问题,从三个环节引导学生互动讨论。

第一环节为问题初探。抓住 Rt$\triangle ABC$ 设计三个问题:(1) 关于 Rt$\triangle ABC$,你知道哪些知识?(2) 如果 $\triangle ABC$ 为 Rt$\triangle$,$CO \perp AB$ 于点 O,那么从相似三角形的角度出发可得到哪些结论?(3) 以 AB 所在直线为 x 轴,以 CO 所在的直线为 y 轴,建立直角坐标系,当 $OA = 1$, $OC = 2$ 时,请写出 A,B,C 三点的坐标。

第二环节为问题深入。在平面直角坐标系中,讨论函数问题:(4) 如图 2-4-5 所示,一抛物线过 A, B, C 三点,求它的解析式;(5) 问题(4) 中的抛物线过点 $D(1, n)$,过点 A 的直线 $y = x + 1$ 交抛物线于另一点 E,求 D,E 的坐标。

第三环节为问题拓展。引导学生积极探究:在 x 轴上是否存在点 P,使得点 P, B, D 为顶点的三角形与 $\triangle AEB$ 相似,如果存在,求点 P 的坐标,如果不存在,请说明理由。

探点 1:连接 DB,在 x 轴上,点 P 是否有可能在点 B 右侧?

探点 2:在 x 轴上,点 B 左侧是否存在点 P?

最后,教师要求根据"综合—单一—综合"的探析思路,整理出一份完整的解答。

【点评】整堂课就教学设计而言,教师以"化整为零"的数学解题思想,设计三个环节,并通过六个问题,让学生观察、比较、分类,从而实现对数学知识、思想方法的心领神会。

就教学过程而言,教师以特有的机智,与学生积极互动,整堂课充满着动感。既有认知结构的动态联结,也有学习方法的动态联结。学生在学习过程中,必然会出现这样或那样的错误,教师留心捕捉和筛选这些鲜活的错误资源,据此调整教学行为,并有意识地引导学生进行错误剖析,以错纠正,正本清源,不断碰撞出再创造学习思维的火花。

3. 层次联结,让低层次知识在联结中提升

通过层次联结,由低层次向高层次联结,学生在学习中不断再创造,也不断积累了数学活动经验。

如图 2-4-6 所示,图形既关于点 O 中心对称,又关于直线 AC,BD 对称,$AC=10,BD=6$,已知点 E,M 是线段 AB 上的动点(不与端点重合),点 O 到 EF,MN 的距离分别为 h_1,h_2。当以 EH 为直径的圆与以 MQ 为直径的圆重合时,求 h_1 与 h_2 满足的关系式,并求 h_1 的取值范围。

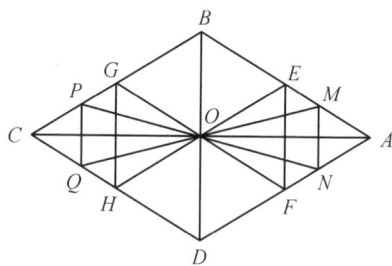

图 2-4-6

对于这道有一定难度的题目,教师不妨重构低层图式,如图 2-4-7 所示。

设置以下问题,试图给予学生"合理的工作量",让学生获得尽可能多的独立经验。

问题 1:图形重合意味着什么?

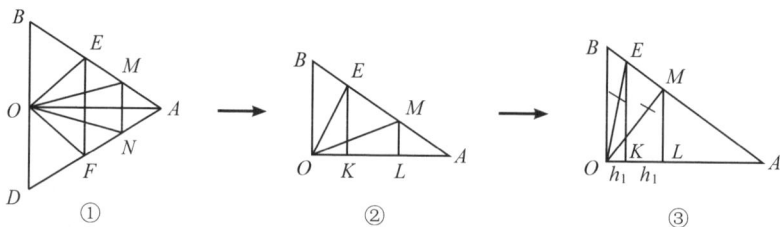

图 2-4-7

问题 2:半径相等有哪些可能?

问题 3:当两圆重合时,h_1 和 h_2 有什么关系?

问题 4:若不重合呢? $OE=OM$(等量思想找关系)。

问题 5:由此如何用 h_1 和 h_2 表示 $OE=OM$?

问题 6:它们都是哪两个直角三角形的斜边? 由此由勾股定理得到怎样的等式?

问题 7:如何用 h_1,h 表示 EK,ML?

因此,解法如下:$h_1+\left[3\left(1-\dfrac{1}{5}h_1\right)\right]^2=h_2+\left[3\left(1-\dfrac{1}{5}h_2\right)\right]^2$,所以$(h_1-$

$h_2)\dfrac{34(h_1+h_2)-90}{25}=0$,得 $h_1=h_2$ 或 $h_1+h_2=\dfrac{45}{17}$。

当 $h_1=h_2$ 时,点 E 与点 M 重合,$0<h_1<5$;

当 $h_1+h_2=\dfrac{45}{17}$时,点 E 不与点 M 重合,$0<h_1<\dfrac{45}{17}$。

【点评】由低层次到高层次,联结成一条流畅的问题链,层层递进,凸显了再创造的魅力。

(三)拓展提升策略

在教师再创造教学引导下,学生获得数学新知的过程是一个水平数学化的过程。常规教学包括学习例题、巩固新知。教师在教学过程中注重教学环节的"流畅",使得教学成为低效或无效的"走马观花"式的逛街场。长此以往,课堂教学模式基本上是灌输—接受。为此,笔者一方面重视新知的及时巩固,通过动手操作熟练掌握对基础知识和基本技能;另一方面引领"垂直数学化"教学,加强新知的拓展提升,培养学生的数学精神和再创造能力。新知的拓展从四个方向延伸,如图 2-4-8 所示。

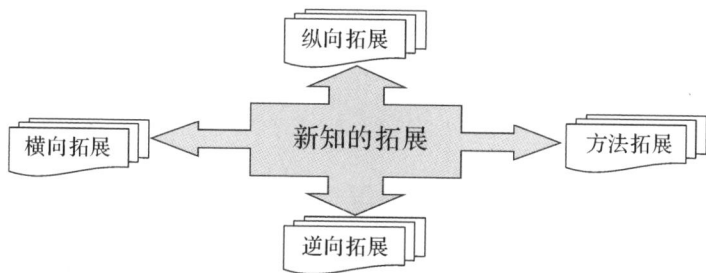

图 2-4-8　新知的拓展方向

1. 纵向拓展,深度优化

"圆的基本性质"教材习题

如图 2-4-9 所示,点 M 在 $\odot O$ 上,$AM=DM$,连接 MO。

(1)不另加字母和线,你可得到什么结论?

(2)求证:MO 平分 $\angle AMD$。

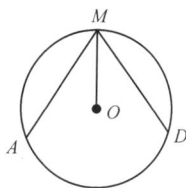

图 2-4-9

可通过添加辅助线来证明,三种方法分别如图 2-4-10、图 2-4-11 和图 2-4-12所示。

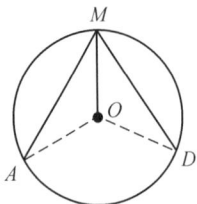
图 2-4-10

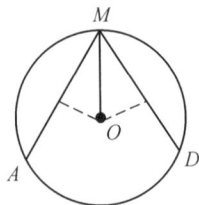
图 2-4-11

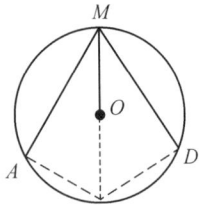
图 2-4-12

拓展:改变条件中点 M 的位置。(i)点 M 在⊙O 内,如图 2-4-13 所示,在⊙O 中,AB=DC,连接 MO。求证:①MO 平分∠AMD;②AM=DM。

(ii)点 M 在⊙O 外,如图 2-4-14 所示,在⊙O 中,AB=DC,连接 MO。求证:①MO 平分∠AMD;②BM=CM。

改变条件的数量。如图 2-4-15 所示,梯形 ABCD 内接于⊙O,AB∥CD,连接 AC,BD 交于点 M,连接 MO。问 MO 是否平分∠DMC,如果是,请予以证明,如果不是,请说明理由。

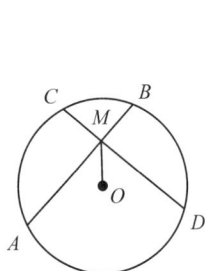
图 2-4-13

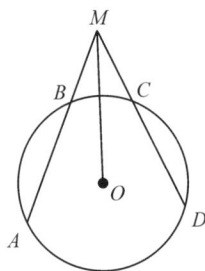
图 2-4-14

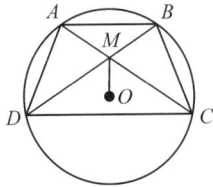
图 2-4-15

【点评】这是一道基础题,目的在于巩固等弧、等弦、等弦心距、等圆心角、等圆周角的关系,但将该题纵向拓展后,其价值迅速提升。从多种证明方法的发散引新,到点 M 的位置变化是否导致结论变化的纵向拓展,再到改变条件数量的综合拓展,让学生充分体会问题变化背后隐藏的知识,了解来龙去脉,沿着一条主线在深度上进一步优化。

2. 横向拓展,触类旁通

如果纵向在于深度,那么横向在于广度。引领学生发现知识的相互联系,探究广度,以此触类旁通,这是数学再创造教学的基本任务。

在"列方程解应用题"教学中,传统教学总是将该内容划分为形成问题、工程问题、调配问题等,弱化了列方程解应用题的本质,即它们之间的共性。因此,融合各类问题,将其横向联系在一起加强整体教学是十分必要的。

"一元一次方程应用"的设计要点

引例1:某教师的体重的2倍比小明体重(65kg)的2倍还多50kg。

(1)能直接用算式求出某老师的体重吗?

(2)如果用列方程的方法求解,设哪个量为 x?

(3)根据怎样的相等关系列方程?方程的解为多少?

引例2:某教师的体重比小强体重的2倍轻6kg,小强的体重比小刚轻3千克,三人的体重之和为189kg,问三人的体重各为多少千克?

暑期,某中学举行初一数学夏令营活动,全体成员在教师的带领下,乘游船沿富春江上游方向考察学习。

问题1:某同学通过查阅资料发现,富春江从建德市的三江口开始至萧山区的闻堰止,闻堰到富阳区的航程是富春江全长的 $\frac{1}{5}$,从富阳区出发到桐庐县的航程为44km,而桐庐县到建德市的航程是富春江全长的 $\frac{2}{5}$。富春江全长多少千米?

问题2:在夏令营的成员中,有 $\frac{3}{5}$ 是男同学, $\frac{1}{3}$ 是女同学,剩余的是两位教师。问:

(1)夏令营中共有多少人?

(2)学生中,男生比女生多多少人?

问题3:中午,活动小组见到了奥运会皮划艇冠军浙江的孟关良,于是去采访,问:"哥哥,你获得奥运冠军时是多少岁呢?"他说:"我获得雅典奥运会冠军时与妈妈当时的年龄之和为82岁,妈妈当时的年龄又比我当时年龄的2倍少2岁。"那么你能猜到他现在多少岁吗?他妈妈现在多少岁呢?

问题4:(问题3的变式,略)

问题5:第二天,全体成员来到严子陵钓台,当时有两个旅游团队上山,第一队有80人,第二队有50人,因安全需要,要求第一队的人数比第二队人数的2倍多4人,那么需要从第二队调多少人到第一队?

问题6:(问题5变的式,略)

问题7:全体成员下午去桐庐县城,遥望壮丽的富春江二桥,只见桥上汽车来回穿梭。营员张超面对景色构造了一个方程:$15x+20x=1\,020$。接着,大家以桥为背景,编写一道一元一次方程应用题。你能编出来吗?

【点评】以上两个引例和七个问题,涉及体重、年龄、长度、调配、行程、人数六个方面,教学内容多,密度高,对于应用题的起始课,似乎是难以完成的。教学中时而画线示图,时而立表分析,始终以倍数为纲,横向探索。学生在教师点拨之下,自主探索,投入到再创造的学习中,很好地完成了学习任务。

3. 逆向拓展,严谨推理

逆向拓展是再创造学习中必不可少的部分,主要体现在对几何中逆命题是否成立的探索上。其实,教材也十分重视这方面的要求,如专门设置了讨论逆命题和逆定理的章节。教学中,务必挖掘和重视原命题与逆命题的内在联系,使得思维更加灵活,循环反复地理解知识。再创造学习正是在条件与结论之间寻求关系,提高学生再创造的学习能力。

当逆命题成立时,原命题中的条件 X 正好是逆命题的结论,结论 Y 正好是逆命题中的条件,即 X 和 Y 互为充要条件,因此,要判断原命题的逆命题是否成立,只要看原命题的证明每步是否可"逆推",在补充某种条件后,就可"逆推",通过训练,学生的思维将会有更大的提高。

一道几何题探索的课堂教学片段

如图 2-4-16 所示,BE 和 CF 是 $\triangle ABC$ 的中线,它们相交于点 G,(1)求证 $\dfrac{GE}{GB}=\dfrac{1}{2}$;(2)它的逆命题是:已知 BE,CF 相交于点 G,且 $\dfrac{GE}{GB}=\dfrac{1}{2}$,求证 BE 和 CF 是 $\triangle ABC$ 的中线。

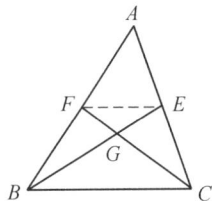
图 2-4-16

教师:同学们,先请大家证明(1)。

学生:连接 EF。

$$\left.\begin{array}{c} AE=EC \\ AF=FB \end{array}\right\} \left\{\begin{array}{l} FE=\dfrac{1}{2}BC \Rightarrow BC=2EF \\ FE/\!/BC \Rightarrow \dfrac{GE}{GB}=\dfrac{EF}{BC} \end{array}\right\} \Rightarrow \dfrac{GE}{GB}=\dfrac{1}{2}。$$

教师:为探明逆命题是否成立,可弄清其"逆推"是否可行?

(多数学生碰壁,只有三位学生有想法。)

教师:看来原命题可证明,逆命题不一定可逆推,请有想法的同学说说。

(教师通过巡视,请有思路的同学向大家讲解。)

学生:上述每步唯有 $FE/\!/BC$ 与 $\dfrac{GE}{GB}=\dfrac{BF}{BC}$ 不等价,因此 $\dfrac{GE}{GB}=\dfrac{1}{2}$ 不等价于 $AE=EC,AF=FB$,因而逆命题不成立。

教师:你能想办法,补充条件,使逆命题成立吗?

(学生表示为难。)

教师:要使逆命题成立,只要修改 $FE /\!/ BC$ 为必要条件即可,请问,要使 $FE /\!/ BC$,必须满足什么条件?

学生:必须 $\dfrac{GE}{GB} = \dfrac{GF}{GC}$,从而 $FE /\!/ BC \Leftrightarrow \dfrac{GE}{GB} = \dfrac{GF}{GC}$。

最终,多数同学把逆命题改写为:已知 BE,CF 相交于点 G,且 $\dfrac{GE}{GB} = \dfrac{GF}{GC}$ $= \dfrac{1}{2}$,求证:BE 和 DF 是 $\triangle ABC$ 的中线。

【点评】 在解决了一个命题后,启发该命题的逆命题,弄清楚命题中"已知条件"与"求证"间的关系,得到新的命题(逆命题)。适时地逆向拓展对学生严谨的逻辑推理较为重要。在师生之间、生生之间的合作交流中,增强问题意识,严格训练,澄清事实。

4. 方法拓展,积极创新

数学上的发现和发明主要是方法的创新。无论是知识的形成、理解,还是结论的推导及解题,都渗透数学思想方法。因此,数学思想方法的渗透是再创造教学的杠杆。通过方法拓展,学生可深入地再创造学习,不停地探究问题。

"相似三角形性质应用"例题

数学兴趣小组测某小学旗杆的高度。现在小组仅有一把皮尺和一根标杆,如何求旗杆的高度?

首先,将问题抽象为如图 2-4-17 所示的 4 个数学模型,接着采用化归思想,转化为相似三角形的基本图形,从而求得旗杆的高度。

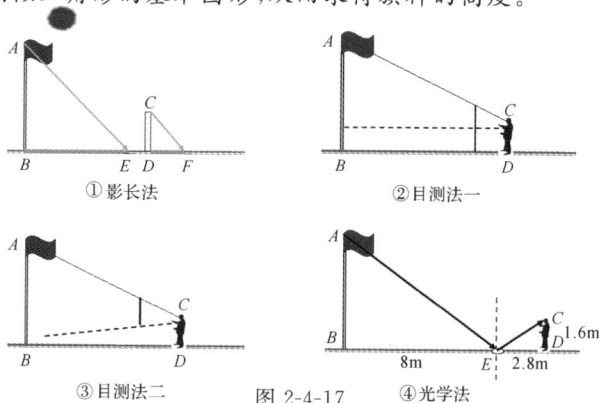

图 2-4-17

其次,在此基础上,立足影长法,给出如图 2-4-18 所示的两种情况,通过影子的位置变化,学会线段的转化,同样转化为两个三角形相似,从而解决问题。

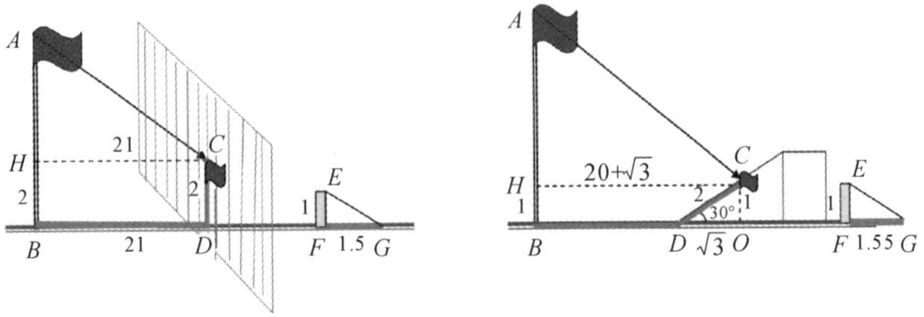

① 影长在竖直墙面上　　　　　② 影长在竖斜面面上

图 2-4-18

再次,提出问题:小亮晚自修结束回寝室,途中走到 C 处时发现,在点 B 上方的路灯 A 照得自己的影子 CD 的长为 2m;继续往前走 4m 到达 E 处,影子 EF 的长为 4m,已知小亮的身高为 1.6m,路灯的高度等于多少?

解:如图 2-4-19 所示,设 $AB=x$,$BC=y$。由题意,得 $\triangle ABD \backsim \triangle GCD$,$\triangle ABF \backsim \triangle HEF$,则

$$\begin{cases} \dfrac{y+2}{2}=\dfrac{x}{1.6}, \\ \dfrac{y+4}{4}=\dfrac{x}{1.6}。 \end{cases} \quad 所以 \begin{cases} x=3.2, \\ y=2。 \end{cases}$$

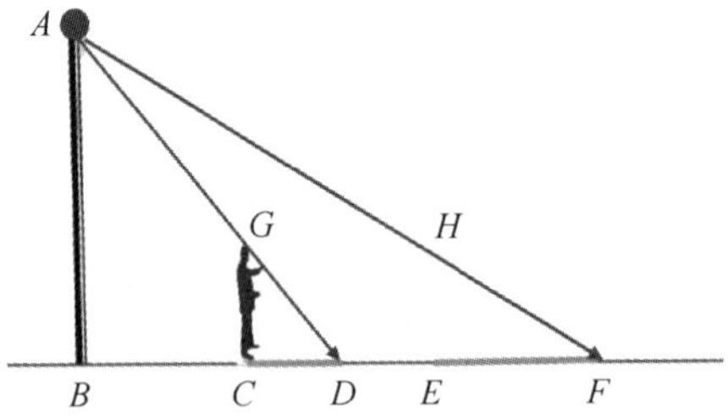

图 2-4-19

【点评】该题由太阳的平行光线路灯的点射光线,由一个未知数到两个未知数,是新的挑战。挖掘化归思想、数学结合思想、方程思想,促使学生积极地思考,通过不断地观察、回溯、判断、推理、计算、自主活动,提高创新能力。

最后,教师亮出题目:小亮探究影子长度的变化规律,如图 2-4-20 所示,当他走到离路灯 2m 处 H_0 时,其影子的顶点标记为 H_1,影长为_____m;当他继续走到 H_1 时,其影子的顶点标记为 H_2,影长为_____m;当他继续走到 H_2 时,其影子的顶点标记为 H_3,影长为_____m;按这样的规律继续走,当他走到 H_n 时,其影子的顶点标记为 H_{n+1},影长为_____m。

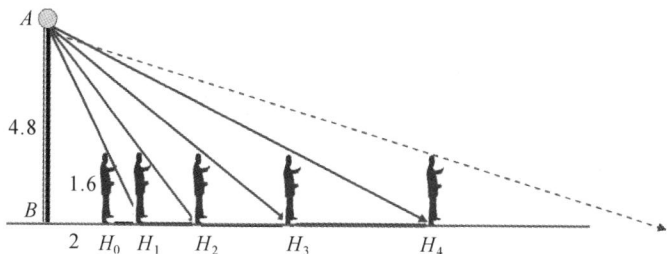

图 2-4-20

【点评】构建一系列相似三角形的基本图形,由特殊到一般,从而发现从图形到数字的变化规律,真是别有洞天、美妙无比。

(四)反思感悟策略

弗赖登塔尔指出,反思是重要的思维活动,它是思维活动的核心和动力。《新课标》指出,"能针对他人所提出的问题进行反思,初步形成评价与反思的意识。"再创造的过程事实上是不断反思的过程。在前述三个策略中,都隐含着引导学生积极主动反思,然而,在教学中还应有意识地设置反思活动。因此,教师应当针对各个学生数学现实和思维水平的不同,通过适当地启发,引导学生加强反思,使学生的创造活动由不自觉的状态发展为有意识的感悟状态。

笔者认为,数学课堂中自始至终是一个反思的过程,而以下三个方面更需要有意识地引导学生积极反思。

1. 在知识延伸点上引导归纳反思,深刻理解基础知识

"菱形的性质证明"课堂问题

如图 2-4-21 所示,在菱形 $ABCD$ 中,两条对角线 AC,BD 相交于点 O,问:

(1)有哪些等腰三角形? 为什么?

(2)有哪些相等的线段? 为什么?

(3)有哪些相等的角? 为什么?

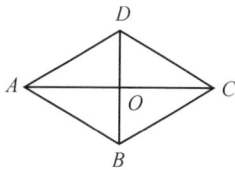

图 2-4-21

解:(1)因为四边形 $ABCD$ 是菱形,所以 $AB=BC=CD=DA$。(菱形的四条边相等)

故图中有 4 个等腰三角形 $\triangle ABD$,$\triangle ABC$,$\triangle BCD$,$\triangle CDA$。

(2)除了 $AB=BC=CD=DA$ 外,还有 $OA=OC$,$OB=OD$。(菱形对角线互相平分)

(3)由(1)得,$\triangle ADC$ 是等腰三角形,由(2)得 $OA=OC$,则 $\angle ADB=\angle CDB$,$\angle AOD=\angle CID=90°$。(等腰三角形"三线合一")

教师:上面探索的过程是一个推理的过程。请根据条件和探索的结果,用一句话概括关于菱形两条对角线的结论。

学生:菱形的两条对角线互相垂直,且每条对角线平分一组对角。

小贴士:本题特点是在"菱形的四条边相等"的基础上思考问题,并进行推理,从而发现和概括新的结论。

【点评】学习几何证明在于严谨的逻辑推理,首先让学生写出规范的形式。其次,提出三个为什么,旨在让学生反思归纳,在探索中学会推理。最后要求学生通过推理,自主写出菱形两条对角线的结论,这是对前面推理的反思,又是对心之探索的归纳。"小贴士"则是对整个知识生长联结的反思归纳。

2. 在数学的基本思想上引导比较反思,激发学生数学思考

1. 先求解下列两题:

(1)如图 2-4-22 所示,点 B,D 在射线 AM 上,点 C,E 在射线 AN 上,且 $AB=BC=CD=DE$,已知 $\angle EDM=84°$,求 $\angle A$ 的度数;

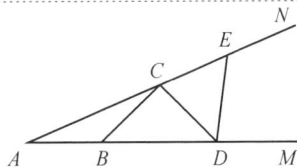

图 2-4-22

(2)如图 2-4-23 所示,在直角坐标系中,点 A 在 y 轴上,$AC \parallel x$ 轴,点 B,C 的横坐标都是 3,且 $BC=2$,点 D 在 AC 上,且横坐标为 1。若反比例函数 $y=\dfrac{k}{x}(x>0)$ 的图象经过点 B,D,求 k 的值。

2. 解题后,你发现以上两小题有什么共同点?请简单地写出。

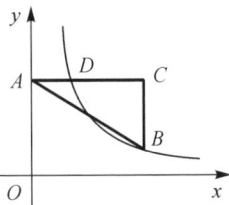

图 2-4-23

【点评】第(1)小题难度适中,可以让学生自主练习,解题过程流畅,完成了知识与技能的训练,最终得到方程 $3x+x=84$。然而,第(2)小题,另辟蹊径,最

终得到方程 $k-\dfrac{k}{3}=2$。对两道不完全知识领域内的题目,要求学生解题后写出共同点,在开放中反思,在反思中归纳数学基本方法,大大激发了学生的数学思考,由此产生再创造意识。

3. 在数学的问题结果上引导监控反思,积累学生数学活动经验

学生的不良学习习惯之一是缺乏回顾检验,做完题后将其束之高阁,万事大吉。这与教师本身不重视有关。事实上,这是一个自我监控反思的学习过程。不断地引导学生自我监控反思,不仅可以提高运算能力,而且可以丰富数学活动经验。如借助几何知识检验代数知识,利用加法运算检验减法,利用整式乘法检验因式分解等。

第五节 学习方式变革与高阶思维课堂创设策略

高阶思维课堂的形成,需要对学生学习方式进行变革,通过案例对学习方式变革与创设数学高阶思维课堂的策略进行探索。倡导在新形势下数学课堂改变太注重传统接受式的学习方式,倡导学生的学习方式从"灌输注入"到解决问题、从"被动接受"到自主学习、从"孤军奋战"到合作学习、从"埋头苦干"到探究性学习等方面进行变革,体现了"以学为中心"的现代数学课堂。

一、问题的提出

新课程实施以来,教师的教学理念、教学行为发生了可喜的变化。由于数学评价体系不够完善,目前学业考试、日常测试以考查学生低阶思维为主,部分教师目标定位以知识技能为主,教学方式以讲授为主,学生学习方式以做作业为主,过分重视知识技能的获得,重结果轻过程,忽视学生在学习中进行数学思考,忽视学生思维方式的形成,学生的思维能力、思维品质得不到应有的发展。

鉴于此,我们应该重视培养学生在较高认知层次上的心智活动或认知能力,即"高阶思维"培养。笔者认为,"高阶思维"的培养有以下方面的需要。

(一)基于数学常态课改进之需要

当今数学常态课教学还存在"三多三少"现象,教师讲得多,提炼得少;学生做得多,思考得少;作业重复机械多,探究创新少。

如何改进常态课教学?目标立意从关注知识技能向关注核心素养转变,关注点从"教得完整""学得完整"向"发展得完整"转变,教学要真正做到回归本原,

关注学生的发展。尝试问题导学,引导启发学生思考,培养学生思维品质、思维能力和创新精神,这是新形势下数学常态课改进的需要。

(二)基于数学学科发展之需要

《新课标》明确指出,通过义务教育阶段的数学学习,学生能运用数学的思维方式进行思考,增强发现和提出问题的能力、分析和解决问题的能力,并将"数学思考"作为初中生数学学习的四大目标之一。基于课标要求、数学学科发展特点,发挥数学是思维的体操作用,数学教育不只是让学生学会基本知识技能、学会解题,更重要的是让学生学会思考,发展学生的思维能力、理性精神。

(三)基于学生数学核心素养发展之需要

一是从浙江省义务教育质量监测情况分析,八年级学生学业质量水平已达到高水准,但学生高认知能力一般,高认知能力培养是教学的短板。二是从数字时代对传统教育冲击分析,在数字信息时代,大量的记忆性和检索性的工作能为信息技术所承担,人类前所未有地减轻了低阶知识与能力的负荷,个体所需要做的不只是学习知识,还需要对复杂概念有深层次的理解,以及创造新概念、新理论、新知识的能力,这些都需要高阶思维。三是从学生数学核心素养发展需要分析,培养学生理性精神、学会数学思考、发展思维能力是数学学科核心素养的关键。培养和发展学生的"高阶思维"能力,已成为现代教学的核心价值取向和课堂教学的目标追求,同时也是提高教育教学质量和培养创新人才的有效途径。

二、学习方式变革与创设数学"高阶思维"课堂的策略探索

确立以学生为中心、以思维为核心、以问题为主线的"两心一线"三个关键导学要素,力图实现课堂结构和教学形态转型,促进学生的思维动力、思维能力、思维品质提升,促进学生主动学习、快乐学习,为学生可持续发展奠定基础,需要在数学教学课堂进行"高阶思维"能力培养与学习方式变革。

(一)从"灌输注入"到解决问题

传统接受式学习方式,特别是"灌输式"模式已严重阻碍了现代教育的发展,这种学习方式无法培养学生的实践能力和创新能力,需倡导新的学习方式,包括解决问题、自主学习、合作学习、探究学习等。这也是实施新课程的核心和关键环节。

解决问题是一种高阶学习方式,该方式需要教师选择与创设科学的数学材料,在教师的课堂引领下,通过引导学生独立地分析、探索、实践、质疑、创造等方法实现学习目标,培养学生的创新能力,最终培养创新型人才。

"余角与补角"教学片段

用两句脍炙人口的诗"天下佳山水,古今推富春"和"岷江遥从天际来,神功凿破古离堆"反映教师的个人背景和授课学校背景。

教师提出问题 1:在美丽的岷江,如果江边大坝需修复加固,坝底由石块堆积而成,量角器无法伸入大坝底部测量,施工前要求先测大坝的倾斜角。请提出一个有待解决的数学问题。(然后教师引出课题"余角与补角"。)

教师提出问题 2:在打台球时,如果白球正好在红球后面。用白球击打红球,碰撞边框反弹后的红球进入右下角的入袋。如何确定打击的方向和角度。

【点评】通过相反数和倒数的概念运用类比的方法,引出余角与补角的概念,加以巩固后学生成功地解决了问题 1。教师通过代数法设角度为 x,求出其余角为 $90-x$,引出了余角与补角的性质,轻松地解决了问题 2。改变"灌输注入"的学习方式,通过解决问题的教学,培养学生问题意识、创新意识、学会学习、分析问题、解决问题和思考问题的能力,促进学生全面、和谐地发展,已成为学校新课程实施和教育创新的重要任务。

(二)从"被动接受"到自主学习

自主学习与传统的"被动接受"相对应。顾名思义,自主学习是以学生为学习主体,通过学生独立自主分析、思考实现学习目标。《基础教育课程改革纲要(试行)》在论及基础教育课程改革的具体目标时指出,改变课程实施过于强调被动接受学习、死记硬背、机械的现状,倡导学生自主学习、搜集和处理信息的能力、获取新知识的能力、分析和解决问题的能力。

"等腰三角形"教学片段

教师先展示学校建筑中体现三角形模型的照片。请同学们自主阅读教材,对等腰三角形的定义进行思考,明白等腰三角形的定义是有两条边相等的三角形,请同学们分别对等腰三角形的腰、顶角、底角、底边进行定义。

【点评】学生"被动接受"的学习方式,无法培养自主解决问题的能力。自主学习等腰三角形的定义,既是对旧知的回溯,也是对新知的启发与创造,可增强学生对"定义"的理解以及对等腰三角形概念的掌握。

(三)从"孤军奋战"到合作学习

合作学习是指学生为了完成共同的任务,进行明确责任分工的互助性学习。合作学习鼓励学生为集体利益和个人利益而一起工作,在完成共同任务的过程中实现个人的理想。

在数学课堂中,教师应在确定合理数学问题的前提下,优化合作,形成较科学的评价体系,这需要教师的艺术与智慧。《新课标》也指出,要培养提高学生交流与合作的能力,培养合作精神。

"频数分布直方图"教学片段

教师:同学们,我们知道了一组数据频数分布直方图的制作方法和过程,下面请每4人一组(共9组)进行比赛,看哪个小组制作的直方图既科学又漂亮。请制作得最好的4个组发表一下感言。

A组学生代表:我是组长,首先,安排画图能力最好的陈同学画好横坐标与纵坐标,写好标题等。然后,安排计算能力最强的许同学算出组距和组数,告诉陈同学,安排另外两位同学对组距内的数据进行观察,得出每组数的频数,告知陈同学……所以,我组分工合作发挥各自特长,完成的效率高、效果好!

【点评】《新课标》指出,动手实践、自主探索、合作交流是学生学习数学的主要方式。数学的学习方式不再是单一的、枯燥的、以被动听讲和练习为主的,而是合作互动的、生动的。

(四)从"埋头苦干"到探究式学习

探究性学习,原指学生在学科领域内或现实生活情境中选取某个问题作为突破点,通过质疑、发现问题、提出问题、调查研究、分析研讨、解决问题、表达与交流等探究学习活动,获得知识,掌握方法。

在数学课堂中,教师需要设计高阶思维数学问题(概念型、原理型、习题型、生活型、拓展性)进行探究。先让学生尝试,把学生推到主动位置,大胆猜测与质疑、思考与论证,从而使探究式课堂教学进入理想的境界,进而改善学生的思维品质,促进学生个性化的培养。

"基于'斜边中线图'进行探究"教学片段

教师先从直角三角形的性质进行复习,突出呈现"斜边上的中线等于斜边的一半"这一性质形成的基本图形,整理出图形中蕴含的一般结论:4对互余,勾股定理,2个等腰三角形;关于边的特殊结论:边的倍半关系和角的倍半关系,为后面的探索做好充分的理论准备。

教师:这是一道教材原题,如图 2-5-1 所示,已知 $AD\perp BD,AC\perp BC,E$ 为 AB 的中点,试判断 DE 与 CE 是否相等,并给出证明。

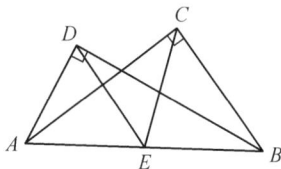

图 2-5-1

初步探究:

1.连接 CD,图中有哪些等腰三角形? 请直接写出。

2.当 $\angle DAC=30°,\angle BAC=20°$ 时,则 $\angle DEC=$ _____。

3.当 $\angle DAC=30°,\angle BAC=40°$ 时,则 $\angle DEC=$ _____。

4.当 $\angle DAC=30°,\angle BAC=50°$ 时,则 $\angle DEC=$ _____。

5.观察动态,猜想 $\angle DEC$ 和 $\angle DAC$ 的关系,并证明。

深入探究:

1.如图 2-5-2 所示,$\angle F=x°$,则 $\angle DEC=$ _____(用含 x 的代数式表示)。

2.如图 2-5-2 所示,当 $\angle F$ 为多少度时,$\triangle ECD$ 分别是直角三角形、等边三角形,请说明理由。

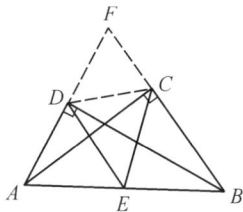

图 2-5-2

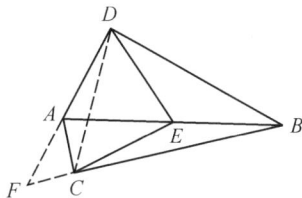

图 2-5-3

3.如图 2-5-3 所示,当两个直角顶点在斜边 AB 的异侧时,$\angle F=x°$,$\angle DEC=180°-2x$ 还成立吗? 请说明理由。

4.如图 2-5-2 所示,当两个直角顶点在斜边 AB 的同侧时,请探究 $\angle F$ 与 $\angle EDC$ 的关系。

5.如图 2-5-2 所示,当 $AB=4$,$\angle F:\angle DEC=5:2$ 时,求 $\triangle DEC$ 的面积。

【点评】探究式学习是否能取得实效,归根到底是由学生是否参与、怎样参与、参与多少决定的,同时,只有学生主动参与教学,才能改变课堂教学机械、沉闷的现状,让课堂充满生机。

四、结论与思考

在师生关系上,教师应该从知识的传授者转变为学生学习的促进者,将重心转化为促进学生的个性和谐、身心健康和全面发展。教师应成为学生学习能力的培养者,成为学生学习的激发者、辅导者,帮助学生"学会学习"。

学习方式不仅是学生获取知识的方法,更是师生在教学活动中信息交流、情感交融、观念沟通的活动结构。因此,学习方式的核心是学生的思维方式、情感升华的方式以及价值观念的建构方式。如果仅仅将教学活动或学生的学习看作获取符号知识的活动,那么接受性学习是主要方式,然而教学活动事实上并不只有获取符号知识这个单一目标,仅仅采取接受性学习这种方式显然有问题。接受性学习难以满足师生情感交融、观念沟通的需要。

学习方式揭露了不同时代学习内容与形式的特点,在整个人类文明的历史进程中,文字的出现、印刷术的产生,不仅是文化发展中的两个重要里程碑,而且引发教育模式的两次质变。前者扩展了教育的形式和内容,提高了学生的抽象思维,使教育从社会生活中分化独立出来,后者让课本成为文化的主要载体,加速了文化的传播和现代教育的普及。如今多媒体和互联网的高速发展,以惊人的速度改变着人们的工作、思维方式,同时也改变人们学习的方式。毫无疑问,信息技术将成为人类文化传播方式和学习方式演变的第三个里程碑。

数学教师应该认识到,学习是学生的原点,学生是学习的主体;学习是主动建构的过程,不是被动接受的过程;学习更是群体互动的过程,不是个体行为;学习的内容不只是文化知识和书本知识,还有高阶思维的培养;学习的场所不只是课堂和教室,还有更广阔的社会空间,教师主导学生学习方式的变革,任重道远。

第六节　初中数学情境教学策略探索与实践

《新课标》指出,学习数学是从已有的数学现实出发,让学生亲自经历"具象现实—抽象问题—解释应用"的过程。在教学过程中,传统课堂教学偏重知识的灌输与积累,漠视知识的形成过程与体系结构的架设。为了激活学生的思维,调动各种感官,让学生积极主动地进入学习情境,改变课堂气氛沉闷、缺乏生机的状态,就需要创设情境进行教学。好的教学情境能让抽象的数学学习变得生动形象,为课堂增添色彩。贴近生活现实与数学现实的教学情境,让学生如闻其声、如见其人、如临其境,增加各方面的感知与体验,知道"所以然",还能提升分析应用、思辨交流、合作创新等高阶思维能力。

当然,为了情境而创设情境是不可取的。教师应该抓住课堂机遇,通过对问题的铺垫与预设,合情合理地创设情境,自然地驱动与诱导学生,进而引发问题生成,揭示问题本质,真正解决问题。

那么,初中数学情境教学有何实施策略呢? 可以从创设现实情境、倡导旧知情境、创造活动情境、创建思维情境入手,推动主动探究、激发思维潜能、变革学习方式、培养高阶思维,实现核心素养的提升。下面对这四个方面的情境教学策略进行例析。

一、创设现实情境,推动主动探究

美国心理学家布鲁纳·罗杰斯提出,学生不应该消极地、被动地接受知识,而应积极地、主动地探究知识,教师在教学过程中的作用是努力创设现实问题情境促进学生的学问探究,而不是提供现成的知识。创设具有直观启发性的现实情境,通过问题追问、质疑、交流、猜想等唤醒学生的求知欲,从而推动学生主动探究、探寻解决方法与途径。

> **"有理数的加法"教学片段**
> 　　教师:请张浩杰同学上来,根据要求示范走一走。(要求:在一条东西走向的直线上,先向东走 2m,再走 3m)
> 　　教师:大家能否确定他现在的位置位于出发点的哪个方向? 与出发点的位置相距多少米?
> 　　学生 1:张浩杰在出发点位置向东 5m 处。
> 　　教师:好! 请同学们思考,老师这样让张浩杰同学示范着走,想说明什么? (这样一问,学生兴奋之际,思考"我该想到什么? 该提出哪些问题?"经过短时间的思考,学生自然想到要对走法进行分类,在分类的基础上对相应的情形进行概括提炼,从而催生学生的问题意识,抓住宝贵的思维触动时机,提高教学效率,有利于培养学生的分类讨论意识。)
> 　　学生叙述各种不同的走法:(1)先向东走 2m,再向东走 3m;(2)先向东走 2m,再向西走 3m;(3)先向西走 2m,再向东走 3m;(4)先向西走 2m,再向西走 3m。
> 　　教师:同学们能把刚才 4 种走法抽象转化为数学表达式吗?
> 　　众生:能。

教师：好，在列式之前，我们还要做些什么？

学生2：规定正方向。

教师：求两次运动的结果，应该用哪种运算？

学生3：加法运算。

教师：哪位同学上来，在黑板上写出算式？

一名学生根据实际意义写出4个算式：$(+2)+(+3)=+5$；$(+2)+(-3)=-1$；$(-2)+(+3)=+1$；$(-2)+(-3)=-5$。

教师：很好！这位同学所列的算式就是两个有理数相加。

【点评】改变学习模式，寻找教学突破口，不妨从现实情境类问题入手。教师要对现实情境的相关视角巧妙设疑，引导学生发现问题、提出问题，逐步树立质疑意识。要引导得体、到位，教学中必须强化双边互动，充分调动学生的积极性，善于借助载体充分展示学生思维的过程。只有教师有意识地沿着学生的思维轨迹进行引导，才能教会学生领悟数学的思维和方法。因此，成功创设现实情境，巧妙引导学生自觉想、主动问的思维情感，充分激发学生的思维活力，其"思问、提问、发问"潜能才能得以激发。

创设现实情境，推动主动探究，改变学习方式，寻找难点突破口，不妨从情境的相关视角逐步设疑，引导学生发现问题、提出问题，让学生树立"质疑批判"意识，在教师的追问下，理解并揭示数学本质，提升学生的探索能力、归纳能力和创新能力。

二、倡导旧知情境，激发思维潜能

倡导旧知情境，激发思维潜能是指通过对已学知识进行类比、迁移、变式和导学，引导学生在数学现实中挖掘思维潜能、不断辨析、逐步纠正、深度理解、完善知识，体会数学知识本质，从而达到掌握、内化知识的目的，在分析评价中，发展学生高阶思维能力。创设旧知情境，能巧妙延伸与迁移旧知，从而"点燃"学生的思维活力，让学生的思维潜能真正得以激发。

"余角与补角"教学片段

教师：我们知道，如果两个数的和等于0，那么这两个数互为相反数，也可以说其中一个数是另一个数的相反数。谁来回忆一下"倒数"的定义？

学生1：如果两个数的积等于1，那么这两个数互为倒数，也可以说其中一个数是另一个数的倒数。

教师：嗯。在几何中有两个特殊的角——直角和平角，请测量图 2-6-1 中 4 个角（精确到度），观察，你还发现了什么？

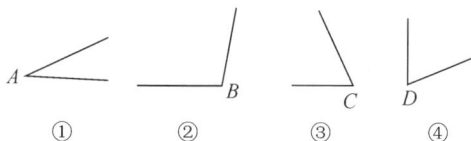

图 2-6-1

学生 2：我发现∠A＋∠C＝90°是一个直角，∠B＋∠D＝180°是一个平角。

教师：嗯。谁来尝试定义一下这两种情况。

学生 3：如果两个角的和是一个直角，我们称这两个角互为直角，也可以说其中一个角是另一个角的直角，哎呀！这样说好像不对。

教师：好，有创造！事实上，数学界分别把它们定义为互为余角和互为补角，简称互余、互补。现在，大家能完整定义一下吗？

学生 4：能！只是二者容易混淆，区别起来困难。

教师：是的。如图 2-6-2 所示，汉字其实很有特色，它是世界文化瑰宝，大家有什么体会？

学生：哈哈！太有才了，我理解并记住了。

教师：好的。接下来，我们对概念进行辨析巩固。

1. 90°的角叫作余角，180°的角叫作补角。

2. 如果∠1＋∠2＝90°，那么∠1 是余角。

3. 如果一个角有补角，那么这个角的补角一定是锐角。

4. 如果∠A＝10°，∠B＝45°，∠C＝125°，那么∠A，∠B，∠C 互为补角。

5. 如图 2-6-3 所示，∠AOC 与∠BOC 互为补角，∠MON 与∠PRQ 也互为补角。

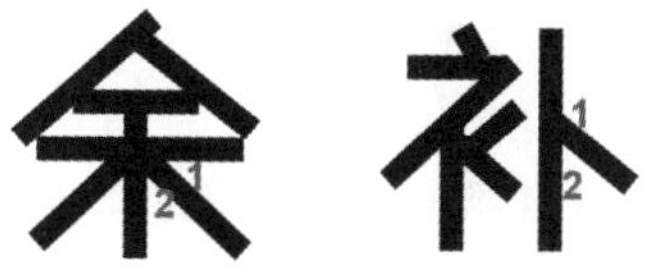

余　补

图 2-6-2

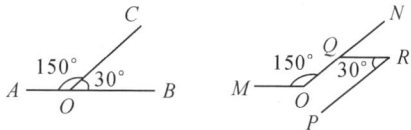

图 2-6-3

【点评】教师摒弃常用的平铺直叙地引出一个数学概念，而是通过"相反数""倒数"的旧知情境进行类比迁移，激发学生的思维活力与潜能，引导学生尝试概念表述，重视概念的形成过程，培养学生的表达能力与创造能力。教师还对情感态度价值观进行引导，巧妙地利用汉字的魅力，别出心裁地对概念"混淆"问题进行了突破，并在巩固环节创设了5个题目，以问题变式、导学为载体对概念进行深度学习，促使学生深度理解并掌握概念。

旧知情境要引导到位、得体，教学中必须充分调动学生积极性，利用双边互动，以问题类比、变式、导学为载体激发思维潜能、展示思维过程。教师应该有意识地沿着学生的思维轨迹进行引导，让学生在互动交流中感悟数学方法、数学思想。

三、创造活动情境，变革学习方式

荷兰数学家弗赖登塔尔指出，从某种意义上讲，数学知识既不是学生学出来的，也不是教师教出来的，而应当是学生自己研究出来的。由此可见，数学活动是学生获取新知的重要途径，也是获取数学认知的重要手段，学生在操作、发现、质疑、猜想、论证的过程中，体会知识的生成、方法的选择、问题的解决。教师应当提倡这种学习方式，通过实际操作、观察现象、演示教具等创设指向认知的活动情境。

"正方形"教学片段1

教师：刚刚我们学习了正方形的判定定理，如有一组邻边相等的矩形是正方形有一个角是直角的菱形是正方形。现在我们桌子上有若干根牙签(10根左右)，请同学们逐步摆出一个正方形，并说出你的操作过程及依据。

学生1：我先摆了一个普通矩形，然后让一组邻边相等，就是正方形了，依据是教材中的定理1。

学生2：我先摆了一个普通菱形，然后让一个角为直角，也是正方形了，依据是教材中的定理2。

教师：很好！有没有其他操作？

学生3：我先摆了一个平行四边形，然后让一组邻边相等，再让一个角为直角，就是正方形了，理由是前两步成为菱形，第二步就是正方形了。

教师：真不错！还有没有其他操作？

学生4：我先摆了一组对角线互相平分，然后让对角线相等，再让对角线垂直，就是正方形了，理由是第一步成为平行四边形，第二步是矩形，第三步就是正方形了。

学生5：我先摆出四条边相等，然后让一个角为直角，就是正方形了，理由是第一步成为菱形，第二步就是正方形了。

......

教师：同学们真棒！现在我们一起来整理一下。

"正方形"教学片段 2

教师：同学们，4 人一组，小组合作！你们桌面上有一张直角三角形纸片，请折叠出一个正方形，然后写出已知和求证，思考并证明折叠方法的正确性。

学生 6：我组先沿着∠ACB 的平分线 CD 折叠，使边 BC 落在 AC 上，然后沿 CD 的中垂线对折，产生点 E，F，四边形 CFDE 就是正方形。已知：如图 2-6-4 所示，在 Rt△ABC 中，∠ACB ＝90°，CD 是∠ACB 的平分线，E，F 为 CD 的中垂线上的点，分别落在 BC，AC 上，求证：四边形 CFDE 是正方形。

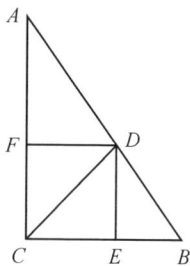

学生 7：我组先沿着∠ACB 平分线 CD 折叠，使边 BC 落在 AC 上，然后过点 D 折叠，使 DF⊥AC，产生点 F，同样方法产生点 E，四边形 CFDE 就是正方形。已知：如图 2-6-4 所示，在 Rt△ABC 中，∠ACB＝90°，CD 是∠ACB 的平分线，DE⊥AB，DF⊥AC，垂足为 E 与 F，求证：四边形 CFDE 是正方形。

图 2-6-4

教师：很好！其他组有没有新的折法？

【点评】在教学片段 1 中，教师为了让学生再发现、再创造其他的正方形判定方法，组织学生摆放牙签，并说出摆放的过程及理由。学生在尝试操作、猜想判断的过程中，形成答案，体验数学知识形成的多样性、趣味性、创造性。这样的学习方式能够培养学生的问题解决能力。在教学片段 2 中，教师没有直接给出教材例题，而是通过小组合作、操作交流的学习方式，让学生经历问题思考、产生猜想、操作实践、反思操作、论证方法合理性的过程，提升学生的决策能力与创造力。

《新课标》明确提出了让学生"在参与中发展合情推理和演绎推理能力，能清晰地表达自己的想法"的教学目标。创设活动情境，就是让学生经历观察、实验、猜想、证明、反思等数学活动，把实践活动抽象为数学问题，从而系统地学习数学。

四、创建思维情境，培养高阶思维

数学是思维的"体操"，它从产生问题开始到解决问题再到产生新问题结束。在课堂教学中，教师要针对内容的核心点、重点与难点，以开放性问题为载体，通过变式、追问等形式，灵活创建思维情境，让学生经历问题提出、思考探究、质疑猜测、评价创造等高阶思维活动过程。

"一次方程、一次函数与一次不等式的联系"教学片段

教师:同学们,图 2-6-5 是某一次函数的图象,据此你可以得到哪些结论?

学生 1:一次函数的解析式为 $y=\dfrac{3}{2}x-3$。

学生 2:这条直线与坐标轴的交点坐标分别为 $(2,0)$ 和 $(0,-3)$。

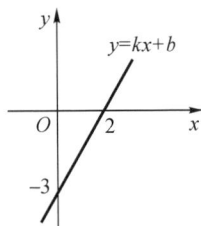

图 2-6-5

学生 3:直线与坐标轴围成的三角形面积为 3。

教师:还有吗?(学生不语)暂时没有了? 那么请同学们尝试提问题,老师来回答,如何?

学生 4:我将它与一元一次方程联系起来,就可以得到方程 $\dfrac{3}{2}x-3=0$ 与 $\dfrac{3}{2}x-3=-3$ 的解。

教师:很好,你将一次函数与一元一次方程联系起来,需要老师解答吗?

学生 4:不需要。

学生 5:老师,我也可以将它与一元一次不等式联系起来。我的问题是结合图象,直接说出不等式 $\dfrac{3}{2}x-3\geqslant0$ 与 $\dfrac{3}{2}x-3\leqslant0$ 的解。

教师:对这种简单的小问题,老师就不解答了。请同学们根据图象直接说出不等式 $\dfrac{3}{2}x-3\geqslant3$ 的解。

学生 6:$x\geqslant4$。

教师:你是解出来的?

学生 6:我没解,我是通过三角形全等推理出来的。

教师:与三角形全等联系起来了! 现在老师再添加一条直线(如图 2-6-6 所示),请同学们继续提出相关问题。

学生 7:可以求出这条直线的表达式,也能求出这两条直线与 y 轴围成的三角形面积。

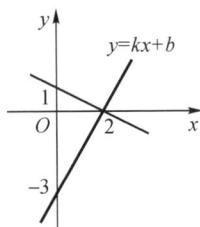

图 2-6-6

教师:不好意思打断一下! 老师想让同学们提出问题。

学生 8:我求出这条新添直线的函数表达式为 $y=-\dfrac{1}{2}x+1$,我的问题是,当 x 取何值时,函数 $y=-\dfrac{1}{2}x+1$ 的值大于函数 $y=\dfrac{3}{2}x-3$ 的值?

教师:很好! 引出了函数的值,其实也可看作不等式的求解问题。

学生9:根据图象,求二元一次方程组 $\begin{cases} y = -\dfrac{1}{2}x + 1, \\ y = \dfrac{3}{2}x - 3 \end{cases}$ 的解。

教师:不错! 把它与二元一次方程组的求解联系起来了。还可以提什么问题?

【点评】一元一次方程、二元一次方程组、一次函数与一次不等式及一元一次不等式组等知识联系十分紧密,借助平面直角坐标系,可有效实现"资源共享、信息互通"的目标。教师应在教学中基于相关数学知识的内在联系,为学生提供符合学情的、接地气的教学素材,让学生在探究中触发"思维灵感",迸发"思维火花",诱发"问题因子",从而生成数学问题、解决数学问题。高阶思维能力的培养需要学生在探究问题的同时,提出有深度的问题,培养学生的创新能力。这种创新能力是培养高阶思维能力的核心所在,也是素质教育的价值追求。在本教学片段中,教师让学生编题再解题,锻炼学生的提问、探索、评价、创造等技能,同时培养其高阶思维能力。同时,教师通过设计开放性问题与不断地追问,让学生们就解题的合理性、严密性展开讨论,并对问题进行鉴别和改进,还不断提出高层次问题。

五、结束语

教师很容易忽视情境教学,从而沦为灌输式的"教书匠"。如果学生对知识只是低阶的记忆与应用,缺乏融会贯通观念,思维也就僵化了,更谈不上综合、评价、创造等高阶思维能力的培养。情境教学是启发式教学的一部分,已经越来越得到教育同仁的认可。但情境创设是充满智慧的过程,需要教师不断积累、不断探索,创设更贴近生活实际、符合学生特点、适合教学内容的情境,实现"推动主动探究、激发思维潜能、变革学习方式、培养高阶思维"等方面的转变,让课堂更加有趣味、有深度、有价值。

第七节　初中生运算障碍分析与提升策略

在义务教育阶段，运算是数学学习中最常见、最重要的内容，运算能力也是学生的一项重要能力。《新课标》将运算能力作为十大核心概念之一，由此可见运算能力对学生数学学习的重要性。

但是，在实际的教学过程中，中学生普遍存在着"怕运算""运算错误率高"等现象。笔者在教学过程中，通过对学生计算错误及计算心理的调查、整理、分析，对学生在运算中存在的主要问题及其产生原因进行了分析。

（1）对运算问题信心不足。大部分同学会很认真地计算，但是好像题目总是与他们过不去，明明觉得自己做得是对的，却总会出现各种错误。仔细分析不难发现，学生并没有真正弄明白其中的运算规律，缺乏辨析能力。

（2）对运算本质理解不透彻。有学生在上课时可以跟着教师进行计算，但是自己独立做就变得很困难甚至做不出来。产生这些现象的原因是教师对于法则的讲解停留在让学生模仿的层次上，导致学生对运算本质理解得不透彻，存在对运算法则"生搬硬套"的现象。

（3）对计算问题兴趣不大。学生认为计算问题太单调，上课好像就是在不断地练习。这往往是因为教师讲解法则后让学生不断地练习，缺乏对课堂的趣味性设计。对于追求新鲜感的中学生来说，这样的学习方式自然是不能接受的。

要改变这些现象，需从课堂上进行调整，将原有的知识传授转变为思维体操，学生的思维提升了，上述问题便迎刃而解。

一、明晰算理，深度理解运算本质

数学来源于生活，应用于生活，教师要根据学生已有的生活经验和数学现实，创设合理的情境，引发学生探索、思考。活动设计是深度学习的重要环节，也是发展学生高阶思维的重要保证。同样的知识对象，同样的情境，教师要明白如何进行教学活动设计，怎样提出问题，才能指向对学生高阶思维的培养。

> 教师：同学们，某日我国三个城市的天气预报如表 2-7-1 所示。北京的最高气温为 4℃，最低气温为 −3℃。请问：该日北京的温差是多少？你是怎么计算的？

表 2-7-1　某日我国三个城市天气预报

城市	天气	最高温度/℃	最低温低/℃
哈尔滨	晴	-7	-16
北京	多云	4	-3
上海	小雨	8	3

学生1：我认为该日北京的温差是7℃,我用的是加法:$(4+3)$℃$=7$℃。

学生2：温度差确实是7℃,但是我认为这个问题不应该用加法。小学已经学过,求相差数应该用减法,我列的算式是:$4-(-3)$。

学生3：那么正确的算法应该是$4-(-3)$℃$=7$℃吧。是不是$4-(-3)$就是$4+3$呢?

学生4：减法是加法的逆运算,根据差$+$减数$=$被减数,求$4-(-3)$的差就相当于问"什么数加上-3等于4",由加法法则可知,$7+(-3)=4$。(学生们纷纷对这个结论表示肯定)其实,$4-(-3)$就是$4+3$,这个结论只要从温度计上就可以轻松得出。大家看,我们可以借助4与-3之间的数0的力量。

4与0相差4,0与-3相差3,这样4与(-3)就相差$4+3$了。

教师：同学们,你们认为这位同学的分析正确吗?

学生：完全正确。

教师：老师也非常赞同他的观点。小学的减法运算局限性很大,仅局限于两个正数的减法运算,而且被减数要大于减数。学习了有理数后,负数参与了运算,同学们刚才巧妙地利用"加减法的互逆关系",并借助温度计(或数轴)将这个陌生的问题进行了突破,同学们好样的! 那么,请同学们计算$15-6=$_____;$15+(-6)=$_____;$8-(-3)=$_____;$8+3=$_____。

教师：根据天气预报,请同学们再思考,(1)该日哈尔滨的温差是多少?(2)哈尔滨的最低温度比北京的最低温度低多少?

【点评】学生根据生活经验,得到温差是$(4+3)$℃$=7$℃,但是求差值时从求$4-(-3)$产生矛盾开始,经过学生自主探究,逐渐体会到这两者是一致的、符合生活经验的。学生初步体验了当负数参与运算时减法的处理方式,即利用加减运算的互逆关系,借助数轴等,总体的思路是将减法转化为加法。问题(1)和问题(2)的提出,有利于引导学生对有理数减法的类型进行分类、整合,当被减数和减数的符号发生变化时,运算方法与前面的方法是一致的。

学生的思维经历了从实际问题出发→引发思考→减法的分类→方法的统一的过程。课堂以问题作为引领,以学生学习为本,激发了学生的学习兴趣,引发其深度思考,引领其逐渐走向高阶思维。

二、激发兴趣,合理巧用运算技能

兴趣是最好的老师。心理学家皮亚杰说过,所谓智力方面的工作都依赖于兴趣。运算教学也不例外。有关运算的课堂,往往比较单调且重复性强,加上有些学生本来就比较畏惧运算,这样的课堂对学生来说肯定是很煎熬的。如何激发学生的运算兴趣成为当务之急。学生有了运算兴趣,才能把心理活动指向集中在运算上,从而感知活跃,注意力集中,记忆持久且准确,思维敏锐且丰富,提升和强化学习的内在动力,调动学习的积极性。

"有理数混合运算"教学片段

教师:"24 点"同学们都会算吧?

学生兴奋地答:会!

教师:今天我们来比比看,谁算得又快又多!

(教师出示四张牌:2,5,10,11。学生们积极思考,纷纷举手,给出不同的答案,分别有 $11\times2+10\div5=24$,$11+10+5-2=24$,$11\times10\div5+2=24$,$11\div(5\div10)+2=24$。教师利用这些运算方法,复习回顾小学阶段学过的加减乘除运算法则。这时,有个学生站起来说,他有不同的办法,如 4^2+5+3,5^2+4-5,$5^2-(5-4)$。同学们不由自主地对这位同学的解答鼓掌。)

教师:小学阶段的"24"点只涉及加减乘除运算,到中学后当然可以将乘方利用起来了。其实,不仅可以用乘方运算,我们还可以将负数用于算 24 点。

(学生表示非常惊讶。)

教师:比如 2,3,1,−2,请同学们尝试一下。

学生们经过思考,给出解答:

$2^3\times[1-(-2)]=24$;$[3-(-2)]^2-1=24$。

【点评】 首先,借助"24 点"这个学生较熟悉的问题,吸引学生的注意力。然后,对"24 点"的运算方法进行扩充,提升学生的思维。学生在新旧方法的碰撞中体会新知识带来的新方法。最后,引导学生将乘方和负数加入运算,不仅对运算法则加以巩固,也对刚学习的方法进行了应用。学生主动尝试的过程,不仅培养了运算能力,还激发了运算兴趣,以趣促学,使学生能够主动地思考、愉快地运算。这样的效果比布置 100 道计算题还要好。

三、深度反思，新旧知识融会贯通

建构主义认为，知识的学习是在已有经验的基础上进行知识建构的结果。学生在学习新知识时，根据已有经验对新知识进行加工整合，并尽力让其形成一定的知识体系。但是将新知识与旧知识融合的过程不是简单地靠教师的单向传授就可以的，一定会有一个试错、纠错、反思的过程。教师如何在不剥夺学生主体地位的情况下进行有效引导，让学生在错误中学会反思，是非常重要的。

"有理数加法"深度反思

(1) $-11+(-9)$；　　　　　　(2) $(-3.5)+7$；　　　　　　(3) $\dfrac{2}{3}+\left(-\dfrac{2}{3}\right)$；

教师：比较加数与和的大小关系，同学们有什么发现？

学生1：我发现两个加数的和可能是正数，也可能是负数，还有可能是零，也就是有可能是任何有理数。

学生2：我发现两个有理数的和有时候比加数小。

教师：真是一个很厉害的发现！小学阶段学过的加法运算是越加和越大或者与加数相同，但是到中学阶段，和有可能比加数小，这是什么原因呢？

学生3：因为小学阶段的数是正数或者零，而现在的加数有负数！

教师：那么是不是只要加数中有负数，和就会比加数小呢？

学生4：不是的。如果两个加数都是负数，那么和比两个加数都小。如果加数中只有一个负数，那么和比负数大，比另一个加数小。

教师：这位同学还会对数进行分类，真不错！

学生5：老师，我还有一个发现，小学阶段相加为零的数只有 $0+0=0$，而到中学阶段变成了互为相反数。

教师：同学们说得真好。其实小学所学的加法内容是有理数加法中的一部分，现在数的范围变大了，小学阶段的一些结论可能就不再适用了，同学们要仔细斟酌才行！

【点评】从小学所学的非负有理数扩充到中学的有理数，增加了负数，学习难度增大，也是学生中学学运算中的第一个难点。当学生熟悉有理数加法法则后，教师只要根据计算结果进行问题引领，自然会引发学生的深度反思。加法运算是有理数运算的第一课，学生的脑海中还装着"和不小于任一加数，差不大于被减数，运算不需要考虑符号"等已有经验，面对初中负数的知识，现有的知识与原有的知识产生了冲突，学生需要在新旧知识的矛盾中将新旧知识融会贯通。

四、变式训练,巩固内化运算法则

行为主义认为,学习是刺激与反应之间的联结点,学习的过程是技能训练的过程。虽然行为主义的训练越多越好的观点不科学,但是他们强调学习中练习的作用是正确的。数学运算能力的提升,离不开适度的练习。

但是,训练不能一味地追求量,还要根据学生的问题进行有针对性的变式训练。变式训练可以加强知识间的对比,强化知识的本质特性,强化学生的思维训练,提高学生的抽象概括能力、理解能力,调动学生的思维积极性,顺利掌握解题技巧,从而提高课堂教学效果。"变"的目的主要是让学生更好地掌握"不变"的知识和方法,形成"以不变应万变"的能力,从而终身受用。

教师:计算 $30 \times \left(\dfrac{1}{2} - \dfrac{2}{3} - \dfrac{4}{5} \right)$。

学生:算式 $= 30 \times \dfrac{1}{2} - 30 \times \dfrac{2}{3} - 30 \times \dfrac{4}{5}$。

教师:因为我们学过省略加号的和式,那么这个算式是否可以写成和的形式呢?

学生:算式 $= (30) \times \dfrac{1}{2} + (-30) \times \dfrac{2}{3} + (-30) \times \dfrac{4}{5}$。

(学生虽然已经将这个式子完成了,但是他们的内心其实是不认可的,因为这个算式显得有点麻烦,与小学阶段所学的方法产生了矛盾。教师有预见,但是还是请同学们保留想法,继续学习。)

教师:计算 $(-30) \times \left(\dfrac{1}{2} - \dfrac{2}{3} - \dfrac{4}{5} \right)$(变式1)。

学生1:算式 $= (-30) \times \dfrac{1}{2} - (-30) \times \dfrac{2}{3} - (-30) \times \dfrac{4}{5}$。

学生2:算式 $= (-30) \times \dfrac{1}{2} + (-30) \times \left(-\dfrac{2}{3} \right) + (-30) \times \left(-\dfrac{4}{5} \right)$。

教师:这两种解法都正确。接下来,请同学们比较完整的解题过程。

$(-30) \times \dfrac{1}{2} - (-30) \times \dfrac{2}{3} - (-30) \times \dfrac{4}{5} = -15 - (-20) - (-24) = -15 + 20 + 24 = 29$。

$(-30) \times \dfrac{1}{2} + (-30) \times \left(-\dfrac{2}{3} \right) + (-30) \times \left(-\dfrac{4}{5} \right) = -15 + 20 + 24 = 29$。

学生3：通过比较，我发现将括号内的式子看作加法的形式，计算较简便，还可以避免符号错误。

教师：通过分配律公式可以发现，$a(b+c)=ab+ac$ 也是将括号内的式子看作加法的形式。那么，计算 $1-30\times\left(\dfrac{1}{2}-\dfrac{2}{3}-\dfrac{4}{5}\right)$（变式2）。

个别学生：算式 $=1-30\times\dfrac{1}{2}-30\times\dfrac{2}{3}-30\times\dfrac{4}{5}$。

大部分学生：算式 $=1+(-30)\times\left[\dfrac{1}{2}+\left(-\dfrac{2}{3}\right)+\left(-\dfrac{4}{5}\right)\right]$。

【点评】在学习有理数运算时，最容易出错的是符号；在进行分配律运算时，如果括号内是减法，分配进去的是负数，中间的符号很难处理好，导致练习和作业的错误率很高。为了有效地避免这样的错误，应引导学生学会对算式进行规范化处理。尤其对于变式2的练习，如果不通过一步步变式训练对乘法分配律进行法则固化，那么学生肯定会糊里糊涂地练习，导致越来越没有信心。

另外，对有理数运算问题进行法则固化，对于实数的运算也很有帮助。比如，计算 $5-2\times(\sqrt{3}-2)$ 这类问题，学生就可以有效地利用上述方法进行知识迁移。另外，在学习整式加减时，帮助学生理解去括号法则也很有帮助。

总之，教师应充分关注课堂中学生思维的参与、辨析、深化的过程，从而有效地减少学生的运算障碍。只有学生明晰算理，深度理解运算本质，才能理解每个算式的本质含义，才不会机械地运算。在运算的过程中，只有始终保持浓厚的运算热情，才能主动探究，不是被动地接受知识，而是在反思中不断地对新旧知识进行整合，从而将新知识进行内化。当然，如何有效地对学生的方法进行辨析，让学生自然地接受新方法等，都是教师在教学过程中需要不断尝试和探索的。

当然，每个学生的学习能力各有差异，每种运算的难度系数也不一样，学生在学习运算的障碍点也不太一样，提高学生的运算能力任重而道远。在教学中，教师只有针对不同学生分析其具体存在的"障碍点"，灵活采用有效的教学策略，才能提高学生的运算能力。

第八节 "问题再生"下初中数学知识建构策略

学习离不开学生的自主建构，需要学生主动参与其中，而知识的"再生"往往是建构的基础。笔者在"比例线段(1)"公开课上听到了一位教师处理例题的方法。

教师:接下来我们利用前面的知识解决比例求值的问题,首先请看例1,已知 $2a=3b$,求 $a:b$ 的值。

(给学生 30s 时间思考。)

教师(边板书,边讲解):解法1,两边同除以 $3b$,则 $\frac{2a}{3b}=\frac{3b}{3b}$,化简得 $\frac{a}{b}=\frac{3}{2}$,这里用到了等式的基本性质;解法2,因为 $2a=3b$,所以 $a=\frac{3}{2}b$,所以 $\frac{a}{b}=\frac{\frac{3}{2}b}{b}=\frac{3}{2}$,这里我们实际上是代入消元;解法3,由比例的基本性质,可以得到 $a:b=3:2$。

(整个过程,学生频频点头,纷纷示意已懂。)

教师:好,接下来请同学们完成练习,已知 $\frac{x-2y}{y}=\frac{2}{5}$,试求 $x:y$。

(学生开始做题,2min 后纷纷举手。)

【点评】 教师在例题的讲解过程中,充分考虑了一题多解,从不同的角度对这道简单的例题进行了演绎,笔者以为学生对练习题的处理也会达到教师预设,解法应该是多种多样的,但出乎笔者意料的是,在将算式化为乘积式后,90%以上的学生选择了并没有那么优越的解法1,而舍弃了与本节课主题联系最紧密的解法3。为什么讲了三种方法,他们只会一种方法,这让笔者陷入思考。

一、基于"再生"的初中数学知识建构的策略研究的必要性思考

"再生",即通过自身原有的认知,以数学之间的联系为线索,自主地进行新旧知识的建构,这种建构包括内容的建构,也包括方法的建构。笔者多次遇到过类似问题,认为问题症结在于教师没有关注学生的知识生长点,没有让学生进行知识的"再生"和建构,而是把自己的"数学现实"——基于教师理解的经验硬生生地给了学生,虽然学生听懂了,但是仅基于此题,背景一换,仍旧不会。笔者认为数学知识既有横向的联系,也有纵向的联系,作为学习主体的学生往往会以原有认知为基础进行知识的再生,这时,作为教师应该为学生提供自主建构的机会,只有这样,才有知识的再生与生成。而基于"再生"的初中数学知识建构研究的必要性表现在以下几个方面。

（一）以构促生，形成知识网络

知识的再生源于学生的元认知，学生通过对原材料的整理加工，自主建构这一过程，往往会产生很多再生资源，以这些再生资源为知识节点，沿水平方向发展知识学习。学生在形成相应知识网络的同时做到心中有数，脑中有网，这样的数学学习是自然的，符合学生的认知规律的。

（二）以生建构，完善知识网络

知识的再生是新知探究的起点，也是新知探究的原动力，而知识的生成往往伴随着知识结构的再建构，学生的理解层次通过再建构由最低层次过渡到较高的理解层次，而以低层次的内容理解为材料建构较高级层次，往往会使数学知识的学习沿着垂直化的方向发展，从而完善知识网络。

（三）以生促思，落实核心素养

知识的获取不再是教师的直接传授，也不再是死记硬背，而是学生独立自主的思考，这个过程往往伴随着知识的再生，知识再生的主体是学生，学生通过数学知识间的横向联系和纵向联系构建立体的知识网络，这样的数学学习更利于数学知识的建构。整个过程其实就是知识的再创造，很好地落实了学生核心素养的培养。

基于以上分析，笔者提出了基于"再生"的初中数学知识建构策略，以知识再生为载体，通过学生的自主建构，激发学生主动地思考，通过水平数学化和垂直数学化，达到对数学知识的本质理解和真正掌握。

二、基于"再生"的初中数学知识建构策略

《新课标》指出，学生获得的知识，必须建立在自主思考的基础之上。可见，学生的自主思考对于数学知识的理解非常重要，学生思考的过程是学生参与知识建构的过程，也是知识的再创造过程，知识的"再生"则是知识再创造的外在表现形式。这个过程不仅可以促进学生数学思维的形成，知识结构的建立，而且可以很好地落实学生的数学抽象、直观想象等核心素养的培养。为了更好地发挥知识再生在知识建构中不可替代的作用，提升学生的数学核心素养，笔者从知识的再生出发，基于学生的数学现实，探究数学知识建构策略。

（一）以"内容同构"为再生点，整体建构新知

知识之间的丰富联系，决定了知识间内容结构的相似性，不妨称为"同构"。我们可以将原有的知识发生发展的过程"同构"到新知的学习过程中，实现新知的再生与整体的建构。

"立方根"教学片段

教师:前面我们已经学习了平方根,你们能说说我们研究了平方根的哪些知识?

学生1:平方根的概念和算术平方根的概念。

学生2:平方根的求法和平方根的性质。

教师:以你对平方根的认知,如果继续研究下去,你觉得还可以研究什么?

学生1:平方根的运算。

学生2:平方根的应用。

学生3:既然二次方有逆运算,三次方、四次方等是否也存在逆运算呢?

教师:同学们的想法很好,今天我们重点研究学生3提出的问题,即立方根,请同学们类比平方根的整体结构体系,完成立方根练习单。

(5min后,教师展示部分学习任务单,如图2-8-2所示。)

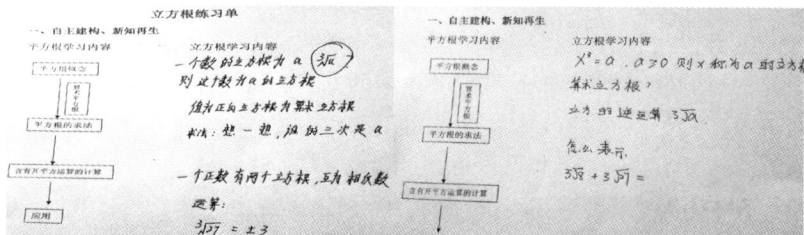

图 2-8-2

教师:同学们很有创造力,老师不讲,你们也能类比平方根得到立方根的一系列结论。这些结论或想法是否都正确呢?

学生1:我觉得负数也有立方根。

教师:能具体说说吗?

学生1:−1的立方根就是−1,因为$(-1)^3=-1$。

教师:嗯,非常好,也就是说对被开方数是没有要求的,其他同学还有不同的想法吗?

学生2:一个正数只有一个立方根,不可能有两个立方根,因为不可能存在两个不同的数,它们的立方根是同一个数。

教师:恩,每个数都有立方根,因此没有算术立方根的概念。当然立方根的表示符号与平方根还是有差别的,请同学建构立方根的整体知识框架。

【点评】整堂课笔者没有讲关于立方根的任何相关知识,而是引导学生以平方根知识的发生发展过程为基础进行知识的再生,在此过程中建构立方根的整体知识框架。在这个过程中,也许会出现一些不正确的结论,但学生在不断试错中建构体系,变被动学习为主动学习,渗透了类比的数学思想,落实了学生核心素养的发展。

(二)以"方法同构"为再生点,类比建构新知

初中阶段的很多数学方法是类似的。学生可以利用已学过的方法进行新知的再生,而贯穿于整个学习过程中的方法、技能恰是新知的再生点。

"一元一次不等式"教学片段

教师:请完成练习单上的题目(解方程 $\frac{1+x}{2}=\frac{1+2x}{3}+1$),并写出步骤和相应的依据。

(学生开始动笔计算,3min后,教师对学生的结果进行一一展示。)

教师:好,结合刚才的解题过程,大家想想,每步中常见的错误是什么?

学生1:在移项时,容易忘记变号;在去括号时,容易漏乘。

学生2:在去分母时,也容易漏乘;在化系数为1时,容易弄反分子分母。

学生3:在合并同类项时,容易弄错符号。

教师:你觉得解方程的关键是将方程化为怎样的形式?

学生:化为 $x=a$ 的形式。

教师:很好,请类比一元一次方程的解法,解不等式 $\frac{1+x}{2} \leqslant \frac{1+2x}{3}+1$。

(学生开始解题,4min后教师进行展示,如图2-8-3所示。)

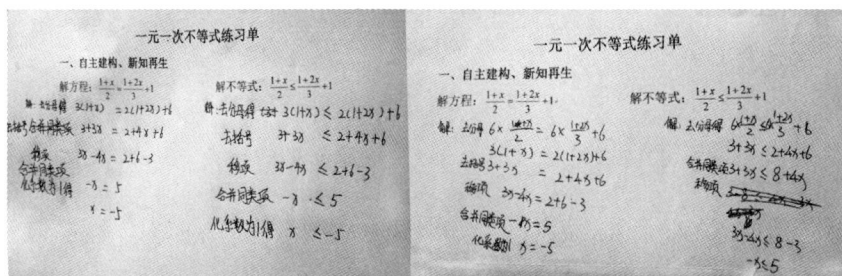

①甲同学　　　　　　　　　　②乙同学

图 2-8-3

教师:有不同的想法吗?

学生1:我觉得,乙同学的不等式没解完,应该继续化简至 $x \leqslant a$。

学生 2:我觉得,甲同学在化系数为 1 时应该改变不等号的方向。

教师:什么情况下要改变不等号的方向?解一元一次不等式与解一元一次方程的差别在哪里?

学生:差别在于化系数为 1,等式不用区分正负,而不等式要区分正负。

教师:为什么有这种差别?

学生:因为等式的基本性质和不等式的基本性质是有差别的。

教师顺势一一点评,并书写一元一次不等式解法的步骤。

【点评】解一元一次不等式的步骤和方法同构于解一元一次方程,学生以一元一次方程的解法为知识的生长点,通过类比,进行一元一次不等式解法的再生,不仅建立了两者间的联系,而且突出了两者的差异。

(三)以"图形同构"为再生点,在变化中建构方法

很多几何问题都源于同一个基本问题,我们往往可以提供基本问题,让学生通过"图形同构",达到问题的 再生。

"解直角三角形"学习片段

如图 2-8-6 所示,在 △ABC 中,∠A = 45°,∠B = 30°,BC = 6,试求 AB 的长。

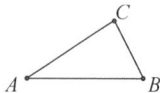

图 2-8-6

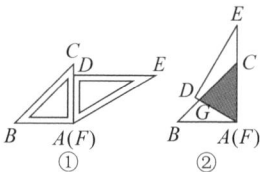

图 2-8-7

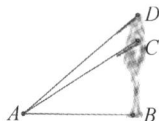

图 2-8-8

同构问题 1:某海防哨所人员发现,在哨所北偏西方向 30°,距离 500m 的 A 处有一艘船向正东方向航行,经过 3min 后到达哨所东北方向的 B 处,求船从 A 处到 B 处的航速(保留根号)。

同构问题 2:一副三角板按图 2-8-7①所示的位置摆放. 将 △DEF 绕点 A(F) 逆时针旋转 60°,如图 2-8-7②所示,测得 AC = 10cm,试求两个三角形重叠(阴影)部分的面积(保留根号)。

同构问题 3:如图 2-8-8 所示,九(一)班课题学习小组,为了了解大树的生长状况,去年在学校门前 A 处测得一棵大树顶点 C 的仰角为 30°,树高 5m;

今年他们仍在 A 处测得大树顶点 D 的仰角为 $45°(B,C,D$ 三点在同一直线上),求这棵树一年生长的高度(保留根号)。

同构问题 4:如图 2-8-9 所示,从 A 处看一山坡上的电线杆 PQ,观测杆顶端点 P 的仰角为 $45°$,向前走 6m 到达点 B,观测杆顶端点 P 和杆底端点 Q 的仰角分别为 $60°$ 和 $30°$,求该电线杆的高度。

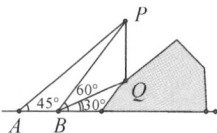

图 2-8-9

【点评】基本问题是知识再生点,以基本问题进行拓展再生,问题背景变得越来越丰富,三角形的形状由锐角三角形变为钝角三角形,再变为锐角与钝角三角形的组合体,难度也在提升,但是去除问题背景,图形同构,学生依托问题再生,通过自主建构,很好地抓住了解决问题的本质。

“相似三角形”学习片段

基本问题 1:如图 2-8-10 所示,D,E 分别是 AC,AB 上的点,$DE//BC$,$BC=18,AC=12,AB=9$,若 $AE=4$,求 AD 的长。

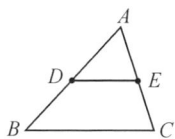　　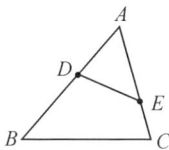　　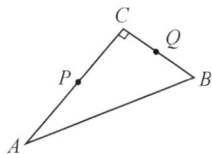

图 2-8-10　　　　图 2-8-11　　　　图 2-8-12

基本问题 2:如图 2-8-10 所示,D,E 分别是 AC,AB 上的点,$\angle ADE=\angle C,BC=18,AC=12,AB=9$,若 $AE=4$,求 AD 的长。

同构问题 1:如图 2-8-11 所示,在 $\triangle ABC$ 中,$BC=18,AC=12,AB=9$,D,E 分别是直线 AB,AC 上的两个点,$AE=4$,若以 A,D,E 为顶点的三角形与 $\triangle ABC$ 相似,求 DB 的长。

同构问题 2:如图 2-8-12 所示,在 Rt$\triangle ABC$ 中,$\angle C=90°,AC=20$cm,$BC=15$cm,现有动点 P 从点 A 出发,沿 AC 向点 C 方向运动,动点 Q 从点 C 出发,沿线段 CB 向点 B 方向运动,如果 P 的速度是 4cm/s,Q 的速度是 2cm/s,它们同时出发,当有一点到达所在线段的端点时,就停止运动。设运动时间为 ts。当 t 为多少时,以点 C,P,Q 为顶点的三角形与 $\triangle ABC$ 相似?

同构问题 3:将三角形纸片 $\triangle ABC$ 按图 2-8-13 所示的方式折叠,使点 B

落在边 AC 上,记为点 B',折痕为 EF。已知 $AB=AC=3$,$BC=4$,若以点 B',F,C 为顶点的三角形与 $\triangle ABC$ 相似,求 BF 的长度。

同构问题4:如图 2-8-14 所示,在一块直角三角形板 ABC 中,$\angle C=90°$,$\angle A=30°$,$BC=1$,将 $\triangle DEF$ 的 $30°$ 角的顶点 D 放在 AB 上,点 E,F 分别在 AC,BC 上,当点 D 在 AB 边上移动时,DE 始终与 AB 垂直,若以 C,E,F 为顶点的三角形与 $\triangle DEF$ 相似,求 AD 的长。

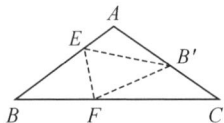

图 2-8-13

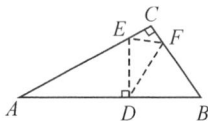

图 2-8-14

【点评】对于分类讨论,学生容易遗忘和犯错,其根源在于没有掌握分类方法,于是笔者设计了上述问题,以两个基本问题作为知识再生点,层层深入,改变背景,但图形同构。在问题的再生中,学生学会了观察、归纳,在解决问题的同时,建构了基于自己理解的知识框架。

(四)以"学生自构"为再生点,联系中建构本质

开放的课堂,是学生主动学习的课堂,教师以开放、半开放的习题为载体,以学生主动建构问题为知识再生点,即"学生自构",实现问题的深化。

"完全平方公式"教学片段

已知 $a+b=2$,$a-b=4$,试求 a^2+b^2,ab 的值。

教师:刚才大家很好地解决了这个问题,同学们能出一道类似的题目考考老师吗?

(学生开始动脑设计,8min 后纷纷提出自己看法。)

学生1:已知 $a^2+b^2=14$,$a-b=4$,试求 $a+b$,ab 的值。

学生2:已知 $a^2+b^2=14$,$a+b=4$,试求 $a-b$,ab 的值。

学生3:已知 $a^2+b^2=14$,$ab=3$,试求 $a-b$,$a+b$ 的值。

学生4:已知 $a-b=2$,$ab=3$,试求 a^2+b^2,$a+b$ 的值。

学生5:已知 $a+b=3$,$ab=1$,试求 a^2-b^2 的值。

教师:刚才同学们都以 4 个量作为问题再生点,进行拓展加深,看来只要知道其中 2 个量就能推出其余 2 个量。那么能不能再想想,还可以将其与其他知识结合吗,如三角函数、幂运算等?

学生6：已知 $a^{-1}+a=3$，试求 $a^{-2}+a^2$ 的值。

学生7：已知 $\sin\alpha+\cos\alpha=\dfrac{7}{5}$，且 $0<\alpha<90°$，试求 $\sin\alpha\cdot\cos\alpha$ 的值。

······

教师：同学们很厉害，你们可以作命题专家了。

【点评】学生的想象力和创造力是极大的，在本教学片段中，笔者只出示了一道题目，学生从横向再生拓展到纵向再生拓展，从单一知识建构到综合建构，在问题"再生"中不断挑战自我，创造能力和发散性思维得到锻炼。

三、结　论

在学习新知时，以"内容同构""方法同构"进行新知的再生，建构学生的知识网络，实现知识的水平数学化。在解决问题时，以"图形同构""学生自构"进行问题的再生，提高学生提出问题、解决问题的能力，实现数学知识的垂直数学化。同时，学生在进行自我构建的过程中，很好地锻炼了创新能力和发散性思维。因此，在此基础上所做的一切尝试在一定程度上都改变了学生的学习方式，有效地促进了学生的数学思考和自主探究。

第三章　高效教学:激活数学学习材料

　　数学学习材料,是在数学教学过程中,为了让学生更好地认识和掌握新知、提高数学思维能力、认识数学价值观而创设的材料。数学学习材料包括数学提问、数学活动、数学例题、数学问题和考题。教师对数学学习材料的选择应该有缜密的思考,要选择和创设有价值的数学学习材料。

　　本节就当前初中数学教师在教学时选择材料存在的问题、数学学习材料的内涵、教学现象、选择与创设数学学习材料等进行剖析,就数学学习材料要能激活现代课堂教学的四个要素的途径进行探索。在教学过程中,高效性的数学学习材料需要四个要素支撑:一是注重学生学习的经验;二是注重学生学习的思考;三是注重学生学习的活动;四是注重学生学习的再创造。

第一节　选择与激活合理的问题材料

一、背景分析

　　众所周知,初中数学课堂教学的过程应该是师生互动的过程。师生互动的目的在于解决问题,而数学问题是师生沟通互动的载体。因此,选择与创设合理的问题材料进行课堂教学,既是达成新课程四方面目标的重要途径,也是当前数学教师所面临的重要改革任务。要使课堂教学高效地运作,选择与创设合理的学习材料尤为重要。目前我国中学生数学学习效能不高,这与教师没有选择与创设合理的学习材料直接相关,从而抑制了学生再创造能力的培养。特级教师曹宝龙博士在讲座时曾提到,他在一次参加初中有效课堂交流课观摩中,看到某教师选择如下学习材料:

　　材料1:$\sqrt{256}$ 的算术平方根的平方根的立方根为_____;$\sqrt{\sqrt{16}}$,1.010010001(每两个1之间多一个0),$\pi-2$,是无理数的为_____。

　　材料2：有6个人生于4月11日，都属猴，某年他们年龄的连乘积为17597125，这年他们的年龄之和是多少？

　　课后，曹老师问：“这些学习材料有价值吗？想让学生获得什么？将学生解不出的难题作为学习材料？”将学习材料用于教学，一方面是数学教师所面临的一项重要改革内容，另一方面是培养学生创造性精神和数学素养的前提。

二、数学教学学习材料概念的内涵

　　简单地说，数学学习材料就是在教学过程、师生交流互动中，选择与创设用于掌握新知、拓展思维、有效学习的信息。在数学课堂教学中，教师对学生的一些课堂提问、例题可作为数学教学学习材料。此外，课外的数学习题、练习题、考试题也可作为数学学习材料。初中数学每堂课都有知识呈现与生成、数学思维训练以及价值体现，因此它需要数学学习材料作为载体。数学课堂不仅是问题的课堂，是学习材料交错而成的课堂，更是有效学习的课堂。

　　因此，选择与创设数学学习材料是非常关键的。不管是数学例题、练习题、考试题，还是其他数学问题与信息，对于学生来说，不一定都是有效的学习材料。一堂有效的数学课堂教学，一定是有效学习材料组合体的“进行曲”。

三、数学教学中选择学习材料现象分析

　　数学教学的主战场是课堂教学。课堂教学内容有新课教学课、练习巩固课、复习提升课等，除此之外，还有学生自习、课后练习与巩固、阶段检测等。在形式多样的数学教学环境下，教师应该科学合理地选择与创设数学学习材料，让学生更有利于知识呈现与生成、数学思维训练，以及有效学习与价值体现。但事实上，当前不少教师在数学教学中还存在着以下现象。

　　（一）课堂教学中学习材料“好高骛远”

　　在课堂教学的主战场中，教师一味追求“高落点”，不顾学生的学情，设置超出学生认知的学习材料，并训练此类的所谓提高题，久而久之，不仅会让学生对学习产生畏难情绪、兴趣全无，还不利于培养学生的创新意识。如笔者听过一节“平方根”的公开课，教师呈现学习材料：

　　A 的平方根为 $3x+1$ 和 $0.5x-2$，求 A 的值。

　　【点评】该题看似创设材料颇有深意，隐含了要应用互为相反数的性质和方程的思想，学习材料“落点”很高，但一元一次方程在下一章才出现，该材料也不

能用简单的运算来解决。由此可见,这位教师没有完全了解学生现有的认知情况。

(二)课堂教学后练习布置材料"南辕北辙"

不少教师不顾教材的明确要求,不重视课堂教学中所涉及的教学学习材料,反而注重课外布置的作业、数学习题等学习巩固材料,这会对学生学习的积极性造成很大的伤害,从而让学生丧失学习数学的自信心和热情,甚至因缺乏学习动力而出现厌学情绪。如笔者在教学过程中经常发现部分作业习题不遵循教材的前后顺序,在"绝对值"的新课教学中,出现下面作业习题:

如果 $|x-4|+|x^2y-2|=0$,那么 $x=$ _____ , $y=$ _____ 。

这样的学习材料,与其说提高部分优秀生的学习兴趣,不如说在扼杀多数学生仅存的一点自信心。笔者认为,应该根据教材安排步骤和进度,选择与创设有效学习材料,供学生学习与练习。

四、现代课堂教学的四个要素

一名出色的数学教师不是简单地满足于自己在课堂上教学、完成教学任务,而是引导、激发学生去学数学,这显然都是从教师教的层面来认识的。引导和激发的核心在于建立问题,即选择与创设数学学习材料。耐人寻味的、恰到好处的数学学习材料,能激起学生活跃的思维浪花。数学学习材料的选择与创设除了应具有科学性、艺术性,符合学生的认知规律的基本要求外,还要能激活现代课堂教学的四个要素。

(一)注重学生学习的经验

"平方差公式"学习材料导入

(1)请同学们根据多项式乘以多项式,完成下列计算:
①$(x+y)(x-y)=$ _____ ;②$(m+n)(m-n)=$ _____ ;
③$(2n+n)(2m-n)=$ _____ 。

(2)你能从上面的计算中发现什么规律? 它与我们前面学习的多项式乘以多项式有何异同? 试写出一般规律。

【点评】七年级学生已经具备多项式乘以多项式的学习经验,因此,本设计舍弃生活情境的导入方式,而选择纯数学计算的问题情境,看似趣味性有所缺失,实则通过直接的常规计算,探究 $(a+b)(a-b)=a^2-b^2$,寻求数学知识间的规律,从而将新知的学习迅速纳入整体知识系统。这样的教学设计起点定位得当,指向学生学习的"最近发展区",符合学生的认知规律,不仅便于学生在已有知识经验上达成对新知的顺应、同化,而且有利于学生在学习过程中对数学思想方法、数学活动经验的感悟与积累。

在这堂课上,教师正是注重学生的学习经验,尽情发挥学生的积极性。这样的数学学习材料将促使学生积极参与和共同进步。

(二)注重学生学习的思考

"直线与圆的位置关系"的学习材料

(1)如图 3-1-1 所示,在纸上画 3 个圆,分别在圆内、圆上、圆外各取一点 P,过点 P 任意画几条直线,再观察这 3 个图形,认为直线与圆有几种不同的位置关系?

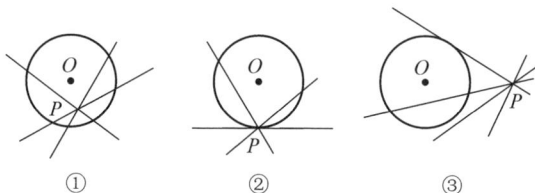

图 3-1-1

(2)教师将图 3-1-1 中的 3 个图形制作成"几何画板",拖动直线上点 P 以外的控制点改变直线的位置,让学生观察直线和圆位置关系的变化情况,并归纳直线与圆的位置关系。

【点评】借助"数学活动"材料进入教学,在温习"点与圆的位置关系"相关知识的基础上,将已知圆所在平面上的点换成直线,由学生自己动手画直线,在操作、观察、类比、分类等系列活动中自主建构新概念。这里,教师就是抓住了"点与圆的位置关系"这一"最近发展区",将点与圆的位置关系作为引入图形,将点换成线,在画、看、想、议的过程中逐步形成对新概念的初步认识。这样的材料贴合学情,既梳理了已学过的点与圆的位置关系,同时促进思考,为学生进一步学习判定、性质(定性概括、定量描述)做好了铺垫,很好地贴合了章建跃教授所倡导的"前后一致、逻辑连贯"的教学理念。

在现代课堂中,学生应该带着问题走进课堂,在课堂上随时发现问题,带着问题离开课堂,而教师应该及时引导学生积极地、深入地思考。思考是教学的核心问题,没有思考就没有真正的学习。我们知道,数学课堂学习是为了思考问题、解决问题、产生新的问题。

(三)注重学生学习的活动

"三角形中位线"学习材料

怎样将一张三角形纸片剪成两部分,使这两部分能拼成一个平行四边形?

(1)剪一张三角形纸片,记为△ABC;

(2)分别取 AB,AC 的中点 D,E,连接 DE;

(3)沿 DE 将△ABC 剪成两部分,并将△ADE 绕点 E 按顺时针方向旋转 180°到△CFE 的位置(图 3-1-2)。

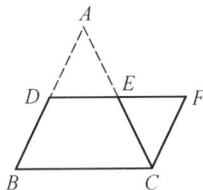

图 3-1-2

思考交流:(1)点 E 在线段 DF 上吗?(2)四边形 BCFD 是平行四边形吗? 如果是,那么 DE 和 BC 的位置关系和数量关系如何?

【点评】创设活动教学与以灌输、讲授为主的教学形式有根本的区别,这不仅是教学的组织形式发生改变的问题,更涉及教育观念深层次的变革。因此,教师在设计游戏、实验等活动时,一定要让学生在活动中体验学科规律,经历知识的形成过程;按照由具体到抽象、由特殊到一般的原则,通过猜想设计悬念,利用知识迁移,让学生经历知识的探索与发现的过程。

(四)注重学生学习的"再创造"

"二次函数的应用(3)"教学设计

已知二次函数 $y=-x^2+2x+3$。

(1)求函数图象的顶点坐标、与坐标轴的交点和对称轴,并大致画出函数图象;

(2)当自变量 x 在什么范围内时,y 随 x 的增大而增大? y 随 x 的增大而减小? 并求函数的最大值或最小值。

拓展 1:观察图 3-1-3,回答下列问题:

(1)自变量 x ＿＿＿＿＿＿＿＿＿时,$y=0$;

(2)自变量 x ＿＿＿＿＿＿＿＿＿时,$y>0$;

(3)自变量 x ＿＿＿＿＿＿＿＿＿时,$y<0$。

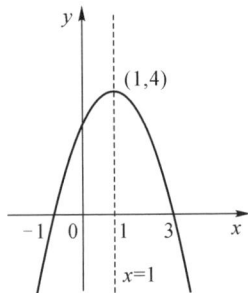

图 3-1-3

说明:让学生回溯学习经验,巩固二次函数的性质,体验数形结合思想。

拓展 2:(1)一元二次方程$-x^2+2x+3=0$的解是_____;

(2)不等式$-x^2+2x+3>0$的解集是_____;

(3)不等式$-x^2+2x+3<0$的解集是_____。

说明:构建一元二次方程、不等式与二次函数的联系,进一步体验数形结合思想。

拓展 3:若一元二次方程$-x^2+2x+3=k$有两个相等的实数解,求常数k的取值范围。

做以下引导:

(1)比较方程$-x^2+2x+3=0$与$-x^2+2x+3=k$的区别;

(2)回溯一元二次方程$-x^2+2x+3=0$的解法,总结经验,即方程的解为图象与x轴的交点横坐标,x轴为直线$y=0$;

(3)方程等号右边的常数k让你联想到什么?

说明:让学生比较代数解法与图象解法的优劣,更深层次体验数与形的互相转化,促进他们进行反思归纳。

拓展 4:代数式$-x^2+2x+3$的值是正整数,求x的值。

通过设置提问,试图给予学生"一个合理的工作量",让学生"获得尽可能多的独立经验"。

说明:学生的数学学习,经历了由数到代数式,到方程、不等式,再到函数的学习。函数的学习增加了学生看数、代数式、方程、不等式的高度,这一过程不仅是知识的习得,更是方法的提炼、思想的升华,最终还需进入再创造的数学核心。

再创造是将已完成的知识当作未完成的知识来教。数学的实质是常识的系统化,每个学生都可能在一定的指导下,通过实践活动获得知识。我们应该遵循这样的原则:数学教育必须以再创造的方式进行,再创造应贯穿于数学教育的全过程。为此,笔者尝试运用再创造教学策略,促进学生进行创造性的学习。

五、讨　论

(1)数学学习材料的选择与创设,一方面要注重教材上的材料,另一方面要注重依据教材内容,努力挖掘和创设学习材料。

(2)应整体规划数学学习材料,并做到有目的、有计划地设计教学策略,教学安排应具有系统性和连续性,提倡建立校本学生学习材料。

(3)实施素质教育,培养学生的创造能力,选择与创设数学学习材料。我们的学生历来被认为解题一流、能力二流。这种现象除应引起教育制度制定部门的深思外,也应引起的教育工作者的探索和思考。课堂教学有效吗?有价值吗?在教学中是否渗透了思维能力和创造力的培养?笔者希望,数学教学学习材料的选择与创设虽然只是素质教育中渺小的一部分,但是它的成功实践将会对其他学科起到借鉴和引领作用。

第二节　基于学生错误资源的教学行为改进策略

叶澜教授曾提到,学生在课堂活动中的状态,包括学习兴趣、积极性、注意力、学习方式、思维方式、合作能力与质量、发表的意见和建议、提出的问题和争论乃至错误的回答等。无论是以言语还是以行为、情绪方式的表达,都是教学过程中的生成性资源。面对学生形形色色的错误,教师应及时进行教学反思,并促使自身教学行为的改进。

错误资源是一种来源于学生学习活动本身的教学材料。它对于学生而言,是一种尝试、一种创新、一种进步;对于教师而言,则是一种来源于数学活动本身、可直接反映学生学习情况的生成性教学资源。教师要善于捕捉和运用教学中的各种错误资源,并及时调整、改进教学行为。本节采用行动研究法,在分析学生错误形成原因的基础上,预设学生可能出现的各种错误,当一个平行班学生的作业中出现较普遍的错误时,教师应及时反思、调整在另一个班的教学设计。通过"容错""寻错""用错""议错""诱错""理错"等策略,改进教学行为。这样可以让学生在纠错、改错中感悟道理,领悟方法,发散思维,实现创新,促进学生的全面发展;并从课堂教学出发,正确引导学生对错误的分析,从错误中领略正确的方法,实现学生的全面发展。

(一)让错误成为学生学习新知的切入点

数学实践是一个动态的、变化发展的过程,学生随时可能出现各种预想不到的错误。我们要充分利用数学实践中的错误,正确把握学生的认知起点,利用学生已有知识经验,基于学生"最近发展区"正确归因错误,化弊为利,让课堂因错误而精彩。

"频数与频率(1)"教学设计

　　从某地区 A 医院获得 2004 年 10 月在该院出生的 20 名新生婴儿的体重分别为 4.7,2.9,3.2,3.5,3.6,4.8,4.3,3.6,3.8,3.4,3.4,3.5,2.8,3.3,4.0,4.5,3.6,3.5,3.7,3.7(单位:kg)。平均数、方差这些特征数能反映哪些情况? A 医院新生婴儿人数最多的体重范围是什么? 人数最少的体重范围是什么? 体重在 3.55～3.95kg 的婴儿有多少人?

　　学生活动 1:对某地区 A 医院 20 名新生婴儿的体重的数据进行分组处理;

　　在各组讨论中,引出"数据落在边界值"这一事件的认知冲突。教师根据学生讨论情况给出边界值的选取方法,即比实际数据多取一位小数,并引导学生给出极差、组距、组数的关系:

$$组数=极差÷组距的整数部分+1。$$

　　学生活动 2:制作新生婴儿体重统计表。

　　学生活动 3:教材中例题(略)。

　　该课例研究通过两次授课完成。第一次授课由教师根据教材及教学参考书进行了教学设计,作为研究的起点。

　　1.第一次课:我数过……

　　共设计了 3 项学生活动,其中学生活动 1 试图直接将问题指向"数据的分组处理",但因大部分学生一开始并未直接寻找可描述数据分布情况的统计量,所以在前几分钟陷入了寻找问题"切入点"的困境。

　　不少学生从"各类事件重复发生的次数"的角度考虑,如其中一组的交流片段如下:

　　学生 1:我认为体重为 3.5kg 和 3.6kg 的新生婴儿最多。

　　学生 2:为什么?

　　学生 1:我数过了,他们各有 3 个。

　　学生 2:你说的是众数,只能说明最多的,怎么说明最少的?

　　学生 1:……(不语)

　　【点评】 由于问题情境设计得过难,大部分学生陷入困境。无奈之下,学生只有拿出教材寻求解决方法。教师试图引起学生对"数据落在边界值上"的认知冲突,探究边界值的选取,但实际上学生只是照搬教材中已有结论,并没有理解为什么"边界值"要比实际数据多取一位小数。

2.第一次课后反思

教师在批改课后作业的过程中,发现学生对边界值的选取仍存在较大问题。原因在于,教师只是从自定的教学目标出发,在教学过程中强化"数据分组的一般步骤及注意事项",基于此的认知"数据处理的数学本质"反而被边缘化。学生不理解为什么"边界值"要比实际数据多取一位小数。

经研讨,我们对原教学设计做了以下改进:

(1)将"错误"作为学生学习新知的切入点,以大多数学生的认知起点"各类事件重复发生的次数"作为沟通新旧知识的联结点,重新设计合作学习任务单。

(2)以培养学生数据处理能力为目标,用本源性问题驱动学生探求边界值的选取及极差、组距、组数的关系,加强学生对"描述数据分布的统计量"的本质认识。

3.第二次课:将3.2分在第一组

根据改进意见,教师试图在"调整学习活动的起点"和"有效教学行为改进"两个环节实现突破。

在第二次课时引入下题:

> 某高校大学生积极响应号召,开展无偿献血活动。抽查的40名大学生的血型为:A,B,A,B,B,O,AB,A,B,O,A,B,A,A,B,AB,O,A,B,A,B,A,B,B,O,AB,A,B,O,A,A,B,AB,O,A,B,A,AB。这40名大学生中哪种血型最多?哪种血型最少?

学生通常采用数数的方法解决该问题。同时为"频数是各类事件重复发生的次数"的问题呈现做准备。

教师提出问题1:"以上40个数据的表示方法合理吗?你会采取什么方法表示?"设问意图是让学生体会数据需整理,并可通过列表的方式呈现。问题指向"如何让数据说话"这一数学本质。

教师提出问题2:"为解决这个问题,对这些数据做什么处理?"说明数据需进行分组处理,并引出描述数据分布的统计量——频数。问题指向"数据怎样说话"。

教师提出问题3:"怎样对这组数据进行分组?"问题指向分组的原则,在分组中组距的选择不唯一,可以有多种方案,但一般分为5~12组,体现了数据分组处理的合理性,且每种分组方案中的组距必须相同,体现了数据分组的公平性。

教师提出问题4:"每组的边界怎么确定?"意在引发学生对"数据落在边界值上"的认知冲突,为知识的生成做好铺垫。

以上问题指向较为明确,在教学策略的使用上体现出积极的变化。

　　教师:看一下你的分组?

　　学生:第一组2.8~3.2,第二组3.2~3.6,第三组3.6~4.0,第四组4.0~4.4,第五组4.4~4.8,第六组4.8~5.2。

　　教师:第二组的数据有哪几个?

　　学生:3.3,3.4,3.4,3.5,3.5,3.5…

　　教师:注意噢,该组最小的数是什么?

　　学生:3.3。

　　教师:为什么不是3.2?

　　学生:我把3.2分在第一组,第一组为[2.8,3.2],包括2.8和3.2,第二组为(3.2,3.6],不包括3.2但包括3.6,依次类推。

　　【点评】学生在边界值选取问题中,产生"数据落在边界值上"的认知冲突,给出"第一组不包括前一个边界,包括后一个边界"的半闭半开区间的表示方法,虽然区间的划分存在一些问题,但仍很精彩,这与教材给出的"比实际数据多取一位小数"的方法有异曲同工之妙!

　　波利亚说过,教师讲了什么并非不重要,重要的是学生思考了什么。在第一次课中,教师试图将数据分组处理作为学习的起点,但由于学生缺少思考解决此类问题的经验、思维方式及策略,对数据分组无从下手,其实是学习素材的特殊化造成的。在第二次课中,教师对学习素材进行了改进,引导学生关注数学材料,以各类事件重复发生的次数作为沟通新旧知识的联结点,有效地帮助学生更好地理解数据分组。

(二)让"错误"成为学生自主学习的探索点

　　建立错题集,不仅可以帮助教师准确地了解学生在解题过程中出现的典型错误,还能为教师提供较为准确的教学信息,及时做到发现问题—应用错误—解决问题。教师在教学中要不断引导学生透过典型错误的表面现象,深入细致地思考,努力培养学生思维的严密性,以充分提高学生分析问题和解决问题的能力,促进学生养成自主学习的习惯。

　　复习课往往知识点多、密度大、教学时间短。在有限的教学时间内,许多教师要么选择浅尝辄止而面面俱到地复习,要么选择"以练代理"的复习。我们试图通过"突出主体、开放过程、理练结合、自主建构",形成一种以点盖面的网络型的知识体系课堂。以"三角形的初步知识"复习课为载体进行研究。

1. 第一次课:作图错误比比皆是

为驱动整节课顺利完成,将这一课时的知识点分为 5 个环节:①三角形的三条边之间有什么关系? ②三角形的内角、外角有哪些关系? ③什么是全等三角形? 有哪些方法可以判断两个三角形全等? ④你会作三角形的角平分线、中线和高线吗? ⑤你知道线段垂直平分线和角平分线的性质吗?

在环节④中,设计了一个尺规作图的问题:

如图 3-2-1 所示,在 $\triangle ABC$ 中,按要求分别作图。(保留作图痕迹,不要求写作法)

(1)作 $\angle B$ 的平分线;

(2)作 BC 边上的中线;

(3)作 AB 边上的高线。

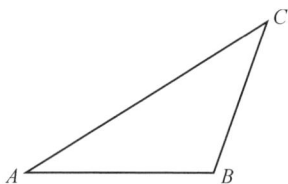

图 3-2-1

【点评】一方面,复习了三角形角平分线、中线和高线的知识,另一方面,通过作角平分线和线段中垂线,承上启下地引出了环节⑤。

在学生的作图过程中,错误比比皆是,如不会作高,不会作角平分线,不会作中线,不会作线段中垂线,作图后不写结论。教师原本只想做简单点评,但由于没有考虑学生的具体情况,花了大量的时间讲评学生的错误,以至于没有时间讲环节⑤。课后对该问题的课堂任务单完成情况进行了统计,复习前的正确率为 28.3%,复习后的正确率为 66.0%,由此可以看出,所选的习题偏难,复习前的正确率较低,但复习后的正确率提高,说明复习有一定的效果。

2. 第一次课后反思与改进

复习无论是从三角形的边、角、全等、作图、性质五个部分进行,还是"以练代理"进行,由于对学生的认知起点把握不够准确,所选作图题偏难,容量偏大,导致教学时间不够,教学效果不佳。进行了如下改进:

(1)从学生的实际学情出发,降低题目难度,删掉环节⑤。

(2)调整各环节呈现顺序①三角形的三条边之间有什么关系? ②三角形的内角、外角有哪些知识? ③你会作三角形的角平分线、中线和高线吗? ④什么是全等三角形? 有哪些方法可以判断两个三角形全等?

基于学生对全等三角形的判定掌握得较好,而作图能力较差,确定以作图为载体复习全等三角形。

3. 第二次课:作图—判定—作图—应用

根据第一次课中出现的错误,以作图为载体进行课堂切入,帮助学生建构知

识结构框架,提高学生自主学习的能力。第二次课对环节③和环节④做了如下改进:

1.你会通过尺规作图作一个三角形吗?

让学生观察任务单上的三角形,利用尺规作一个与之全等的三角形。让学生在作图过程中感受不同的作法,并通过作图掌握全等三角形的判定方法。

2.如图 3-2-2 所示,按要求作下列图形。

(1)利用尺规作∠A 的平分线 AD;

(2)利用尺规作 AB 边上的中线 MN;

(3)利用三角尺作 BC 边上的高 AE;

(4)作一个角,使这个角等于 $\frac{1}{2}\angle BAC+\angle B$。

图 3-2-2

根据学生的认知水平选择不同的方法作图,可以用尺规,也可以用三角尺。目标指向也有多种,(1)和(2)复习了中垂线和角平分线的简单作法和应用,(4)巩固了"三角形的一个外角等于与它不相邻的两个内角的和"的结论。

3.你能说明所作对应线段相等的理由吗?

根据在作图中得到的结论,再一次利用全等三角形的判定定理说明所作对应线段相等的理由,既应用了全等三角形的判定定理,也复习了全等三角形的性质。

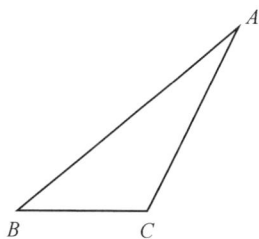

复习课是学生对认知结构的重新组织,复习绝不是教师简单地"旧事重提",将已教知识重述一遍,而是让学生在整体知识背景下对所学知识进行重新组织和建构。根据第一次课中作图的不足,教师在第二次课中以作图—判定—作图—应用为主线进行课堂设计,通过对照比较,寻找联系,将原本彼此分散的知识有机结合,形成一个统一的整体,从而帮助学生在头脑中将知识"竖成线,横成片",或"由点构成线,由线构成面",从而形成由点、线、面建成立体式的知识结构框架。

(三)让"错误"成为学生创造思维的生长点

数学教学应以丰富多彩的数学活动、数学实践的形式展现。在应用数学知识解决问题时,学生出现失误在所难免,他们不会将数学知识与现实生活相联系,缺少思维的灵活性,不熟悉将实际问题转化为数学问题的方法。正如美国数学家斯蒂恩所说,如果一个特定的问题可以转化为图形,那么思想就整体地把握了问题,而且能创造性地思索问题的解法。这就需要教师在教学过程中立足课本,对教材中的典型例题、习题进行适当变化和引申,并将问题置于恰当的实际背景中,进行多方位地探索,以提高学生应用数学知识解决问题的意识和能力。

1. 将错就错,变"错"为"对"

"分式方程"复习课

教师:化简 $\dfrac{x-1}{2}+\dfrac{2-x}{3}$。

学生1在黑板上板演:原式 $=3(x-1)+2(2-x)=3x-3+4-2x=x+1$。

学生2:错了!

教师:错在哪儿呢?

学生2:他把方程变形(去分母)搬到解计算题上了,结果丢了分母。

教师:刚才学生1把计算题当作方程来解,虽然解法错了,但能否利用去分母的简捷性,把它当成方程解答呢? 请大家开动脑筋。

这时不少学生茅塞顿开,纷纷举手,学生1也在其中。

教师:我们再给他一次机会,好不好?

片刻,学生1给出解题过程:设 $\dfrac{x-1}{2}+\dfrac{2-x}{3}=A$。

去分母,得 $3(x-1)+2(2-x)=6A$。

去括号,得 $3x-3+4-2x=6A$。

合并同类项,得 $x+1=6A$。

解得 $A=\dfrac{x+1}{6}$。

所以,此题的结果是 $\dfrac{x+1}{6}$。

大家都情不自禁地拍手,赞叹这种解法很有创意。学生1神采飞扬地回到座位上。

【点评】 正是因为教师对学生错误的悦纳和欣赏,因势利导,使得学生的好奇心和创造力在"出错"中大放异彩。在数学课堂中,教师要勇于面对学生非预设生成的错误资源,积极对待,冷静处理,及时挖掘错误的内涵,把学生的这些非预设生成尽可能转化为有助于课堂教学的素材,合理运用,变"废"为宝,使课堂因此变得丰富多彩。

2. 一题多问,一题多变

一些典型习题不仅具有深厚的背景和一定的代表性,而且往往隐藏着一般的规律和方法。教师可充分发挥其应有的价值和功能,提高学生的数学能力,促进学生的思维发展。通过分析解题过程、提炼解题规律和数学思想方法,研究题目的特征,变换题目的条件、结论、形式和内容,将其推广、引申到一般情形等。

"二次函数"复习课

(1)已知关于 x 方程 $ax^2+x+a^2-2a=0$ 有一个为 0 的根,则 $a=$ _____ ;

(2)已知二次函数 $y=ax^2+x+a^2-2a$ 经过原点,则 $a=$ _____ ;

(3)已知函数 $y=ax^2+x+a^2-2a$ 经过原点,则 $a=$ _____ ;

(4)函数 $y=\dfrac{\sqrt{x+2}}{x}$ 的自变量 x 的取值范围是 _____ ;

(5)若 $\sqrt{(x-2)^2}=2-x$,则 x 的取值范围是 _____ ;

(6)若分式 $\dfrac{|x|-1}{x+1}$ 的值等于 0,则 x 的取值范围是 _____ ,

若分式 $\dfrac{|x|-1}{x+1}$ 有意义,则 x 的取值范围是 _____ ,

若分式 $\dfrac{|x|-1}{x+1}$ 无意义,则 x 的取值范围是 _____ 。

【点评】根据课堂观察,发现很多学生由于忽视一元二次方程的隐含条件 $a\neq0$,得到 $a=0$ 或 2 的结果。这是知识间相互干扰产生的错误,是由学生在解题过程中对概念、公式、定理、运算技能、技巧及规律性的内容认识不清或不能正确理解它们的确切含义而造成的。教师设计相应的发散性练习,并将这类错误归结为"与 0 有关的认知模糊"。

又如,在一次"三角形认识"测验之后,对于题目"在等腰三角形中,有两边长分别为 3cm 和 5cm,则其周长是 _____ cm",有很多学生的答案出现遗漏,针对这个典型错误,教师设计了一节练习课:

首先,师生共同回忆等腰三角形的性质及简单情况分类。

其次,设计分层的变式练习:

(1)在等腰三角形中,两边长分别为 4cm 和 6cm,则第三边长为 _____ cm;

(2)在三角形中,两边长分别为 4cm 和 6cm,则第三边长范围为 _____ cm;

(3)在等腰三角形中,两边长分别为 3cm 和 6cm,则第三边长为＿＿cm。

再次,引导学生思考或小组讨论:在等腰三角形中,有两边长分别为 a 和 b(其中 $a<b$),当第三边长只有唯一答案时,a 和 b 满足什么关系?

最后,根据知识间的关系,设计与角有关的课后补偿练习:

(1)在等腰三角形中,有一个角为 30°,则另两个角分别等于＿＿°、＿＿°;

(2)在等腰三角形中,有一个角为 100°,则另两个角分别等于＿＿°、＿＿°;

(3)在等腰三角形中,有一个角为 x,当另两个角的度数只有唯一答案时,x 满足什么关系? 当另两个角的度数有两个答案时,x 满足什么关系?

【点评】 在数学教学活动中,学生是活动的主体,而学生犯错的过程就是一种尝试和创新的过程。对于似是而非、学生不易察觉的错误,如果教师只告诉他们正确的做法,那么不仅难以触及问题的实质,还容易抑制学生主动性和创造性的发挥。利用一题多变,教师尽量挖掘试题的深度和广度,扩大试题的辐射面,以满足不同学生的知识需求,使其形成知识链。教师通过一题多问、一题多解或一题多变,鼓励学生从不同角度对同一问题进行思考,打破思维定式,达到解一题通一类的目的。这样不仅有助于学生抓住问题的本质,而且可以让他们从中寻找知识点之间的内在联系,总结规律,形成系统,同时也可以帮助学生从对错误的反思中吸取教训,提高思维的批判性。

第三节 初中数学"生态作业"的选择与实施

在数学课堂教学后,教师为了更好地巩固新知、培养学生数学思维能力、形成数学价值观,对课后作业的选择与实施进行了研究,倡导"生态作业"。经过实践探索、分析研究,我们认为,数学"生态作业"的选择与实施不仅应该符合课程标准、符合学生学情、遵循教学反馈和生成的原则,而且应该围绕课堂教学的三个高地,还要能激活学生数学思考的四个要素。在此基础上,重点从两个层面进行操作实践:一是通过加强制度管理进行"生态作业"的选择与实施,二是循序渐进地形成"生态作业"校本化。

实践表明,初中数学"生态作业"的选择与实施研究,更新了教师的教育观念,并获得了全新的现代教学方式,增强了教师的教学能力和科研能力。同时,教学方式的改变,对于学生而言,促进了学习方式的改变,提高了综合素质,促进了高效学习,学生的数学基础知识水平和技能得到明显提升;对于教师教学而言,造就了全新教学理念下的课堂与课后,提升了教学素养,形成了较强的辐射作用,具有深厚的开发潜质和推广价值。"生态作业"的选择与实施研究,在对学生学习动机、态度和兴趣、思维品质等维度和学习的主动性、合作性、探究性等方面具有明显的成效。

一、为什么作业设计必须要有变革

1. 社会对学生作业的看法颇多

在"双减"形势下,学生作业不仅是教师布置任务那么简单,而是全社会共同关注的话题。可见,对教师而言,必须将学生作业设计提上重要日程。

2. 教师对学生作业的理解较滞后

以前,我们的数学教师认为,多给学生布置作业是在帮助学生巩固所学内容。随着新课改的不断深入,教师们的课堂教学观念、教学形式发生了重大转变,但是在开展课堂教学改革的背后,学生的作业仍然很繁重。

3. 学生对教师布置的作业有抵触情绪

为了解学生对教师布置的数学作业的态度和作业完成情况,笔者对某校七年级的学生进行了数学作业相关调查。

问题 1:你喜欢做数学作业吗? 调查结果如表 3-3-1 所示。

表 3-3-1

项　目	非常喜欢	比较喜欢	不太喜欢	很讨厌
占比/%	8	42	35	15

问题 2:你每次做数学作业的态度如何? 调查结果如表 3-3-2 所示。

表 3-3-2

项　目	非常认真	比较认真	不太认真	很不认真
占比/%	24	39	25	12

《新课标》指出,义务教育阶段的数学课程应突出体现基础性、普及性和发展性,使数学教育面向全体学生,使得人人都能获得良好的数学教育,不同的人在数学上得到不同的发展。

师生互动和适量合理有效的作业都是巩固知识、提升数学素养的重要载体。因此,选择与创设合理的作业,是达成新课程四个方面目标(知识技能、数学思考、问题解决、情感态度)的重要途径，也是当前数学教师所面临的重要改革任务。为使高效课堂教学加以延续，选择与实施合理的作业设计显得尤为重要。目前我国中学生的数学学习效能不高，这与教师没有合理地进行作业选择与创设直接相关，也可能抑制学生再创造能力的培养。如何恰当地开展作业选择与创设，更好地发挥课堂效率，对初中数学教师提出了挑战。

二、作业设计创新研究具体化

初中数学每个教学课堂，都有其知识呈现与生成、数学思维训练以及价值体现。同时，课后学习也能够促进学生对知识的巩固、数学思维能力的训练、数学素养的提升。因此，初中数学"生态作业"的选择与实施是非常关键的。

"生态"一词源于古希腊语，意思是家或者我们的环境。简单地说，生态是一切生物的生存状态，体现了生物与生物之间、生物与环境之间环环相扣的关系。生态最早是由研究生物个体而产生的。如今，生态涉及的范畴越来越广，人们常用生态定义许多美好的事物，如健康、美丽、和谐的事物均可冠以"生态"修饰。

用问题引导与激发学生的思维。引导和激发的核心在于建立问题，包括对课后作业的设计。耐人寻味的、恰到好处的课后作业，能激起每个学生活跃的思维浪花。"生态作业"不需要学生花费大量时间和精力去完成，且益于学生巩固课堂所学，能促进学生数学智能开发的课后作业。简单地说，初中数学"生态作业"是面向全体学生，题目少而精，且能激发思维、提升数学能力的数学问题。

数学"生态作业"的选择与实施要具有科学性、艺术性，不仅要符合学生的认知规律的基本要求，更要符合课程标准、符合学生认知情况的原则，不断地从学生学习反馈中进行创设。选择与实施"生态作业"的依据和方法，要符合以下几个原则：

(一)数学"生态作业"的选择与实施应遵循的原则

1. 选择与实施数学"生态作业"应符合课程标准

教师在"生态作业"的创设中，不应该面向所谓的"尖子生"，而应该面向全体学生。同样，教师选择的数学学习材料也应该面向全体同学，让每位同学都能想一想，做一下思维体操，对数学知识概念有所理解和提高。

在"一次函数的图象"课堂中创设的"生态作业"

一、选择题

1. 下列不在函数 $y=-2x+3$ 的图象上的点是　　　　　　（　　）

A. $(-5,13)$　　　B. $(0.5,2)$　　　C. $(3,0)$　　　D. $(1,1)$

2. 已知正比例函数 $y=kx(k\neq0,k$ 为常数)的图象经过点$(2,4)$,下列在该正比例函数图象上的点是　　　　　　　　　　　　　　（　　）

A. $(-1,-5)$　　B. $(2,0)$　　　C. $(1,2)$　　　D. $(-2,-1)$

3. 假设甲、乙两人在一次赛跑中路程 s 与时间 t 的关系如图 3-3-1 所示,则下列说法正确的是　　　　　　　　　　　　　　　　　（　　）

A. 甲先到达终点　　　　　　　　B. 甲比乙先出发

C. 乙比甲跑的路程多　　　　　　D. 甲、乙两人的速度相同

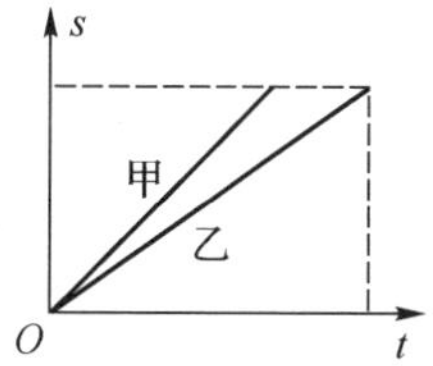

图 3-3-1 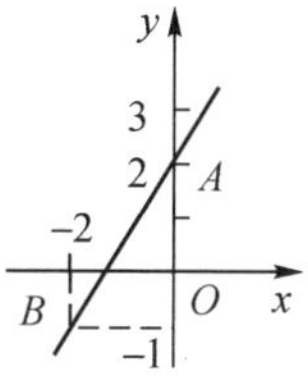　　　　　　图 3-3-2 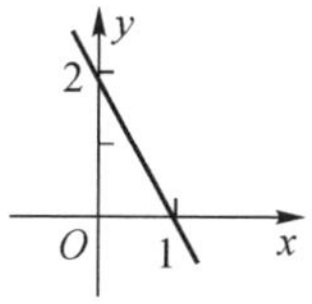　　　　　　图 3-3-3

4. 如图 3-3-2 所示,直线 $y=kx+b$ 经过 A,B 两点,则 k 的值为　（　　）

A. 1　　　　　　B. $\dfrac{3}{2}$　　　　　C. $\dfrac{2}{3}$　　　　　D. $-\dfrac{3}{2}$

二、填空题

5. 已知一次函数 $y=3x+1$ 经过点$(a,1)$和点$(-2,b)$,则 $a=$ _____ ,$b=$ _____ 。

6. 已知一次函数的图象如图 3-3-3 所示,则一次函数的解析式为 _____ _____ 。

7. 若直线 $y=-2x+6$ 经过点$(3,0)$,则直线与 y 轴的交点坐标是 _____ 。

三、解答题

8. 已知一次函数 $y=kx+b$ 表示的直线经过点 $A(1,2)$,$B(-1,-4)$,试判断点 $P(2,5)$是否在直线 AB 上。

9. 已知一次函数 $y=kx-k+4$ 的图象与 y 轴的交点坐标是$(0,-2)$,求这个一次函数的解析式。

【点评】只有这样的数学"生态作业",才能让每位学生都进行思考并获得进步。《新课标》指出,义务教育阶段的数学课程,其基本出发点是促进学生全面、持续、和谐地发展。这不仅要考虑数学自身的特点,更应遵循学生学习数学的心理规律,强调从学生已有的生活经验出发,让学生亲身经历将数学学习材料问题抽象为数学模型,并进行解释与应用的过程,进而获得对数学的理解,在思维能力、情感态度与价值观等多方面得到进步和发展。因此,在选择与实施数学"生态作业"时应当符合《新课标》。

2. 选择与实施数学"生态作业"应掌握学情

研究学情是为了改善学情,其中最重要的是激发学生学习数学的自觉性与主动性。自觉性与主动性来自学习动机,学习动机又产生于对学习的需要,而这种需要与学生对学习的认识与情感有直接关系。只有让它们产生"合力效应",才能达到教育教学的最佳效能,这就要求教师在教学过程中选择与实施"生态作业"。

某教师到偏远山区"送教下乡"时在"代数式"课堂中创设的"生态作业"

一、填空题

1. 小丁期中考试考了 a 分,之后他继续努力,期末考试比期中考试提高了 $B\%$,小丁期末考试考了_____分。

2. 人的头发平均每月可长 1cm,如果小红现在的头发长 a cm,两个月不理发,她的头发长将是_____cm。

3. 妈妈买了一箱饮料共 a 瓶,小丁每天喝 1 瓶,_____天后喝完。

4. 代数式 $(x+y)(x-y)$ 的意义是_____。

5. 小明有 m 张邮票,小亮有 n 张邮票。在小亮过生日时,小明把自己邮票的一半作为礼物送给小亮,现在小亮有_____张邮票。

二、判断题

1. $3x+4-5$ 是代数式。　　　　　　　　　　　　　　　(　　)

2. $1+2-3+4$ 是代数式。　　　　　　　　　　　　　　(　　)

3. m 是代数式,999 不是代数式。　　　　　　　　　　(　　)

4. $x>y$ 是代数式。　　　　　　　　　　　　　　　　(　　)

5. $1+1=2$ 不是代数式。　　　　　　　　　　　　　　(　　)

三、选择题

1. 如果 a 是整数,则下列永远有意义的是　　　　　　　(　　)

A. $\dfrac{1}{a}$　　　　　B. $\dfrac{1}{2a^2}$　　　　　C. $\dfrac{1}{2}a$　　　　　D. $\dfrac{1}{a-1}$

2.一个两位数,个位是 a,十位比个位大 1,这个两位数是　　　　　(　　)

A.$a(a+1)$　　B.$(a+1)a$　　C.$10(a+1)a$　　D.$10(a+1)+a$

四、解答题

1.小明今年 x 岁,爸爸 y 岁,3 年后小明和爸爸的年龄之和是多少?

2.小丁和小亮一起去吃比萨,小丁有 m 元,小亮有 n 元,已知每个比萨 k 元,小丁和小亮能买几个?

【点评】这位教师创设课后材料时,明显没有考虑学生的学情。选择与创设"生态作业"一定要考虑是否符合学生学情,并在解决问题的过程中产生成就感。所以,数学学习材料的选择与实施应该符合学生的认知情况、认知程度、心理年龄等。不了解学情的老师,其课后材料再好、数学问题创设得再优秀,也不能在课后与学生产生共鸣,达到教与学的最佳状态,如第四题的第 2 小题"比萨"问题,山区的学生会有怎么样的感想。

3.选择与实施数学"生态作业"要注重学生反馈

学生在学习过程中,必然会面临难以理解的难点练习,难点的突破不一定能在课堂上完全解决,还需要练习和检测反馈。因此,教师在选择与实施"生态作业"时必须关注学生所反馈的问题,尤其在练习和检测后的讲解与讲评中。

"等腰三角形"复习课"生态作业"

1.下列说法中,正确的有　　　　　　　　　　　　(　　)

①等腰三角形的两腰相等;②等腰三角形的两底角相等;③等腰三角形底边上的中线与底边上的高相等;④等腰三角形是轴对称图形。

A.1 个　　　　B.2 个　　　　C.3 个　　　　D.4 个

2.两根木棒的长度分别是 5cm 和 7cm,要选择第三根木棒,将它们钉成一个三角形,如果第三根木棒的长为偶数,那么第三根木棒长的取值情况有

(　　)

A.3 种　　　　B.4 种　　　　C.5 种　　　　D.6 种

3.在等腰三角形中,如果底边长为 6cm,腰长为 8cm,那么周长是_____;如果等腰三角形的两边长分别是 4cm,8cm,那么它的周长是_____。

4.有一个内角为 40° 的等腰三角形,其另外两个内角的度数为_____;有一个内角为 140° 的等腰三角形,其另外两个内角的度数为_____。

5.在平面直角坐标系 xOy 中,已知点 $A(2,-2)$,在 y 轴上确定一点 P,

使△AOP 为等腰三角形,则符合条件的点有   (   )

    A. 2 个   B. 3 个   C. 4 个   D. 5 个

    6. 在下列三角形中,若 $AB=AC$,则能被一条直线分成两个小等腰三角

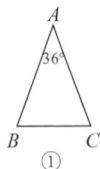

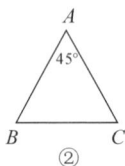

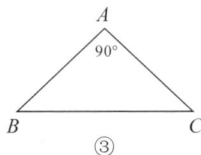

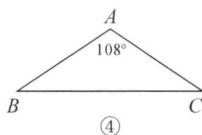

形的是   (   )

    A. ①②③   B. ①②④   C. ②③④   D. ①③④

    7. 如果等腰三角形底边上的高线与腰上的高线相等,求各内角的度数。

【点评】 该教师创设的"生态作业"是经过深思熟虑的,是由课堂训练反馈而得到的,这样的学习材料可以大大提高课堂效率,比讲无数杂乱题的效果更好,学生也会掌握得更加全面。因此,我们的课后数学学习材料应该源自学生的反馈。无论是数学作业还是检测试卷。只要学生存在问题,尤其是难点问题,教师就应该选择与实施最佳的学习材料让学生去体会和认识。

因此,初中生数学"生态作业"的选择与实施是一个复杂的、虚实结合的运行机制,它涉及教学思想、教学内容、教学方法、教学手段、教学环境、教学对象等多种变数。

(二)"生态作业"的选择与实施应围绕课堂教学的三个高地

选择与实施高质量的"生态作业"能够成就一堂好课,那么如何衡量一堂课是好课呢? 答案是让学生高效地学习。在课堂教学中,教师不仅具有高效的教学过程,而且让学生进入"高认知、高参与、高情意"的学习境界。"高认知"不仅在于引导学生外化学习,更重视学生内心对知识的认识,让学生有意识地进行知识建构;"高参与"在于引导学生自主学习,强调学习的主动性、全面性、深层性和生成性;"高情意"在于调动师生的情感因素,激发学生学习数学的积极性,从而让学生学会、会学、乐学。会学是重点,学会和乐学都是为了会学而服务的。试想一下,如果有了"三高"课堂却没有学生的"生态作业",无论从表面还是实质最后均将回到低效,从这个方面讲,"生态作业"保证了教学目标的实现。

三、"生态作业"设计的操作策略

(一)加强制度管理的层面,选择"生态作业"

1. 要求教师教学使用学习单

(1)进行课堂教学的数学教师使用学习单教学。

(2)集体备课讨论制作学习单,讨论时须提出选择材料的依据和设想,并说明学习材料的来源及创设目的。

(3)对学习单进行整理,并汇总各位教师的反思,形成课例的学习材料包,为以后教学,包括课后教学服务。

2. "生态作业"的选择、题量、时间控制要求

(1)选择符合教学要求、符合学生实际、有利于巩固基础知识和基本技能的配套学习材料,将其作为课内外作业。

(2)适当选择联系生产生活实际,或需要动手实践操作以及富有趣味性的习题,适度选择需要多角度思考、开放、拓展、体现各学科思想方法等能力要求的习题,将其作为课内外作业。

(3)根据学生的水平,布置不同层次要求、难度适当的作业,反对机械操练、题海战术。既有绝大多数学生可通过努力完成的必做题,又有适合学生个性发展需要、不同水平发展需求的选做题。

(4)控制题量和控制作业时间。将课堂作业时间控制在 20min 左右,将课外作业时间控制在 30min 以内。教师要及时批改、记录和分析作业中常见的典型错误,及时反馈,指导学生积极反思、自觉订正错误,并调整、改进教学。

为了保证硬环境建设的有效开展,对实验班在硬环境建设的备课方面进行了改革,编制了新的备课要点(如表 3-3-3 所示),以体现学习材料的重要性。

表 3-3-3　备课要点

周(月 日至 月 日) 年级 学科 执笔人:	
一、课题	第 课时
二、教学目标	
1. 知识与技能目标	
2. 过程与方法目标	
3. 情感、态度和价值观目标	

续表

三、教学重点与难点	
重点	
难点	
四、学案准备	选择的"生态作业"分析
五、教学过程	
六、生态作业布置(按要求体现层次性、合适性的作业量)	
附板书创设	
教学反思	

(二)循序渐进形成"生态作业"校本化

学生的"生态作业",应该符合《新课标》,对学生思维训练有益,以及对知识概念的掌握有益。

1. 对各类课后数学学习材料进行选择与实施

针对各种类型的课堂,对数学学习材料进行选择,对近三年的中考题进行归类选择,对现阶段的阶段考试及以上的学习材料进行选择,对平时课内与课外的学习材料进行选择与实施,已经形成较为完整的学习材料库。

2. 循序渐进完善"校本作业",优化"生态作业",为高效课堂服务

提出建立"校本作业"的重要性,体现"校本作业"的优越性,为有效课堂与提高教学质量服务,提出选择与实施数学学习材料的依据和方法,为教师进行选择与实施数学学习材料提供理论依据。

除了整理和优化每堂课的数学学习材料,还应该利用创设的依据和方法,提倡教师创设"生态作业",为有效教学服务。

第四节　初中数学课后作业的创设策略探索

课后作业是数学教学过程中的重要环节,是反馈教学所得、巩固与提升学生学业效能的重要抓手。在应试教育的影响下,不少学校存在课后作业枯燥乏味、学生课业负担过重、布置"一刀切作业"的现象,这导致学生长期处于被动完成作

业的状态。改革数学课后作业模式已经成为教育共识和教学的迫切需求,教师要本着"分层设计""探究设计""个性设计""创新设计"的理念创设课后作业,为学生提供一个数学活动园地,让学生自觉、主动、积极地参与其中,并享受作业带来的成功与喜悦。

为了提升学生学习主动性,有效促进每位学生的数学发展,使课后作业成为快乐的课余活动,教师需要对课后作业进行科学创设。那么,教师应该如何把学生认为的课后作业负担变为学生的需要,从被动变为主动、从被迫变为乐意,且在个性化地提高学生数学能力的同时减轻学生课业负担?笔者基于多年的教学实践,从分层型作业,重视各层次学生的发展;实验型作业,提倡学生课后操作实践;研究型作业,引导关注学生合作探索;创新型作业,倡导自主反思编创撰写共四个方面入手,探索课后作业的创设策略。

一、分层型作业,重视各层次学生的发展

孔子曾提出"因材施教"的教育思想。教育家苏霍姆林斯基也曾指出,数学教师应选择与创设适合每位学生的问题,要追求题目质量而不是题目数量,不强迫不催促,让学生经过尝试、努力就能完成,体验成功。在当今多元化时代,我们更要尊重学生间的差异,通过设计分层型作业,重视并促进不同层次学生的数学发展。

由人民教育出版社出版的《义务教育教科书　数学　八年级　下册》"勾股定理"(2)课后作业

一、基础练习

1. 已知甲、乙两人从同一地点出发,甲往东走了 4km,乙往南走了 3km,此时两人相距_____。

2. 如果一架梯子底端离建筑物 9m,那么 15m 长的梯子可达到建筑物的高度是_____。

3. 已知一个直角三角形的两边长为 3cm 和 4cm,第三边长为_____。

二、提升练习

4. 一个篮球场地长 48m,甲、乙两人进行冲刺跑比赛,从同一处出发,甲跑直线平均速度为 3m/s,乙跑斜线平均速度为 3.1m/s。两人到达终点的位置相距 14m。按各人的平均速度计算,谁先到达终点?为什么?

5. 图 3-4-1 为棱长为 3cm 的正方体,把所有面都分为 9 个小正方形,其边长为 1cm,假设一只蚂蚁每秒爬行 2cm,则它从下底面点 A 沿正方体表面

爬行至右侧面的点 B，最少要花几秒？

6. 如图 3-4-2 所示，今有竹高一丈，末折抵地，去本三尺。问折者高几何？意译：有一根原一丈高的竹子，某处被虫子咬伤后，大风吹断竹子，竹梢抵地处恰好离原长竹子根部 3 尺。问折断点离地面多少尺？（提示：一丈＝10 尺）

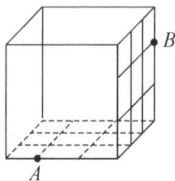 

图 3-4-1   图 3-4-2

三、拓展练习

7. 图 3-4-3 为一种"牛头形"图案，其作法是：从正方形 1 开始，以其一边为斜边，向外作等腰直角三角形，然后再以其直角边为边，分别向外作正方形 2，以此类推，若正方形 1 的边长为 16cm，求正方形 5 的边长。

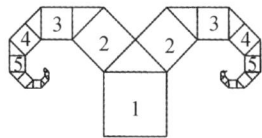

图 3-4-3

8. 自主搜集并阅读课外关于勾股定理的相关知识，编制一份数学画报。

【点评】该课后作业分为基础练习、提升练习、拓展练习三大类，是针对学生个体差异而设计的，允许学生自由选择的分层型作业。基础练习是让学生经历基础问题的解决，加深对勾股定理及其逆定理的理解，让学生掌握通过知识解决一些简单实际问题的基本方法。提升练习是让学生进一步对勾股定理的相关知识有更深的认识，发展学生的逻辑推理、深度思维等数学能力，感悟分类讨论、方程建模等数学思想。拓展练习是面向富有探索精神和创造力的学生，在问题设计中展现了趣味性、探究性、开放性。

二、实验型作业，提倡学生课后操作实践

为了挖掘学生主动构思、实验探索的潜力，提升动手操作能力，数学教师应创设实验型作业，为学生提供从事操作验证、实验归纳等数学活动的机会，使他们在自主探索和实践验证的过程中，加深对知识与技能的理解与掌握，获得丰富的数学活动经验。因此，减少课外书面作业，让学生课后动起来

成为《新课标》倡导的理念。

"相似三角形与解直角三角形"课后作业

请学生利用所学数学知识,观察、测量所在小区附近、某高大物(路灯、旗杆、建筑物、山体等)的高度,并记录设计方案与操作过程。

学生1:我的测量对象是小区内路灯,用45°的直角三角板仰视路灯顶部,移动人的位置,直到仰角视线在路灯最高处停止,人与路灯距离20步,用米尺测量每步约为0.5m,我的眼距地面高度为1.5m,所以路灯高 $h=20×0.5+1.5$(m)。

学生2:我的测量对象是小区内一棵大树,用测角仪仰视树顶端,仰角为66°,人与树根距离35步,用米尺测量每步约为0.5m,我的眼距地面高度为1.5m,然后用式子树高 $h=35×0.5×\tan66°+1.5$(m),求得大树的高度。

学生3:如图3-4-4所示,我测量了学校的旗杆高度,在太阳光下小树 DF 的高度为1.6m,影子长为1.4m,此刻旗杆 AC 的影子长 BC 为7.8m,由于 $\triangle DFE \backsim \triangle ACB$,可得 $AC:BC=DF:EF$,再求得 AC 的长。

学生4:如图3-4-5所示,我的测量对象是小区内路灯,利用手电筒光线,我在地面 A 处测得仰角为37°,移动4.5m后测得仰角为45°,然后就可以求路灯的高度,即 PO。

学生5:如图3-4-6所示,我是测量小区内我们居民楼的高度,在顶部 A 处测得地面某标志所在地 B 处的俯角为60°,然后下到楼的 C 处,测得 B 处的俯角为30°,已知 $AC=40$m,可得居民楼的高度。

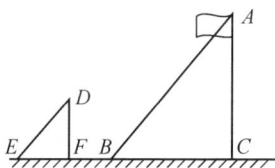

图 3-4-4

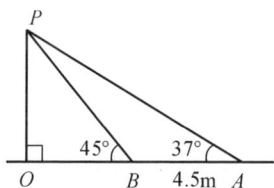

图 3-4-5

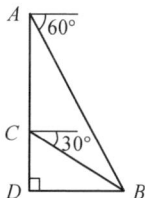

图 3-4-6

【**点评**】从学生反馈的方案来看,所用实验器材均很容易获得,操作也并不复杂,还灵活地利用所学的数学知识与技能,积累了数学活动经验,感悟了"数学服务于现实生活和实践出真知"的理念。实验型作业就是提倡将教材中的数学概念、公式、定理等书面训练改为实践操作,让学生尽量动手操作、验证归纳。把传统数学作业变为趣味性、挑战性的活动,不仅加深了学生对所学知识的理解与

掌握,也培养了学生的动手能力,同时在做作业过程中提升学生的抗挫能力,养成敢于挑战并战胜困难的个人品质。

三、研究型作业,引导关注学生合作探索

自新课程改革实施以来,研究性学习越来越得到教育界的认可并逐步推行。研究型作业作为研究性学习的重要载体,如何创设就显得非常关键。数学研究型作业是指教师从数学知识与社会现实的联系中择取一个研究问题,引导学生进行合作探索,用已学的数学知识与方法主动探索知识、应用知识、解决问题的作业。

"统计与图表"复习课课后作业

通过本章学习,请确定一个研究问题,自主形成合作小组(3~5人),在周末进行一次社会调查研究,收集数据并绘制合适的图表,分析问题与提出解决办法。

小组1:根据小组讨论,我组策划调查东吴公园游客的年龄段、结伴情况、对公园设施的建议,通过不记名问卷与随访的形式进行,组长负责数据汇总及图表制作,两人进行不记名问卷,问卷制作内容进行小组讨论、分工打印,另两人进行随访,询问与登记也进行了分配。最后,把公园设施建议的制作图表送给园林部门,完成作业。

小组2:根据小组研究,我组策划调查富阳高铁站进站旅客乘坐公交车出行的情况,针对旅客目的地情况绘制图表,一边协助需要帮助的老人与儿童,一边随访,由组长进行人员分工并制作图表,把图表拍照传给公交公司。公交公司表示对他们设置公交站点有帮助,并对我们的善行进行了书面表扬。

小组3:我组的研究主题是垃圾分类调查,采用问卷调查与随访相结合的形式,设置5个问题:对垃圾分类进行的宣传够不够?你会对垃圾进行分类吗?你们村或者小区有专人负责垃圾分类的人员吗?红色垃圾桶存放什么垃圾?你对垃圾分类还有什么建议?组长一方面汇总数据制作条形统计图,另一方面联系环卫部门发放宣传册。

【点评】 研究型问题的解决往往是开放性的,可以设计个性化的方案,引导并关注合作探索,让每个学生都有提出方案建议的机会,同时获得成功的体验。从案例中的小组合作可以看出,与同学交流、思辨、论证方案的过程,可以发展学生的语言表达、问题解决、沟通决策能力,增强学生的获得感、自信心,培养其创

造性思维。另外,学生在合作中经历了互动、互助与分享,这种合作的行为过程对学生个性品质的发展有促进作用。

四、创新型作业,倡导自主反思编创撰写

学生的创造能力与创新精神,是教育的核心所在与价值追求。创新型作业可以帮助学生学会从数学的角度思考问题、提出问题,鼓励学生独立反思、自主变式编题、绘编章节思维导图、撰写数学小观点报告等,发展学生的自主创造能力与评价能力,培育学生的创新精神与开拓意识,提升学生数学核心素养,让学生在创造中感受成功与快乐。

> **"二次函数的图象"课后作业**
> 以"从函数图象想到的事"为主题,要求学生课后进行独立反思。
> **"一次函数的图象"课后作业**
> 已知一次函数 $y=(1-5m)x+m-1$,要求学生提出 2 个问题,并说明解决思路。
> **"圆的基本性质"课后作业**
> 要求学生绘出思维导图,即"圆的基本性质"章节知识结构、方法思想图。
> **"特殊三角形"课后作业**
> 要求学生撰写一份关于特殊三角形内容的数学小观点报告,要求自主发现的一个结论,撰写发现、猜想、论证过程,并简要阐述其运用。

【点评】案例中的创新型作业充分体现了创设的自主性、多样性、趣味性和新颖性,类似的创新型作业还有很多,如学生特别喜欢的"数独九宫格""24 点闯关""移动火柴"等游戏。随着数域的扩大,教师可以让学生创设不一样的问题及多种解法,提升学生的分析和运算能力。倡导学生进行自主反思、编创导图、问题变式、撰写观点等,在不经意间夯实基础,提升动手能力和思维能力。从某种意义上来讲,创新型作业就是一种教育创新、学习创新。创新能力是数学教育的核心部分,将促进学生数学核心素养的提升。

数学课后作业是学生再学习、再创造的载体。提高数学课后作业创设与实施的品质、倡导作业的层次性、实现作业的多样性、加强作业的解释性、提高作业的针对性等,是所有数学老师的期待与追求。教师应从情境、内容、能力、创新四个维度构建课后作业设计的框架,充分、细致、科学地呈现作业品质和作业设计的适切性,增强作业的操作性与解释性,方便学生使用和教师评价。本节仅对作

业创设的策略进行了实践与总结,但关于作业设计可以进一步研究的问题仍较多,如根据课型配备怎样的作业才是合理的,各类作业的区别与联系是什么等,期待数学教育有识之士继续深入探索。

第五节　如何创设初中数学"命题素材"

《新课标》指出,书面测试是考查学生课程目标达成状况的重要方式,合理地设计与实施书面测验,有助于全面考察学生的数学学业成就,及时反馈教学成效,不断提高教学质量。书面测试即考试,书面测试材料即命题。因此,创设命题素材不仅是必要的,而且是必需的。

一个好的点子可以使一件难办的事情迎刃而解,相应地,在试题命制过程中,金点子往往也是产生好题的关键,而金点子是建立在有价值的素材基础之上的,故寻找好素材是命题者孜孜不倦的追求,本节谈一谈命题素材的来源。

一、从教研中来

教师一般每周参加一次市、区、校组织的教研活动,这也是教师继续教育学时的需要,具体的形式有公开课研究、专家讲座、教材教法的集体研讨等,举办者最大的愿望是通过这些教研活动拓宽教师的视野,更新教师的理念,提升教师的专业素养,其实,如果你用心地参加教研活动,则可从中得到试题命制的素材。

（一）从公开课的启示中来

由于公开课具有展示、引领的作用,因此公开课各环节的设计具有一定的前瞻性,把握每次公开课的参与机会,结合自身思考,对教学水平的提升有显著作用,同时公开课各环节的设计、例题和习题的选取、活动的建构对试题素材的获取有启发作用。

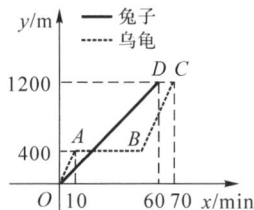

兔子和乌龟同时从起点出发比赛跑步。领先的兔子看着缓慢爬行的乌龟,骄傲起来,在路边的小树下睡了一觉,当它醒来时,发现乌龟快到终点了,于是急忙追赶,但为时已晚,乌龟已先到达终点。

我们假设乌龟、兔子的速度及赛场均保持不变。小莉用图 3-5-1 刻画了"龟兔赛跑"的故事,其中 x

图 3-5-1

表示乌龟从起点出发后的时间(min),y_1 表示兔子所行的路程(m),y_2 表示乌龟所行的路程(m)。

(1)分别求线段 BC,OD 所表示的 y_1,y_2 与 x 之间的函数关系式。

(2)试解释线段 AB 的实际意义。

(3)兔子输了比赛,心里很不服气,它们约定再次赛跑。

①如果兔子先让乌龟跑 30min,再开始追赶。请在图 3-5-2 中画出兔子所行的路程 y_1 与 x 之间的函数关系图象,并直接判断谁先到达终点;

②如果兔子让乌龟从路边小树处(兔子第一次睡觉的地方)起跑,它们同时出发,这一次谁先到达终点呢? 为什么?

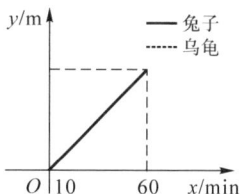

图 3-5-2

【点评】本题的素材来自"一次函数复习课"公开课,授课教师选取经典的寓言故事"龟兔赛跑"作为情境,并运用一次函数知识进行了一系列探究活动。听课之际,笔者突然感悟到这是一个一次函数试题的好素材,经过一年多的修改与完善,形成这道试题,获得了同行的高度赞誉。

(二)从习题研究中来

备课组是教学最基层的组织,也是提高教师自身业务能力最直接的平台,每周一次的集体备课一定要实在,备计划、备教法、备习题、备错误等,其中对习题的研究是一个重要环节,因为习题的变形、延伸、拓展是习题教学最有效的一种方式,同时,在习题研究的过程中,启发我们去寻找试题命制的素材。

如图 3-5-3 所示,已知正方形 $ABCD$ 边长为 2,P 是平面内任意一点,$\triangle PAB$、$\triangle PBC$、$\triangle PCD$、$\triangle PAD$ 均为等腰三角形。

(1)请用尺规作图的方法作出所有满足条件的点 P(不写作法,保留作图痕迹,用 P_1,P_2,P_3,$\cdots$ 表示)。

(2)直接写出 $\angle PAD$ 的度数。

图 3-5-3

(3)在满足条件的所有点 P 中任取两点,则这两点距离的最小值是____,最大值是_____。

变式1:可用尺规作图的方法作出所有的点 P;

变式2:可把正方形 $ABCD$ 换为等边三角形 ABC;

变式3:可把正方形 $ABCD$ 换为等腰梯形 $ABCD$;

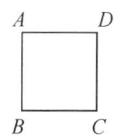

变式 4:点 P 的个数与等腰梯形 $ABCD$ 的形状有关,可让学有余力的学生自主探索;

变式 5:在正方形、等边三角形的背景下,点 P 与图形的两个顶点所成的角是定值;

变式 6:在正方形、等边三角形的背景下,点 P_1 与 P_2 间的距离是定值。

【点评】 本题的素材来源于主题为"习题研究"的集体备课活动。受此启发,笔者编制了以正方形、等边三角形、等腰梯形为背景的试题,并分别在三次统测中使用。

(三)从专家讲座的启迪中来

在各级各类培训中,我们都可以从理论与实践这两个层面听到不同专家的独特见解,专家的经验、眼光、学识开拓了我们一线教师的视野,在听取专家讲座的过程中,要积极汲取他们的前沿理念、创新做法与实践经验,从命题的角度看,专家的一些想法可拓展选择素材的视野。

问题的提出:对于特殊四边形,通常从定义、性质、判定、应用四个方面进行研究,下面我们来研究一种新的四边形——筝形。有且只有两组邻边分别相等的四边形称为筝形。

如图 3-5-4 所示,在筝形 $ABCD$ 中,$AB=AD$,$CB=CD$,且 $AB \neq BC$。

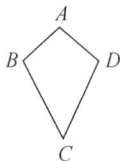

图 3-5-4

(1)按下列分类用文字语言填写相应的性质。

从对称性看,筝形是轴对称图形,它的对称轴是其中一条对角线所在直线。从边看,筝形有且只有两组邻边分别相等。从角看,_____。从对角线看,_____。

(2)按要求用文字语言填写相应的判定方法,补全图形,并证明②。

①从边看,有且只有两组邻边分别相等的四边形是筝形。

②从对角线看,_____。

(3)请利用筝形的定义、性质和判定,解决问题:

①如图 3-5-4 所示,探索筝形 $ABCD$ 的面积公式。

②筝形 $ABCD$ 有外接圆吗? 如果有,请作出它的外接圆;如果没有,请你在筝形 $ABCD$ 中添加一个条件,使其有外接圆。

③筝形 $ABCD$ 有内切圆吗? 如果有,请作出它的内切圆;如果没有,请说明理由。

【点评】某专家在某次培训活动中提到,初中三年我们一定要让学生知道如何学图形,如何学方程,如何学函数,让学生获得学习这些知识的常规套路和基本方法,这些方法可指导学生后续的自主学习。于是笔者从"如何学图形"的角度,选择了试题命制过程中常用的筝形,从定义、性质、判定、应用四个方面呈现对学生图形学习的过程性评价。

(四)从课例分析的启发中来

课例分析是教师提高自身教学水平的有效教研模式,近年来,常有教师把自己的授课过程记录下来,反复观看,提优舍劣。在校级教研活动中,课例分析是常用的一种研讨形式,它有利于教师教学水准的提高,有利于年轻教师的快速成长,从课例分析中汲取试题的素材也是命题的迫切要求。

> 根据负整数指数幂的意义,你能用同底数幂的乘法性质($a^m \cdot a^n = a^{m+n}$,其中 m,n 是整数)推导出同底数幂的除法性质($a^m \div a^n = a^{m-n}$,其中 m,n 是整数)吗? 请写出简单的推导过程:＿＿＿＿＿。

【点评】本题取材于江苏科技出版社出版的《义务教育教科书　数学　七年级下册》第八章"幂的运算",在本章小结与思考课例分析中给出了下列问题:

(1)在本章中,我们学习了同底数幂的乘法、除法、幂的乘方、积的乘方,说说这些运算性质的联系和区别。

(2)想一想,本章中幂的运算性质是如何得到的?

(3)根据零指数幂、负整数指数幂的意义,不论 m,n 的大小关系如何,对于任意正整数 $m,n,a^m \div a^n = a^{m-n}$ 总成立。

(4)根据负整数指数幂的意义,你能用同底数幂的乘法性质推导出同底数幂的除法性质吗?

(5)用数 3,4,5 组成一个算式,使运算结果尽可能大或尽可能小。

笔者受问题(3)和问题(4)的启发,获得了对幂的运算算理的考查素材,以非常规性的填空题呈现。

二、到生活中去

符合当下时代的潮流,发现生活中的细节,尝试从数学的角度描述与解释,是命题素材的重要来源。

(一)走近生活,用数学的眼光去观察

车轮为什么是圆的? 怎样销售能获得最大利润? 如何对某种商品的市场前

景进行调查? 诸如此类生活中的问题,都隐含了数学的道理与方法。从命题的角度看,生活中的数学现象是试题素材的绝佳来源。

如图 3-5-5 所示,窗帘的褶皱是指按照窗户的实际宽度将窗帘布料以一定比例加宽的做法,褶皱之后的窗帘更能彰显其飘逸、灵动的效果。其中,窗宽度乘 1.5 倍为平褶皱,窗宽度乘 2 倍为波浪褶皱。如图 3-5-6 所示,小莉房间的窗户呈长方形,窗户的宽 AD 比高 AB 少 0.5m,已知以平褶皱的方式制作的窗帘面积为 4.5m²,求小莉房间窗户的宽度与高度。

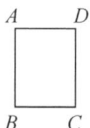

图 3-5-5   图 3-5-6

【点评】这是新疆维吾尔自治区九年级某次期中统测卷定稿前中的一道关于一元二次方程的简单应用题。其原题是如图 3-5-6 所示的纯图形面积题,情境较为常规和死板,笔者一直感觉不满意,坐在阳台边思考,如何让题目鲜活起来呢? 一阵风吹来,窗帘飘动,因此,笔者头脑中闪出了窗帘这个素材,于是上网查找资料,经过一个晚上的忙碌,形成了本题。

(二)贴近生活,用数学的方法去思考

时代在进步,学生的爱好也在变化,到学生中去,了解他们的喜好,也就营造了一种与生活共通的语言,找到学生感兴趣的事物,就能编出如"微信开机画面"等让学生又爱又恨的"神题"。

QQ 空间等级是用户资料和身份的象征,随着用户空间积分的增多,用户也将得到相应的空间等级。若用户在 10 级以上,其积分 f 与对应等级 n 的计算公式为 $f=a(n-b)^2$(其中 n 为整数且 $n>10$,$0<b<10$),用户积分与等级的部分对应值如表 3-5-1 所示。

表 3-5-1

等级 n	用户积分 f
11	160
12	250
13	360
14	490

(1)求 a,b 的值;

(2)小莉的妈妈现有积分 6500 分,求她的等级。

【点评】 2008 年,有学生问我有没有 QQ 空间,我说没有,学生便详细地给我讲解了 QQ 空间的注册及使用过程。我上网查找了 QQ 空间的相关说明,其中如图 3-5-7 所示的说明令我欣喜若狂。QQ 空间等级在 10 级或 10 级以上,每个等级用 n 表示,对应积分的计算公式为 $(n-7)\times(n-7)\times10$。例如 QQ 空间等级想达到 16 级,所需积分为 $(16-7)\times(16-7)\times10=810$ 分。因此,积分与等级间的关系是标准的二次模型。历经多年,经过不断修改与完善,形成了本题。

等级	积分
1	5
2	10
3	15
4	20
5	30
6	40
7	50
8	60
9	75

图 3-5-7

(三)感悟生活,用数学的思维去探索

数学是研究现实生活中数量关系和空间形式的科学,我们要善于运用抽象思想把生活问题数学化,运用模型思维把数学问题生活化,提升学生的应用意识与创新意识。数学的一个隐性作用就是训练人的思维和表达,在生活中用心感悟会达到意想不到的效果。

(1)6 位新同学参加夏令营,大家彼此握手,互相介绍自己,这 6 位同学共握手多少次? 小莉是这样思考的:每位同学要与其他 5 位同学握手 5 次,6 位同学握手 $5\times6=30$ 次,但每两位同学握手 2 次,因此这 6 位同学共握手 $\frac{5\times6}{2}=15$ 次。依此类推,12 位同学彼此握手,共握手_____次。

(2)我们经常会遇到与第(1)题类似的问题,如两条直线相交,最多只有 1 个交点;3 条直线相交,最多有 3 个交点;…;20 条直线相交,最多有多少个交点?

(3)在上述问题中,分别把人、线看作研究对象,两人握手、两线相交是研

究对象间的一种关系,要求的握手总次数、最多交点数就是求所有对象间的不同关系总数,均满足一种相同的模型。请结合已学数学知识和已有生活经验,编制一个符合上述模型的问题。

(4)请运用解决上述问题的思想方法,探究 n 边形共有多少条对角线?写出你的探究过程及结果。

【点评】握手问题是贯穿初中数学的重要模型,笔者对各版本教材相应的模型进行了整合,从模型、迁移、建构、应用四个方面构建了本题。

(四)深入生活,用数学的知识去研究

用数学的眼光去观察世界,数学并不是高不可攀的理论学科,而是存在于日常的衣食住行中,如身份证号码蕴含了诸多信息,房子装修要设计图纸,在订餐时要比较折扣,在旅行时要设计好行径等,我们的身边处处皆数学,处处有素材。

甲种蔬菜保鲜的适宜温度是 $1\sim5℃$,乙种蔬菜保鲜的适宜温度是 $3\sim8℃$。将这两种蔬菜放在一起同时保鲜,适宜的温度是   (   )

A. $1\sim3℃$ B. $3\sim5℃$ C. $5\sim8℃$ D. $1\sim8℃$

【点评】该题取材于一张水果保鲜温度表,如表 3-5-2 所示,水果的保鲜温度范围正是不等式的简单应用。

表 3-5-2   水果保鲜温度

水果	保鲜温度/℃
苹果	$-1\sim1$
梨	$-1\sim1.5$
西瓜	$2\sim4$
樱桃	$0.5\sim1$
椰子	$-4.5\sim-3$
葡萄	$-1\sim3$
草莓	$-0.5\sim1.5$
橘子	$0\sim1$
菠萝	$4\sim12$

现阶段,从某种程度上讲,一份中、高考试卷可能决定一个学生的人生。因

此,不断去探索试题命制的方式,不断地寻找好的命题素材,是每个命题者义不容辞的责任。我们可以学习国际学生评估项目(PISA)的先进经验,结合自身特点,从教研中来,通过自身的研究激发灵感,挖掘生活中的命题素材。

三、结束语

(1)命题素材的创设意图应该遵循课程标准和教材意图,否则,我们的教学活动将会失去方向感。

(2)命题素材的内容,一方面要关注教材,另一方面要注重改造教学内容,努力挖掘和创设"命题素材"。

(3)虽然教学要以学生为主体,但是作为教师,我们要成为优秀的命题素材创设者、课堂组织者、教学示范者、问题启发者、学生鼓励者和评判者。

对于数学教师而言,优秀命题素材的创设能力——命题能力是其专业发展中必须具备的重要基本数学素养之一,既能反映教师对于学生学习情况了解的精准度,又决定了课堂教学思维的深度。因此,笔者认为,无论是教研人员还是一线教师,都应重视命题能力的培养。

第六节　开发教材为素材,演绎复习更精彩

圆的基本性质是初中数学中重要的学习内容之一,教材将"圆的基本性质"内容设置为 14 个课时。圆心角、圆周角、直径、弧、弦、弦心距之间的关系和垂径定理及其推论是圆的旋转不变性和轴对称性的具体化,是证明圆内线段相等、角相等、弧相等、垂直关系的重要依据,同时垂径定理及其逆定理也为进行圆的计算和作图提供了方法和依据。它对于培养学生的逻辑推理能力,形成数学思想方法具有重要的价值。

一、学情分析

学生已经学习了由圆的轴对称性和旋转不变性得到垂径定理及逆定理,以及圆心角定理、圆周角定理及推论,但对解决圆内线段的计算及角度的计算缺乏系统性的思考与认识,对问题解决存在很多片段化的认识。基于此,通过问题导学、思维课堂开展课堂教学活动。在课堂教学中,注重思维逻辑推理,可为培养学生探究意识、应用意识和创新意识提供机会。

二、教学目标

根据《新课标》和教学内容,从学生的认知起点出发,设定教学目标。

(1)在分析例题的过程中,回顾并进一步理解圆的轴对称性和旋转不变性。

(2)在建立知识框架的过程中,进一步掌握垂径定理及逆定理,以及圆心角定理、圆周角定理及推论。

(3)通过例题的探究,熟悉圆中不同量之间的转化,初步掌握圆中常见辅助线的添加方法,进一步培养学生的探究能力、思维能力和解决问题的能力。

(4)通过课堂学习,培养学生乐于探究、善于总结的数学学习品质。

三、教学重点、难点

教学重点是复习圆的轴对称性、旋转不变性,对解决圆内问题的数学思想与方法进行归纳总结;教学难点是引导学生灵活运用所总结的思想与方法。

四、教学过程

(一)创设情境,感受课题

> 首先,用多媒体展示数学家毕达哥拉斯的名言:一切立体图形中最美的是球,一切平面图形中最美的是圆。然后,展示"圆的 6 小圆+1 大圆"的美丽图片,让学生体会圆的"形象美"!

【点评】数学家的语句与美丽的圆图片,可以让学生感受数学的魅力,同时也让学生理解数学由生活而来,这样的过渡符合学生的认知规律。很多学生都对圆的美有切身体会,容易产生共鸣,从而激发其学习热情和求知欲。

(二)动手操作,激活思维

> 问题 1:观察圆形纸片,老师找不到圆心了,不用工具只用折叠的办法,你能帮忙找到圆心吗?
>
> 问题 2:两条折痕其实是圆的什么? 对折后能完全重合,说明圆具有什么性质?
>
> 问题 3:这两条直径所夹的弧相等吗? 为什么?
>
> 归纳总结:在一个圆中,只要圆心角相等,它们所对的弧一定相等。这说

明圆是轴对称图形,且具有旋转不变性。圆的这两种性质使得圆中圆心角、圆周角、弧、弦、弦心距、直径等 6 种基本量之间具有特殊的关系。

【点评】学生通过动手操作并进行问题导学,得出圆具有一种旋转不变性这一重要的基本性质,但平时我们更多地观察到圆心角、圆周角、弧、弦、弦心距、直径 6 个量,它们之间具有什么特殊关系、如何进行转化、解决圆的问题有什么核心策略? 在学生产生认知冲突时,教师应及时导出主题。

(三)以题理知,建构思维

一个圆形人工湖如图 3-6-1 所示,弦 AB 是湖上的一座桥,已知桥 AB 长 100m,测得圆周角 $\angle C = 45°$,求这个人工湖的直径。(浙教版九年级上册第 93 页作业题)

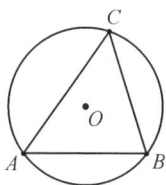

图 3-6-1

变式 1:如图 3-6-2 所示,已知圆形人工湖的直径为 400m,测得圆周角 $\angle C = 30°$,则桥 AB 长为　　　　　　　　　　　　　　(　　)

A. $100\sqrt{3}\,\mathrm{m}$　　　　B. 200m　　　　C. $200\sqrt{3}\,\mathrm{m}$　　　　D. 300m

变式 2:如图 3-6-3 所示,已知桥 AB 长 100m,测得劣弧 AB 上一点到弦 AB 的最远距离为 10m,则人工湖圆心 O 到桥 AB 的距离为 ＿＿＿＿＿。

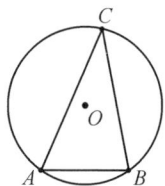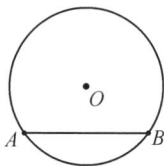

图 3-6-2　　　　　图 3-6-3

【点评】通过教材中的题目进入复习,不仅让学生感受到初始问题的亲切感,也让学生体会数学问题的根源在于教材。这不仅可以激发学生的学习兴趣,还能进一步唤醒学生用圆的基本性质解决问题的认知——构造直角三角形(双半三角形、直径三角形),从而为后续复习做好铺垫。通过问题"变式"达到以题理知、建构思维,学生不仅能快速地进入学习状态,而且能较好地温习旧知。

　　如图 3-6-4 所示,等边三角形 ABC 内接于⊙O,则弧 AB 的度数为 ____。(浙教版九年级上册第 84 页练习题)

　　变式1:如图 3-6-5 所示,等边三角形 ABC 内接于⊙O,点 D 为⊙O 上一动点(不与点 A、B 重合),∠ADB 的度数为 ____。

　　变式2:如图 3-6-6 所示,等边三角形 ABC 内接于⊙O,连接 OC,求证:∠BCO＝∠ACO。

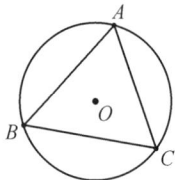 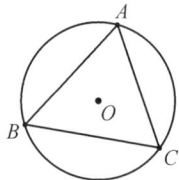 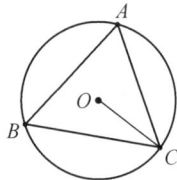

图 3-6-4　　　　　　　图 3-6-5　　　　　　　图 3-6-6

　　【点评】 仍然通过教材中的题目进入复习,让学生进一步体会用圆的基本性质解决问题的另一个认知——利用各量之间的转化,从而为后续探究做好铺垫。通过问题"变式"演绎以题理知、建构思维,学生已经完成了对圆内问题解决的全面架构,做好了从低阶思维向高阶思维提升的准备。紧接着笔者进行及时梳理,整理出解决圆问题的关键与核心策略是把圆的问题转化为"直角三角形及量与量间互化"的问题,让学生体会圆的"内涵美"。

(四)逐步探究,拓展思维

　　已知:△ABC 的边 $AB＝2\sqrt{3}$ cm,且△ABC 内接于半径为 2cm 的⊙O(如图 3-6-7 所示),则∠C 的度数为 ____。

　　1. 初步探究

　　问题1:如图 3-6-8 所示,当△ABC 为等腰三角形时,AB 边上的高为

　　　　　　　　　　　　　　　　　　　　　　　　　　　　　　　(　　)

　　A. 1cm　　　　B. 3cm　　　　C. 1 或 3cm　　　　D. 1 或 2 或 3cm

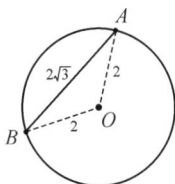
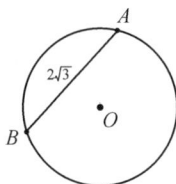
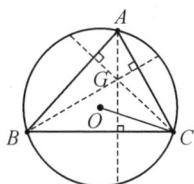

图 3-6-7　　　　　图 3-6-8　　　　　图 3-6-9

问题 2：如图 3-6-9 所示，如果 $\triangle ABC$ 的三边上的高交于点 G，通过几何画板，观察动态，当 $\triangle ABC$ 为 Rt$\triangle$ 时，CG 的长为 _____。

2. 深入探究

问题 3：如果 $\triangle ABC$ 的三边上的高所在的直线交于点 G，$\angle ACB = 60°$，点 C 在弦 AB 所对的优弧上（如图 3-6-10 所示），请观察动态，猜想 CG 和 $\odot O$ 的半径 OC 的大小关系，为什么？说出你的证明思路。

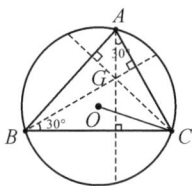
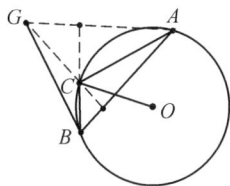

图 3-6-10　　　　　　　图 3-6-11

问题 4：在问题 3 中，如果点 C 在弦 AB 所对的劣弧上，如图 3-6-11 所示，上述结论是否正确，试证明。

【点评】 利用"圆内半径夹角 120°"的简单图形，导出复杂的问题，将圆的基本性质与特殊三角形复习有机结合，充分展现了圆的问题解决策略是构造直角三角形及量与量间的转化，进而引导学生经历思维发展与再创造过程。需要指出的是，问题导学能否取得实效，首先是创设"导"的"教学材料"，其次是引导学生主动参与教学，让课堂充满生机，从而改变课堂教学机械、沉闷的现状。在教学材料的设计中，"思维的体操"这一学科特点得以充分体现。

现代数学教育，已经由关注知识技能转变为关注核心素养，由关注"教得完整""学得完整"转变为关注"发展得完整"，教学要关注学生的发展，做到真正回归本源。在复习课教与学过程中，教师通过问题导学，启发学生思考，展现思维课堂的魅力。这既对学生思维品质、思维能力和创新精神，即高阶思维的培养,又展现了圆的"思维美",同时新形势下数学复习课的良好课堂风貌也得到充分展示。

五、归纳小结,升华思维

利用图的基本性质解决问题思维导图如图 3-6-12 所示。

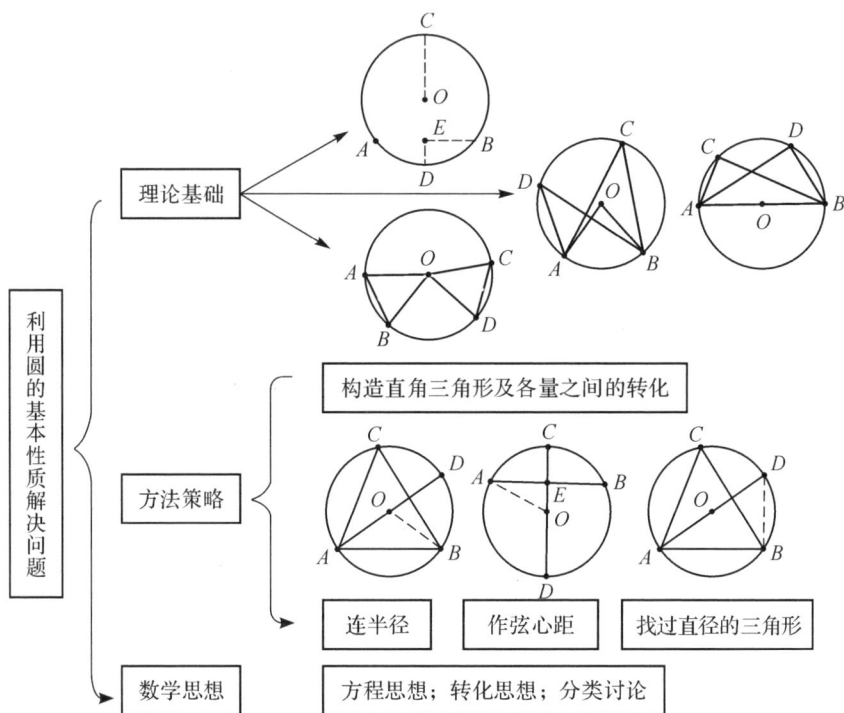

图 3-6-12   利用圆的基本性质解决问题思维导图

【点评】从三个层面进行课堂小结,既帮助学生"结构化"地整理了所学理论基础,又为学生提供了一种解决圆内问题的方法——利用圆的基本性质解决问题,也是对其他几何性质运用策略的一种示范,较好地渗透了"授之以渔"的教学策略。思维导图对知识建构有促进作用。一方面,思维导图以结构化的形式表征知识,有助于学生把握某个知识领域的全貌,将知识融会贯通。另一方面,思维导图是改变认知结构的良好工具,其分支结构能够形象地展示和说明知识间的关联,能够促进学生以一种全新的认知方式去建构知识。值得一提的是,思想方法的渗透也是数学教师应当注重的教学环节。

六、教学反思

本复习课教学设计以教材为基,层次性强,思维含量高,亮点明显,总结为以下几点。

(一)"由表及里"显层次

"圆的基本性质"复习课,具有范围广、内容散、思维跨度大的特点。笔者从教材原题出发,用联系的观念,设计层次递进内容,引导学生自主发现归纳解题策略,并在解决问题过程中感受圆之美。在课堂教学设计中,通过几个不同类型问题的设计,将其串联成课堂教学核心部分,让学生经历了"由点成线"的思维形成过程,并为后续知识体系的形成迈出了坚实的一步,体现了"由表及里"的层次感。

(二)"教材为本"选素材

教学中的题目均是对教材原题进行变式探索,从教材原题入手进行复习课的设计,对问题的创设是本节的亮点之一,让学生觉得万题归源,让学生和教师重视教材、探索教材,杜绝在复习过程中出现"题海战",为数学教师在复习课教学中进行素材选择提供了一个良好的示范。

(三)"经验策略"展思维

从动动手的生活问题情境开始,让学生经历将生活问题转化为数学问题的过程,培养学生通过数学思维发现问题和解决问题的能力。用两个基本策略——构造直角三角形和运用各量间的转化,将利用圆的基本性质解决问题的方法策略归纳出来,并不断由浅入深进行探索,让学生产生极大的思维碰撞,在解决数学问题时紧紧围绕这两个策略。这样的教学思维模式也必将让学生受益终身。

第七节　数学学习材料的教学改进与反思

教师常常被学生的"健忘"所困扰,明明是已经讲解过的问题,为什么学生在不久以后的另一场合又束手无策了呢? 特别对于难度较高、综合性较强的问题,教师会在教学中向学生反复强调知识要点和解题技巧,而效果往往不如人意。一道关于动点轨迹综合题的教学经历,让笔者对学生的"健忘"原因有了新的认识,对《新课标》所强调的"基本活动经验"和"以学生为主体,教师为主导"的观点有了更深刻的理解。

一、一道复习题教学的第一进行时

在弧长的复习课上,教师先复习了弧长的基本知识和计算方法。为了进一步巩固学生对弧长公式的应用,提高学生综合分析能力和空间想象能力,教师把弧长计算与轨迹问题结合起来,将静态问题转化为动态问题,引导学生在更复杂的背景下理解与掌握弧长知识。

如图 3-7-1 所示,把圆心角为 $30°$,半径为 6 的扇形 OAB 在直线 l 上向右作无滑动翻滚一周,则圆心 O 所经过的路径长度为   (   )

A. 7π B. 9π C. 12.5π D. 15π

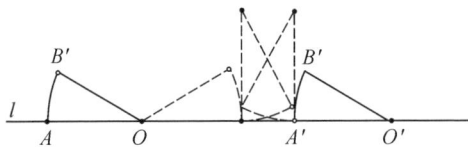

图 3-7-1

教师:同学们可先画出点 O 移动的路径,然后计算路径长度。

(学生开始思考,教师巡视,5min 后,大部分同学开始动手,画出了扇形的某些状态和圆心 O 的某些移动路径;教师将学生的答题情况进行了去伪存真、去繁就简的甄选后,选择了扇形翻滚一周过程中最关键的 5 个状态,编了序号,归结并展示图 3-7-2。)

教师:扇形无滑动翻滚一周,是不是要经历如图 3-7-2 所示的几种状态?

学生:是的。

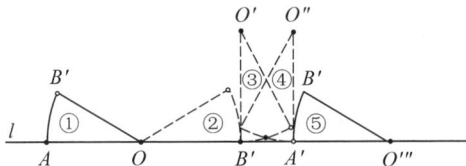

图 3-7-2

教师:从状态①到状态②,圆心 O 的移动路径是什么?

学生:圆心 O 没有运动。

教师:从状态②到状态③,圆心 O 的移动路径是什么?

学生:圆心 O 与定点 B' 的距离恒为 6(即扇形半径),所以点 O 的移动路

径是以 B' 为圆心,6 为半径的 $\frac{1}{4}$ 个圆弧。

教师:同理,从状态④到状态⑤,点 O 的移动路径是什么?
(等待学生回答。)

学生:以定点 A' 为圆心,6 为半径的 $\frac{1}{4}$ 个圆弧。

教师:很好! 最后,我们来讨论由状态③到状态④时圆心 O 的移动路径。

(学生在思考,但没有人能主动回答,教师进行引导。)

教师:在这个过程中,(扇形的)圆弧与直线 l 的位置关系如何?

学生:直线与圆弧相切。

教师:圆心 O 到切线的距离是多少?

学生:因为切线垂直于过切点的半径,所以圆心 O 到切线的距离等于6。

教师:好! 由状态③到状态④,圆心 O 到直线的距离始终是6,因此圆心 O 的移动路径为线段 $O'O''$,其长度为 $\overset{\frown}{AB}$ 的长度。我们已经把圆心 O 的移动路径分析完毕,请同学们计算全部路径的长度,并选出正确答案。

(学生对弧长的计算非常熟练,仅用时 2min 左右,同学们便选出答案 A)

教师:这个问题大家都懂了吗?

学生:懂了。

一个礼拜后,学校进行数学模拟考试,将此题改编为填空题,结果让我大跌眼镜,大部分同学做错了,这与上课时同学都"懂了"形成了强烈的反差。笔者很纳闷,产生这一"似懂非懂"现象的原因到底是什么?

二、寻找问题和原因

为了寻找产生此类现象的原因,笔者对学生进行了深入细致的调查,找到了学生"似懂非懂"的问题和原因。

(1)个别学生对"无滑动翻滚一周"的操作没有把握,特别是对圆弧与直线啮合运动更陌生,导致对扇形的运动状态和过程分析不清。学生由图 3-7-2 知道"无滑动翻滚一周",但并未亲自动手经历。

(2)有些学生对求动点轨迹的基本方法不了解,不知道该去寻找动点在某个过程中保持不变的性质。图 3-7-1、图 3-7-2 显示了扇形运动中的五种状态,四个运动过程,而为什么要显示这五种状态,为什么要分别讨论这四个运动过程,他们没有独立思考，而是跟着教师的思路走，感觉"似懂"，其实"非懂"。

（3）不少学生对基本轨迹的知识不熟悉，存在知识盲点，特别是由状态③到状态④，不知道"到定直线 l 的距离为定值的动点轨迹是与 l 平行的直线"的知识点，仅根据演示和讲解，就相信圆心 O 移动的路径是线段 $O'O''$，但并没有将其整合到自己的知识系统中，很容易遗忘。

（4）有些学生不能准确地确定圆弧形轨迹与直线形轨迹的临界点，导致圆心 O 的移动路径不准确。图 3-7-1、图 3-7-2 给出的五种状态，恰对应不同轨迹的临界点，学生并没有亲历寻求临界点的过程。

笔者将上述情况概括起来，认识到在教学上主要存在两个问题。

第一，对学生的知识盲点估计不足，例如，例题是将弧长计算应用于轨迹问题，而学生对于轨迹的基础知识和基本方法有盲点，教学中应该对学生的知识盲点进行补救。

第二，比较关键的问题是，教师对于解题过程中的难点刻意采用了铺垫（如给出图 3-7-2）或回避（如对轨迹 $O'O''$ 的讲解）的策略，缩小了学生自主探索的空间，学生错过解题的关键步骤和完整过程，因此难以积累经验，难以建构属于自己的知识结构。事实上，学生上课所说的"懂了"是指"看懂了"或"听懂了"，而不是"理解了"或"掌握了"。师生间类似于"懂了吗？""懂了！"的肤浅交流事实上掩盖了教学中的缺陷，教师不能得到准确反馈，无法改进教学，从而不利于学生对新知识的内化，无法达到举一反三的效果。

三、改进教学设计

针对上述问题及其原因，笔者对教学过程进行了重新设计。新设计的要点之一是在讲解例题之前，先植入一系列小问题，目的是弥补学生有关轨迹知识的盲点，体验求轨迹的基本思想方法，为综合性问题的解决提供必要的基础；新设计的要点之二是在教学过程中给予学生更多自主探索的空间，促进学生在自主探索的过程中积累学习经验。具体做法是植入一些简单的问题。

（一）用简单问题引导学生经历求轨迹的过程和方法

如图 3-7-3 所示，以点 O 为中心，将线段 OB 绕点 O 顺时针旋转 $90°$。

（1）在线段 OB 的旋转过程中，点 B 具有不变的性质吗？如果有，是什么？

（2）动点 B 的运动轨迹是什么？你是怎么得到的？

$B\longrightarrow O$

图 3-7-3

【点评】该题是由教材中的课后习题改编而成的作图题,难度较低。通过该题可以引导学生们体验寻找动点轨迹的基本方法,即寻找运动过程中动点的不变性质,动点 B 到定点 O 的距离始终为定值;还可以让学生初步尝试寻求轨迹的基本策略,即在运动中选取动点的某些特殊状态(特殊点),推测动点的轨迹,再结合已知条件,确认轨迹(含临界点)的图形。学生比较容易推测点 B 的运动轨迹是曲线,进一步联想到圆的定义,可知所求轨迹是圆周的一部分即圆弧。这个解题过程就使学生得到了解决此类问题的一些基本经验。

(二)提高难度,巩固和扩展学生求轨迹的技能

如图 3-7-4 所示,将一枚直径为 4cm 的圆形钱币沿着直线滚动一周,试回答以下问题:

(1)圆心的运动轨迹是什么?

(2)在运动过程中,圆心具有怎么样的不变性质?

(3)圆心运动的路径长度为多少?

图 3-7-4

【点评】第(1)题,学生再一次运用"特殊点策略",推测轨迹为直线;第(2)题,学生可以运用直线与圆相切的知识,推得圆心的不变性质是它到直线的距离都等于半径,并进一步得到"到定直线距离为定长的点的轨迹是该直线的平行线"这一结论;第(3)题,学生经历了探索圆(圆弧)与直线做啮合运动的过程,进一步积累了相关经验。

(三)增加复杂度,培养学生处理综合型轨迹的能力

半径为 r 的半圆的初始状态是直径平行于桌面上的直线 m,半圆沿直线 m 进行无滑动滚动,直至其直径与直线 m 重合为止(图 3-7-5),试求圆心 O 的移动轨迹和长度。

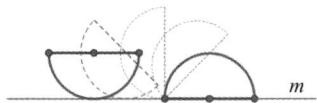

图 3-7-5

【点评】该题包含线段和圆弧两种轨迹。直接求轨迹,而不再细分成若干个小问题,可以增加学生的自主探索空间;在图 3-7-5 中,用虚线给出半圆的三个过渡状态,其中两种状态具特殊意义,分别对应两种轨迹的临界点,一种仅为一

般状态,这样的呈现既能解释题意,又为学生的探索提供了空间。

(四)反思提升,形成思想方法和能力

通过植入上述三个问题,填补了关于轨迹问题的知识盲点,学生也有了求解轨迹问题的初步经验,教师要及时引导学生进行反思提升,将新知识、新技能、新经验转化为思想方法和能力。

> 教师:我们一起来总结一下,对于运动着的图形,如何寻求某个动点的轨迹?
>
> 学生1:如果图形绕着一个定点运动,那么图形上的点的轨迹都是圆周或圆弧。
>
> 学生2:如果圆或圆弧与某条定直线做啮合运动,那么圆心的轨迹是直线或线段。
>
> 学生3:要探求某个动点的轨迹,可以先追踪动点的若干个特殊状态,借此推测这些动点构成的图形形状。
>
> 学生4:或者取几个动点,分析这些动点的共同性质。
>
> 学生5:某些动点在运动的不同阶段会呈现不同的性质,遇到这种情况,要特别注意不同类型轨迹的临界点。

【点评】学生们兴奋地总结着自己的感受和经验,教师边倾听、边解释、边补充,并适当地完善和提炼,例如要求学生补充圆弧形轨迹的圆心和半径,直线形轨迹的位置和方向,轨迹临界点的特例等。

四、回归主题,检验效果

考虑原定目标是解决弧长和轨迹的综合题,同时为了检验新的教学设计的效果,教师编制了一道新题:

> 如图 3-7-6 所示,把半径为 6cm 的 $\frac{1}{4}$ 个圆,在直线 m 上无滑动翻滚一周,求圆心 O 所经过的路径长度。

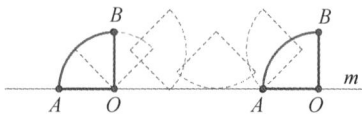

图 3-7-6

【点评】经统计,约有 80% 的学生较快地在图中画出圆心 O 的运动轨迹,并进行计算,可以断定学生已掌握较好的处理方法,并已将经验内化,因此有理由说明改进后的教学设计是有效的。

五、小　结

通过本案例的研究,笔者有以下三个方面的体会。

1. 重视学生的"四基"

基本知识的储备和经验积累是学生识题和解题的前提,教师应特别重视学生基础知识、基本技能、基本思想和基本活动经验的获得,以"四基"促进学生整体数学素养的提升。

2. 重视学生的主体地位

解决数学问题的关键是寻找解题思路。如果学生没有真正经历解题思路的获得过程,那么当他们面对相似的甚至同一个问题时,仍然难以顺利解决。因此,教师应在了解学生的前提下,尽量为学生提供广阔的自主学习空间,促进其学习能力的提高。

3. 重视学生的反思提升

学习后的反思是一种积极的思维活动,有利于学生对新知识的梳理整合。教师应当利用各种机会鼓励学生进行反思,以反思促进学生的知识再创造。

第四章　上好复习课

第一节　生长型数学专题复习课探析

数学素养的核心在于用数学的眼光观察现实世界、用数学的思维思考现实世界、用数学的语言表达现实世界的综合素养。在培养学生核心素养视角下,目标立意从"三维目标"走向核心素养,同时注重学生知识、方法、能力、思维、态度的统整。复习课难,专题复习课更难,这是数学教师普遍反映的问题。

虽然专题复习用时较长,但学生数学认知结构、数学思维却未得到较好的生长。因此,数学专题复习课需要从生命的视角播种数学,重构数学教育价值,关注数学本质,不断生长新知识、生长新方法、生长新思维、增长新经验。

一、生长型数学专题复习课内涵

卢梭曾提出,教育是人的天赋本能的一种自然生长的过程,教育要服从自然的永恒法则,适应孩子的天性发展。杜威对此做了进一步阐述,教育即生长,生长本身就是目的。学生数学学习既是知识、方法、经验、思维生长的过程,更是学生生命体生长的过程。生长型数学专题复习是指围绕某个核心知识点(重点、难点、疑点)或某个问题(基本问题、基本图形、基本思想、基本方法),通过变式、拓展、延伸产生知识、方法、思维、经验生长链,形成核心知识间的结构关系,揭示解决问题的规律方法,领悟数学思想方法,积累数学活动经验,提升数学思维品质。

二、生长型数学专题复习课特征

复习不是知识、方法的简单重复,而是一个自主建构、不断知新、不断生长的过程。专题复习聚焦核心内容、核心思想方法,具有明显的特征。

1. 生长性

所谓生长性,是指由生长源(元问题)出发,基于基础与经验,在解决问题过程中不断产生新的问题,不断生长新的数学知识、方法、思维、经验。元问题具有根基性、生长性等特征。生长需要内生的动力和外部环境,教师善于营造愉悦、宽松、平等的学习氛围,让学生能真正地学习。通过改变复习课"讲题+做题"的二元格局,给予学生自主生长的时间、空间与表达机会,让学生经历知识自主建构、方法感悟提炼、经验不断积累、思维不断提升的过程。

2. 结构性

基础复习以知识梳理、技能训练为主,主要关注同一领域内知识与知识的联结,而专题复习重点关注知识在不同领域的内在联结,或通过知识联结载体,或通过某一思想方法联结载体。专题复习不是单一的"教师知识结构+中考试题",而是"重建学生知识结构+师生创编(改编)"的问题链。首先,专题复习课应进一步理清核心知识的内涵与外延,以整体观架构专题复习的专题选取、素材选择,形成以核心知识为生长点的认知结构,体现知识的结构性和整体性。其次,数学专题复习课应以提升学生数学核心素养为目标,挖掘知识所蕴含的思想方法与育人价值,关注典型结构特征及体现通性通法的数学问题,让学生经历知识、方法、经验的再认识、再生长、再创造的过程。

3. 层次性

专题复习主题明显,相对而言对思维要求高,若目标定位不清晰,容易走向"专、深、难",学习水平中等及以下的学生会有"吃不消"的感觉。怎样让不同层次的学生在原有基础上都有所发展呢? 首先,在教学设计价值理念上,体现高立意、低起点,关注每个个体的成长发展;其次,问题设计上体现层次性,以元问题为思维出发点,关注学生的最近发展区,由易到难,从典型到变式,从尝试到成功,使得不同水平层次的学生都能解答不同水平的问题;再次,思维层次从低阶思维转向高阶思维,让学生自主独立思考、自主参与变式、自主归纳总结解题方法策略,从而激活其思维动力,增长其思维活力。

三、两类生长型专题复习课例析

(一)基本问题(基本图形)专题复习课

1. 基本问题(基本图形)专题复习课基本要义

"专题复习"是从基本问题(基本图形)出发,逐渐增加条件或改变条件(改变图形),向专题的核心内容过渡,在提出问题和解决问题的过程中,引导学生对典型问题(基本图形)进行变式拓展延伸,建立知识的横向、纵向内在联系,引导学生从"变"的现象中发现"不变"的本质,从"不变"的本质中探索"变"的规律,达到知其一得其多的效果,从而提升解决问题的能力,提升思维品质。基本问题(基本图形)专题复习,关键要抓住生长点(根),然后考虑如何由"根"长出"枝叶",形成知识、方法、经验、思维生长链。

2.基本问题(基本图形)专题复习课基本环节

(1)提炼模型,抓住思维"生长点"

两线段和最小值问题

问题1:如图4-1-1所示,将军从山脚 A 骑马出发,先到河边 l 饮马,最后回到营地 B。请问如何选择饮马地点 P,才能使马所走的路程最短?请画出示意图。

问题2:如图4-1-2所示,将军从山脚 A 骑马出发,先到河边 l 饮马,最后回到营地 C。请问怎样选择饮马地点 P,才能使马所走的路程最短?请画出示意图。

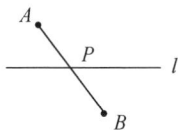   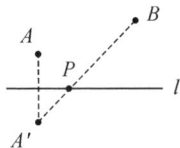

图4-1-1   图4-1-2

学生独立思考,然后回答问题,在此基础上教师追问:你画出最短路程示意图的依据是什么?问题1和问题2能否提炼简单几何图形?

学生在教师启发性问题下,将问题1、问题2抽象成如图4-1-3、图4-1-4所示的基本模型,分别为模型1和模型2。

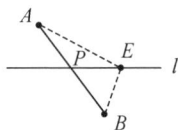   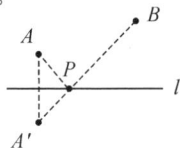

图4-1-3   图4-1-4

【**点评**】以"将军饮马"问题为情境,让学生感受生活处处有数学,从而激发学生学习兴趣,在探寻路程最短画图过程中经历现实问题数学化的过程,同时将两个问题抽象成模型1和模型2,理解模型本质,体现了模型思想。在模型2提炼过程中,感受"化同为异""化折为直"的思想。

(2)应用模型,探寻思维"发散点"

问题3:如图4-1-5所示,△ ABC 是边长为2的等边三角形,AD 是 BC 边上的高线,E 是 AC 边上的中点,P 是 AD 上动点,试求 $PC+PE$ 的最小值。

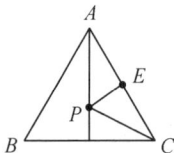

图4-1-5

【点评】 因△ABC 是等边三角形,学生容易直接应用模型 2 解决问题。关键是让学生发现,应用模型 2 求两线段和最小值解题基本策略确定哪两个点是定点,哪个点是动点,哪条是对称轴?

问题 4:根据模型 2,请自己设计求两线段和最小值问题(用图形展示,并简单说明条件及所求哪两个线段的和)。

学生先独立创编题目组内交流,然后小组派代表展示。学生们跃跃欲试,从不同图形中呈现应用模型 2 解决两线段和最小值问题。图 4-1-6～图 4-1-10是学生创编典型问题的主要示意图。

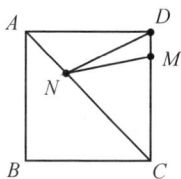

图 4-1-6

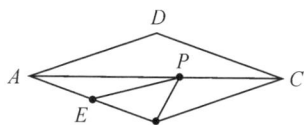

图 4-1-7

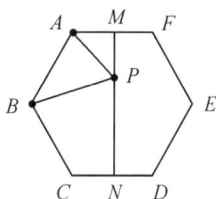

图 4-1-8

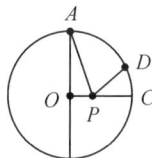

图 4-1-9

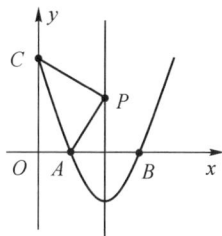

图 4-1-10

在学生展示示意图时,教师追问:对于模型 2 在不同图形中的应用,抓住哪些关键要素(定点、动点、对称轴)?

【点评】 由模型 2 出发,改变以往教师提出问题学生解决问题的方式,而由学生自主创编求两线段和最小值问题。一方面,激活思维动力,由基本模型不断生长问题,培养学生发现问题、提出问题的能力;另一方面,以模型为载体,建立相关三角形、特殊四边形、圆、二次函数等核心知识联结,进一步深化模型,理解本质,领悟化归思想,积累识别、应用模型经验。

(3)拓展模型,拉长思维链

问题5:如图 4-1-11 所示,在平面直角坐标系中,已知点 $A(2,-3)$,点 B $(4,-1)$,若 $P(x,0)$ 是 x 轴上的一个动点。

(1)根据已知条件,你能提出哪些问题?请解答。

(2)若 $Q(0,y)$ 是 y 轴上的一个动点。请问:是否存在这样的点 P $(x,0)$,$Q(0,y)$,使四边形 $ABPQ$ 的周长最短?若存在,请求出 x,y 的值。

(3)若 $P(x,0)$,$Q(x+3,0)$ 是 x 轴上的两个动点,则当 $x=$＿＿＿＿ 时,四边形 $ABQP$ 的周长最短。

图 4-1-11

学生在解决第(3)题时,思维会受阻,教师可做适当点拨:虽然 $P(x,0)$,$Q(x+3,0)$ 是动点,但 PQ 是定值,能否将两个动点转化为一个动点?

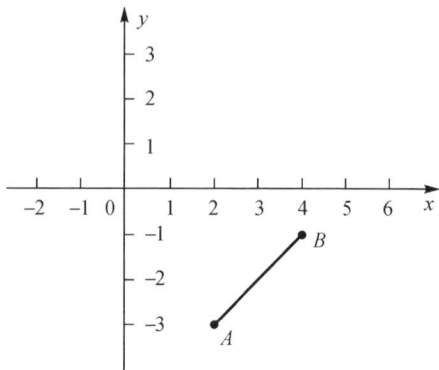

【点评】设计层层递进问题串,体现层次性特征,有利于激发学生深度思考。模型 2 在平面直角坐标系中,从"两定一动"到"两定两动",拉长了思维链,同时"两定两动"又划归为"两定一动"基本模型,发现"变中不变"的规律与"不变中变化"的规律,拓展学生思维,理解模型本质。

问题6:如图 4-1-12 所示,A,B 两地在一条河的两岸,现要在河上造一座桥 MN,造在何处才能使从 A 到 B 的路程 $AMNB$ 最短?(假设河的两岸是平行的直线,桥要与河岸垂直)。

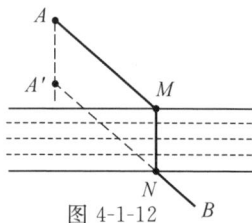

图 4-1-12

【点评】类比问题 5 第(3)小题,桥址的两个端点是变化的,但两端的距离是定值(河宽),也可以将桥址的两个端点通过平移变为一个点,然后利用模型 1 求解。

(4)感悟提升,提炼思维结构

课程研究思路怎样?引导学生从知识、方法、经验等方面进行梳理归纳,然后教师以思维导图形式呈现小结。

【点评】引导学生从生长理念出发,自主梳理归纳核心内容,以思维导图形式展现内容、方法、经验等,使之结构化、形象化,有利于学生从整体观学习研究拓展"将军饮马"问题,有利于学生思维从低阶向高阶转变。

(二)基本数学思想方法专题复习课

1.基本数学思想方法专题复习课基本要义

数学思想是人们对数学理论与内容的本质认识,是数学的精髓、灵魂。基本数学思想专题复习以某一或多种数学思想为核心目标,由基本问题出发,生长相关联问题,在发现问题、解决问题、产生新问题过程中,掌握核心知识间的内在联系,提炼解题策略方法,积累活动经验,领悟体验核心数学思想,提升思维品质。或基于一个核心问题,通过横向、纵向思考,发现不同解法,提炼归纳数学思想,获得更多经验,培养发散思维能力与思维灵活性、深刻性品质。

2.基本数学思想方法复习课基本环节

以利用方程思想求线段长度的教学设计片段为例展开。

①呈现基本问题,提炼核心思想

如图 4-1-13 所示,在矩形纸片 $ABCD$ 中,$AB=6$,$BC=8$,将纸片折叠,使得点 B 落在对角线 AC 上的点 E 处,折痕为 AF,求 BF 的长。

教师追问:你能用不同方法求 BF 的长吗? 你能编出类似的问题吗?

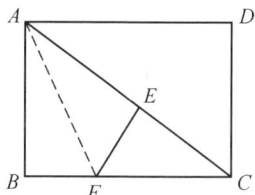

图 4-1-13

【点评】以矩形折叠问题为背景,引导学生发现关键三角形(折叠中"余下"的一个或多个直角三角形),从不同角度(勾股定理、相似三角形、三角函数、面积)建立方程求解。同时,进一步理解知识间的联系,体会方程思想在求线段长度等问题中的应用价值,提高学生认知水平。

(2)自主变式拓展,应用核心思想

变式 1:如图 4-1-14 所示,在矩形纸片 $ABCD$ 中,$AB=8$,$BC=10$,将纸片折叠,使得点 D 落在边 BC 上的点 F 处,折痕为 AE,求线段 DE 的长。

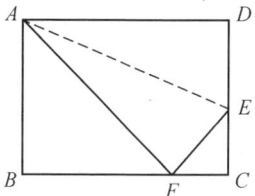

图 4-1-14

　　变式 2：如图 4-1-15 所示，先将矩形 $ABCD$ 沿三等分线折叠，得到折痕 MN，再将纸片折叠，使得点 A 落在折痕 MN 上点 E 处，此时折痕为 AF，且 $AB=10$，求 AF 的长。

　　变式 3：在变式 2 的基础上，若 MN 是 n 等分线，求 AF 的长。

　　教师追问：从基本问题出发，可以从哪些方面进行变式？在变式的过程中，哪些是不变的？

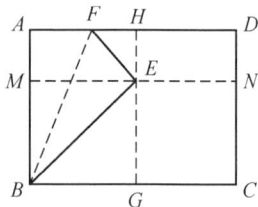

图 4-1-15

　　【点评】 波利亚有过一个形象比喻："好题目和某种蘑菇的相似之处是成串生长。在找到一个题目以后，我们应该四处看看，很可能在很近的地方又找到更多的题目。"首先，由最基本的矩形折叠问题出发，生长层次性强问题链，形成思维场。其次，在变式过程中，引导学生寻找解决此类问题的基本支架。最后，变换折纸图形，或将折痕等分线由特殊变为一般，让学生感悟应用方程思想解题策略本质不变的道理。

　　(3)自主梳理归纳，提升思维能力

　　引导学生以图形折叠问题为载体，梳理用方程思想解决线段计算问题的方法、策略、经验，并以思维导图形式展现小结，如图 4-1-16 所示。

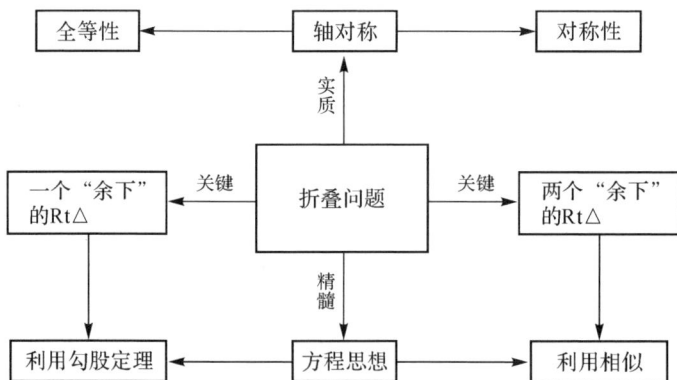

图 4-1-16　矩形折叠问题思维导图

　　【点评】 思维导图可为学生提供准确有效的工具。首先，思维导图以结构化的形式表征知识，有助于学生把握某个知识领域的全貌，将知识融会贯通。其次,以思维导图的形式将知识点、方法汇聚起来,显得更加直观,有利于学生的记忆、理解。

生长型数学专题复习,关键在于找准生长源,形成生长链。它不只是数学知识的内部再生长,内容重构重组,也是学生思想方法经验积累式生长、思维的递进式生长,更是思维品质、生命品质的生长。

第二节　"K型图"生长型数学专题复习课堂教学

数学学习既是知识、方法、经验生长的过程,又是思维生长的过程。从基于原题、变式拓展、创设问题、倡导编题等入手,实现知识、方法、经验和思维的生长,探索生长型复习课堂教学,从而构建核心知识间的结构关系,揭示解决问题的方法和规律,领悟数学思想方法,提升数学思维品质,促成对数学核心素养的培养。基于学生核心素养的视角,应注重知识与方法的形成、思维与态度的生成。

因此,要倡导生长型复习课堂,回归数学本质,从生命的视角播种数学,重构数学教育价值,关注新知识生长、新方法生长、新经验生长、新思维生长。本节以"K型图"生长为例,谈谈生长型复习课堂教学的开展。

一、基于原题,实现知识生长

原题:如图 4-2-1 所示,$AB \perp BC$,$AB = BC$,$\angle ADB = \angle CEB = 90°$,求证:$\triangle ADB \cong \triangle BEC$。(浙教版八年级上册第 85 页第 2 题)

教师:同学们能解决该题吗?

学生 1:能。由 $\angle ADB = \angle CEB = 90°$,$AB \perp BC$,可得 $\angle A = \angle CBE$,利用 AAS 证明全等。

图 4-2-1

教师:很好。由于该图与大写字母"K"很像,又有全等三角形,所以称为"K型全等图"。如果删除"$AB = BC$"这一条件,如图 4-2-2 所示,还会全等吗? 为什么?

学生 2:不会。因为至少有一组对应边相等才能证明三角形全等。

教师:嗯。那同学们可以得到什么结论呢? 如果把图 4-2-1 称为"K型全等图",那图 4-2-2 可以称为什么呢?

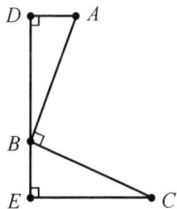

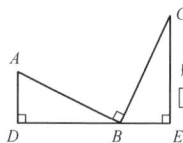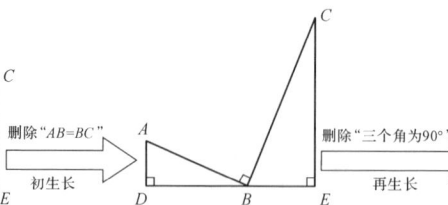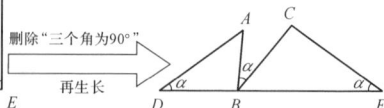

图 4-2-1   图 4-2-2   图 4-2-3

学生 3:可以得到两个三角形相似,称为"K 型相似图"。

教师:非常不错。同学们在这两个基本图形上可以得出什么重要结论或者信息?请自主思考后再小组讨论。

学生 4:我组认为图 4-2-1 有全等,就可得到全等三角形的结论。同样,图 2 有相似,就可得到对应边成比例、对应角相等这些相似三角形的结论。

学生 5:我组认为图 4-2-1 是图 4-2-2 的一种特殊情形。

教师:讲得真好。接下来再删除一个条件"三个角为 90°",保留"三个角相等",那同学们可以得到什么结论呢?为什么?请自主思考后再小组讨论。

学生 6:我组认为图 4-2-3 仍然有相似,证法相同。可得相似三角形应有的结论。

学生 7:我组认为图 4-2-1 是图 4-2-2 的一种特殊情形,图 4-2-2 是图 4-2-3 的一种特殊情形。

教师:嗯。由于图 4-2-3 的特征是"一线同侧三角相等",把它称为"K 型三等图"。

【点评】章建跃教授对时下流行的"情境引入"做出思辨时曾指出,基于数学知识发生发展过程的需要,对"从现实引入"应有更全面认识,这个"现实"既可以是生活的现实,也可以是数学的现实。基于此,笔者引入一道教材中的原题,概括出第一个基本图形,并通过条件的减少,逐步实现对图形的生长,以及知识结论的生长。在自主思考、小组讨论的学习方式下,在类比思辨的氛围下,对应的图形生长与知识生长呼之欲出。专题复习应从基本问题出发,逐渐增加或改变条件,过渡到专题的核心内容,让学生自主参与、自主归纳,实现从低阶思维向高阶思维的提升,从而激活思维,增长思维活力。

二、变式拓展，实现方法生长

教师：刚刚同学们发现了"K型全等图"是"K型相似图"的一种特殊情形，而且它们有很多对应的结论，我们来看一道题目。如图 4-2-4 所示，AB∥FC，$\angle B=90°$，点 E 是 BC 上一点，$AE\perp EF$，$AE=EF$，$AB=8$，$FC=4$，则 $BC=$_____。

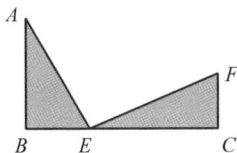 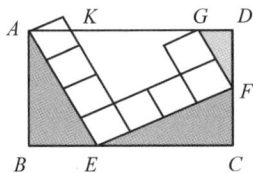

图 4-2-4　　　　　　　　图 4-2-5

学生 8：由题意可知，这是一个"K型全等图"，得 $AB=EC$，$BE=FC$，故 $BC=AB+FC=12$。

教师：很好。接下来看变式 1，如图 4-2-5 所示，矩形 $ABCD$ 中放置一个由 8 个边长相等的小正方形组成的 L 型模板，$EC=8$，求 DG 的长。请独立思考后，举手说明解题思路。

学生 9：由条件及图发现，△ABE 与△ECF 组成"K型全等图"，即 $AB=EC$，△ECF 与△FDG 组成"K型相似图"，且相似比为 2∶1，得 $DF=4$，由 $AB=EC=DC=8$，得 $FC=4$，最后得 $DG=2$。

教师：真棒。那么看变式 2，在变式 1 的基础上，求 GK 的长。

教师：再来看一题，如图 4-2-6 所示，△ABC，△DEF 均为正三角形，点 D，E 分别在边 AB，BC 上，请在图中找出与△BDE 相似的三角形。

学生 10：由条件及图发现，△ADG 与△BDE 组成"K型三等图"，△HEC 与△BDE 组成"K型三等图"，故△BDE∽△ADG∽△HEC。

学生 11：还有相似，△ADG 与△FHG 也是相似的，故△BDE∽△ADG∽△HEC∽△FHG。

教师：眼睛真敏锐。那么看拓展 1，如图 4-2-6 所示，正△ABC 的边长为 2，点 E 在 BC 上(不含点 C)，△DEF 的边 EF 交 AC 于 H。当 D 为 AB 中点时，若 $BE=x$，$CH=y$，求 y 关于 x 的函数表达式。

学生 12：△HEC 与△BDE 组成"K型三等图"，

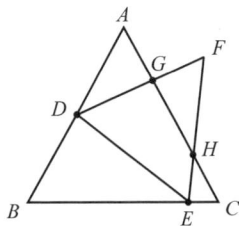

图 4-2-6

故△BDE∽△HEC,得 $CH:BE=CE:BD$,得 $y:x=(2-x):1$,得 $y=x(2-x)$。

　　教师:不错。那么看拓展2,探究 x 的取值范围。

　　学生13:这很明显呀! $0<x<2$。

　　教师:他说的对吗?请小组讨论。

　　学生14:我组觉得他说的不对! 取一个特殊值 $x=0.5$,此时 EF 与 AC 无交点,事实上当 $x=1$ 时,EF 与 AC 才有交点,故 $1\leqslant x<2$。

　　……

　　【点评】在解决问题的过程中,引导学生进行变式拓展,建立方法的本质联系,引导学生从问题本质中探索"变化",在"变化"中发现问题本质,达到"举一反三"的效果。变式拓展的目的是实现解题方法的再生长、解题能力的再提升。基本图形专题复习的关键是抓住生长点(K型全等图),然后考虑如何由"根"长出"枝叶"(K型相似图、K型三等图),并通过变式拓展设计层层递进的问题串,体现层次性,在独立思考、交流合作中形成与优化解决问题的方法,有利于激发学生深度思考,实现知识、方法、经验、思维的生长。

三、创设问题,实现经验生长

教学片段1

　　将一块三角板的直角顶点放在直角坐标系的原点处,如图 4-2-7 所示,使一条直角边与反比例函数 $y=\dfrac{2}{x}$ $(x>0)$ 的图象交于点 A,另一条直角边与反比例函数 $y=-\dfrac{6}{x}$ $(x<0)$ 的图象交于点 B,若绕点 O 旋转三角板,则 $OB:OA$ 的值是否保持不变? 请说明理由。

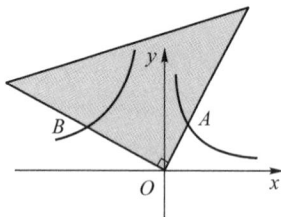
图 4-2-7

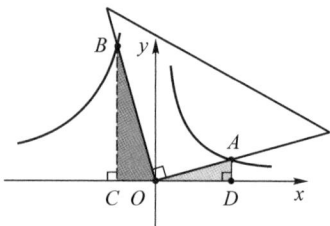
图 4-2-8

　　(独立自主思考后,学生无从下手,教师开始导学。)

教师:图中有一个 RT∠,要产生"K 型图"需要做什么?(导学 1)

学生 15:要作垂线段,作 $BC \perp x$,$AD \perp x$,如图 4-2-8 所示,但不知道接下来怎么办?要是知道点 A,B 的坐标就好了。

教师:如果点 A 的横坐标为 2,求出点 B 的坐标。

学生 16:点 A 的坐标为 $(2,1)$,由"K 型相似图",得 $\triangle ADO \backsim \triangle BCO$,设 $BC=2k$,则 $CO=k$,则 $B(-k,2k)$,易得 B 为 $(-\sqrt{3},2\sqrt{3})$,所以 $OB:OA=\sqrt{3}:1$。其实,不用求出 OB,OA 的值! 只要利用相似三角形,$OB:OA=BC:AD=2\sqrt{3}:2$,即可求得 $OB:OA=\sqrt{3}:1$,但总觉得已知点 A 的坐标求 $OB:OA$ 属于特殊情况,不具备一般性。

教师 2:设点 A 的横坐标为 a,求出点 B 的坐标和 $OB:OA$ 的值。

学生 17:明白了。可是这样计算量很大哦。

教师:嗯。那么 $OB:OA$ 的值除了等于对应边之比,还与哪个比值有关?

学生 18:对了,还与三角形的面积比有关,反比例函数中 k 的绝对值的一半恰为此三角形的面积。

教学片段 2

如图 4-2-9 所示,已知正方形 $ABCD$,$AB=2$,点 P 在对角线 AC 上移动(点 P 不与点 A,C 重合),以点 P 为顶点作 $\angle DPQ=45°$,射线 PQ 交 CD 边与点 Q。思考点 P 在移动过程中,$\triangle DPQ$ 能否是等腰三角形? 如果能,试求出 AP 的长,如果不能,试说明理由。

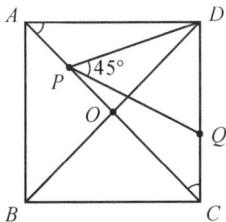 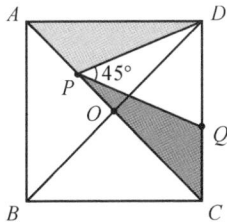 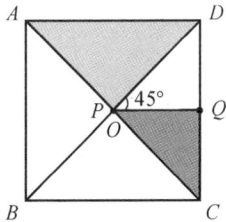

图 4-2-9　　　　图 4-2-10　　　　图 4-2-11

教师:当 $AP=1$ 时,求 CQ 的长。(导学 1)

学生 19:由"K 型三等图"得,$\triangle ADP \backsim \triangle PCQ$,因此 $AD:PC=AP:CQ$,可得 $CQ=\dfrac{2\sqrt{2}-1}{2}$。

教师:思考点 P 在移动过程中,$\triangle DPQ$ 是否为等腰三角形? 结论与图唯一吗?(导学 2)

学生 20：不唯一，要进行分类讨论。当 $PD=PQ$ 时，$\triangle ADP$ 与 $\triangle PCQ$ 全等，如图 4-2-10 所示，$PA=2\sqrt{2}$；当 $PD=DQ$ 时，点 A 和 P 重合，不符合题意；当 $DQ=PQ$ 时，$\triangle DPQ$ 为等腰直角三角形，如图 4-2-11 所示，$PA=\sqrt{2}$。

【点评】问题导学，就是由基本问题出发，生长与"目标"相关联的问题，在分析问题、解决问题的过程中，引导学生通过所学知识、方法逐步走向"目标问题"，掌握知识间及核心知识间的内在联系，不断对解题策略方法进行提炼，积累活动经验与解题通法，实现经验生长。通过案例学习，学生不仅积累了反比例函数中的"面积问题""等腰三角形分类"等经验，而且发展了建立模型、数形结合、分类讨论等数学思想，这是对数学内容与理论的实质认识，是数学的核心与灵魂。教师基于初始问题，从问题的横向（特殊值法）、纵向（通性通法）进行思考，引导学生发现不同的解法，提炼归纳同一问题蕴含一种或多种数学方法与思想，从而让学生获得解题经验，培养发散思维能力，并提升数学素养。

四、倡导编题，实现思维生长

教师：通过本节学习，有什么收获？可以从知识、方法、经验入手。请三位同学谈一谈。

学生 1：我学习了"K 型图"的三个基本图形这一新知识，明白了它们的实质是图形，即"K 型三等图"包含"K 型全等图"和"K 型相似图"，只是条件增删而已。

学生 2：我体验到了"特殊值法""分类讨论""数形结合"等数学思想方法。

学生 3：我得到最大的经验就是在问题背景下，要挖掘问题实质，比如要能够通过"K 型基本图形"求解。另外，"等腰三角形问题"要进行分类讨论等。

教师：讲得非常好。接下来请同学们来完成问题：你是否也能画一幅"某图形"的生长？可以是本节课的内容生长补充，可以是本节课某几何问题的再次拓展或者变式，也可以是其他基本图形或者图形的生长。（作为课外延续作业。）

学生 4 编题：如图 4-2-12 所示，正 $\triangle ABC$ 的边长为 2，D 为 AB 中点，E 为 AC 上一点，沿 DE 折叠，点 A 恰好落在 BC 上。若 $BF=x$，$CE=y$，求 y 关于 x 的函数表达式，并求 x 的取值范围。

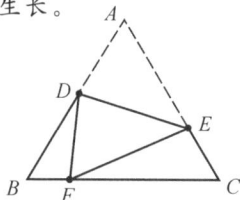

图 4-2-12

【点评】从生长理念引导学生从知识、方法、经验等方面进行课后梳理归纳，培养学生的提炼与概括能力。编题绘图可以实现学生的思维生长，此环节主要让学生发挥归纳推理能力、表达能力及个人创新能力等。编题绘图还可以锻炼学生思考、比较、评价、创造等技能，在解决问题的同时，提升思维能力。至于编题与绘图的合理性、严密性，则可以让师生展开讨论与评价。在本教学片段中，开放式的问题设计，是为了鼓励学生从不同角度编题绘图。无论学生从哪个角度出发，从某种意义上来讲都是一种创新思维，数学教育的核心就是创新能力的培养。

总之，复习教学不能只停留在复习内容变革与目标达成上，而应更多地关注学生的知识生长源、生长链。找准生长源、形成生长链是生长型数学专题复习的关键。除了实现数学知识的结构再生长，还要体现思想方法、解题经验的积累式生长，让学生思维从低阶向高阶生长，最终促进学习品质、生命品质的生长。

第三节　再创造下"二元一次方程组"的"一题生长"复习教学

在初中数学教学中，复习课具有极其重要的地位，因此，数学复习课广受数学教育者关注。与此同时，初中数学复习课的现状、不足、改进方法也备受教育者的瞩目。对此，荷兰数学、教育学家弗赖登塔尔先生的描述是："几乎所有学生认为好老师应该是讲得多、容易听懂，对每类问题都能举出一个例子的老师"。这种"好老师"在初中数学复习课中较为常见。与课堂的设计实施相对应，形成了以"题多、型多、讲得多"为特征的"三多"模式。那么，"题多、型多、讲得多"的初中数学复习课其效果如何呢？正如弗赖登塔尔先生所说，现实是讲得愈多，解释得愈细，学生的成绩曲线下降愈快。

在平常的交流中，不少学生向笔者表达困惑，如讲过的问题不一定能解决，没讲过的问题一定不能解决。分析其原因，不难发现，一方面，题多思考少，既要对每类问题举例子，又要针对每个例子进行习题巩固，使得数学复习课堂上的问题犹如"滚雪球"越来越大。因此，学生在面对大量的问题时，要么埋头做题，要么听老师讲题，很少有时间思考某个数学知识的起源、本质，更不用说各知识间的联系了。缺乏必要思考的学习导致学生并没有真正地掌握、理解知识。一旦问题的呈现发生微小的变化，学生便可能束手无策，出现"没讲过的问题一定不能解决"的奇怪现象。另一方面，型多经历无，在数学复习课中，问题的类型、样貌不可能千篇一律。因此，紧随"问题多"而来的是"类型多"，导致数学知识分布更散乱隐晦，更不容易发现联系。为了按时完成课堂教学，教师只好将知识点或知识联系直接告知学生。由此产生一系列连锁反应:学生没有"获得结论"的经历→对学习内容的理解不够深刻→提取知识容易碰壁→应用知识的兴趣受到打击→不愿意应用知识→更难以深刻地理解知识。那么,出现"讲过的问题也不一定能解决"就不足为怪了。

综上所述,"问题多、思考少、类型多、经历无"的复习课没能让学生亲身经历复习知识生长变化的过程,也没能帮助学生自主追寻知识间的联系,进而无法串成线、结成网、实现知识的系统化,最终导致学生既没能体现《新课标》中要求的"学生是学习的主体",又没能在复习中提升学习力和复习效率,无法实现高效有意义的复习。

一、再创造下"一题生长"变式复习教学的理性思考

1. 波利亚的解题理论是"小题量"的重要依据

要改变现状,首当其冲要解决"题多"的问题。波利亚的解题理论认为,一个专心的认真备课的教师能够拿出一道有意义又不复杂的例题,帮助学生挖掘问题的各个方面,通过这道题,就好像通过一道门,将学生引入一个完整的理论领域。基于此,"一题生长"变式复习采用一个问题或情境引入复习。

2. 最近发展区理论是"选题"的主要原则

因为只有"一题",所以必须优选,使之成为完成复习的优质"敲门砖"、精准"导航仪"。那么,如何优选"一题"呢?

(1)有内涵,利生长变式

"一题"的首要原则是"有内涵、肚量大"。只有具备这样特性的"一题",才有利于从中挖掘出一系列围绕"复习主题",含有数学知识、数学方法、数学思想的各种问题,实现生长或变式,起到充实、丰盈复习课堂的作用。

(2)近距离,易生长变式

苏联著名心理学家维果茨基的"最近发展区"理论认为,要使学生获得最佳的发展,教学内容就要符合大多数学生的"最近发展区"。那么从学生"最近发展区"选题就成了主要原则,将其称为近距离原则。

基于此,再创造下"一题生长"变式复习题可选择以下出处:

①教材。教材又称义务教育教科书,是由课程专家根据《新课标》规定的教学目标、内容、要求专门编写的。它符合初中学生年龄特征和认知水平(最近发展区),拥有学生自主学习所需的大量数学现实,是学生触手可及的学习材料。另外,教材中的内容往往具有较强的系统性,有利于创造和挖掘。因此教材中的节前问题、例题、探究活动都是可供选择的优良素材。

②作业本。作业本是根据《新课标》规定的教学目标、内容、要求编写的配套

教材。其中的习题系统地整合了某一时段内所学的数学知识、方法、思想。另外，作业本中问题的结论往往代表了学生可能达到的知识水平，符合最近发展区。

③中考试题。与教材、作业本相同，中考试题也是由专家们反复论证、不断改进，为综合考查学生的数学知识，数学素养而编制的。其内涵之丰富自不必多说。另外，中考复习从中考真题中选择、改编，因契合学生学习的实用性，而符合"近距离"的原则。

④自编。任课教师作为最了解学生学情和最熟悉课程标准各项指标的人，其精心编写的例题，通常也符合有内涵、近距离的原则。

3. 再创造理论是实施的重要基础

再创造理论的要旨是，不能将数学当作一个现成的体系灌输给学生，而是要从学生的数学现实出发，让学生经历再创造，创造学习的内容，实现数学化。

(1)"一题生长"变式复习基于再创造具有可操作性

在学习每个单元时，学生都要经历"发现问题→分析问题→解决问题→获得结论"的过程，从而掌握数学知识、技能、方法、思想，以及各知识间的联系。在学习新知识后，通过复习将已掌握的知识、方法和联系点转变为基本素材进行再创造，也就意味着"一题生长"变式复习的每个环节都要经历再创造的基本过程。因此，在"一题生长"变式复习中，基于再创造是具有可操作性的。

(2)"一题生长"变式复习基于再创造具有必要性

如果在整堂复习课中，只有一个引题，那么也是不合理的。首先，课堂容量小，复习的覆盖面不够大。其次，过少的知识点使得知识间的联系越少。为了避免此类情形出现，教师唯有在教学设计中，或对这一题"生长"，或对这一题"变式"，或对这一题"既生长又变式"，一方面可充实、丰盈课堂，另一方面可为学生提供源源不断的、可学习的数学现实，在"变式生长"问题的引导下发现结论、创造学习内容，完成复习。因此，在"一题生长"变式复习中，基于再创造是必要的。

二、例析再创造下"一题生长"复习教学

课堂是教师教、学生学的主阵地。在课堂上，基于再创造的"一题生长"变式复习的开展，尤其能吸引教育者们的目光。笔者以"二元一次方程组复习(1)"为例，从问题引导显主题、单元活动展过程、问题解决得结论、问题变式求发展、课堂扫金建网络五个方面进行简要阐述。

(一)问题引导显主题

为使学生更熟练地掌握数学基础知识是复习课的基本目的。因此，将数学

基础知识——挖掘出来,并清晰地展现在师生面前是十分必要的。笔者认为,需要结合学生已有的数学现实,对引题进行深挖。

PPT 上模仿微信聊天,依次呈现如图 4-3-1 所示的信息。

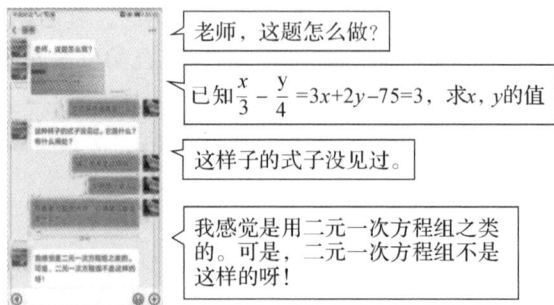

老师,这题怎么做?

已知 $\dfrac{x}{3} - \dfrac{y}{4} = 3x+2y-75=3$,求 x,y 的值

这样子的式子没见过。

我感觉是用二元一次方程组之类的。可是,二元一次方程组不是这样的呀!

图 4-3-1　课堂引题

教师:当前通信发达,同学们能使用微信随时提问。小龙同学给老师发来了这样的消息。

学生们一看到微信界面,就兴奋地说:微信哎!这是要干吗?

教师没有回应,继续讲述:从中我们看到了他的问题,主要集中在这个式子是什么?与二元一次方程组有什么关联?

【点评】"二元一次方程组复习(1)"的主要复习内容是:①二元一次方程的概念、解;②二元一次方程组的解;③二元一次方程组的解法。重点是二元一次方程组的解法。如何借助"一题",将所复习内容自然有效地呈现在学生面前,继而让学生走上再创造之路。

微信聊天是当下的初中生与人交流不可或缺的方式。同学是他们最熟悉的伙伴,感情较为亲近。受上述数学现实和生活现实的支撑,教师以微信的使用为背景,借助"同学"的身份提问,自然地给出了"引题",不但激发了学生的学习兴趣,形成了"学习兴奋点",而且使学生有身份认同感。

需要说明的是,镶嵌在微信背景中的"引题",其实是教材中的作业题,它符合前文所述的近距离要求。由"引题"衍生出的问题不仅暗示了其主题是二元一次方程组,而且显示了教师结合复习主题,有导向地给出问题是"一题生长"的一种方式。

再来看学生在此处的表现,面对贴合他们身边事物的问题引导,学生表现出了极大的兴趣,从而更容易积极主动地思考问题。

显然,这是一个从学生现实出发,让学生不知不觉地经历"发现问题→分析问题→获得结论"的再创造过程。教师只是借助问题,引导学生完成这个过程。

（二）单元活动现过程

《新课标》指出,单元活动是课堂的重要成分。因为,学生在教师所设置活动的引导和帮助下,能找到明确的探索方向及思考目标,实现有效的主动思考、主动探索、主动创造、获得结论。在复习课中,单元活动能引导学生重走知识生成之路,让学生亲身经历知识联系的产生,从而有助于清晰地展现知识的发生、发展路线,串起知识点,形成知识线。因此,单元活动不可或缺。

教师:为了帮小龙同学追踪问题的答案,先请同学们完成复习任务单上的问题。

1. 已知方程① $3x+2y-75=3$;② $2x-36=0$;③ $x^2-\dfrac{y}{4}-2$;④ $x+\dfrac{3}{y}=3$;⑤ $\dfrac{x}{4}-\dfrac{y}{3}=3$;⑥ $y=12$。请将其中的二元一次方程写下来,并判断 $\begin{cases} x=18, \\ y=12 \end{cases}$ 是不是这些方程的解?

2. 将方程① $3x+2y-75=3$ 和② $\dfrac{x}{4}-\dfrac{y}{3}=3$ 组合起来,说一说,你对这个组合形式有哪些认识?

3. 解下列二元一次方程组:① $\begin{cases} y=12, \\ \dfrac{x}{3}-\dfrac{y}{4}=3; \end{cases}$ ② $\begin{cases} 3x+2y-75=3, \\ \dfrac{x}{3}-\dfrac{y}{4}=3。 \end{cases}$

（学生完成解答。）

教师:从刚才问题的解决中,你发现我们复习了哪些知识?

学生1:我觉得第1题复习了二元一次方程的概念和解。

学生2:第2题复习了二元一次方程组的概念和解。

学生3:第3题复习了二元一次方程组的解法。

教师:三位同学讲得不错,具体内容请看屏幕。同学们还有其他问题和困难吗?

学生4:第3题的②,我用代入消元法解的,过程太烦琐了。

还没说完,其他同学就纷纷插嘴:用加减消元法解呀。

教师:嗯,代入消元法和加减消元法都能解二元一次方程组,那么,你在解二元一次方程组时,选择解法的依据是什么?

学生:哪种容易计算,就选哪种。

【点评】 结合引题 $\frac{x}{3}-\frac{y}{4}=3x+2y-75=3$ 中等式的结构及引导问题,在复习任务单上设置了3个单元活动。

从单元活动的内容看,第1个单元活动是将等式 $\frac{x}{3}-\frac{y}{4}=3x+2y-75=3$ 拆解重组,并融入结果"$x=18,y=12$",组成了供选择的内容。很明显,这是一个从引题中生长出来的单元活动。第2个单元活动中的等式①②,来自第1个单元活动的结果,也与引题有"生长"关系。第3个单元活动中的两个方程组的解,都指向引题的答案,与引题有千丝万缕的联系。更为巧妙的是方程组②就是将等式转化为二元一次方程组后的最简形式。毫无疑问,其与引题也有"生长"关系。充分展现了"一题生长"变式。

从单元活动的过程看,因为第1个单元活动指向二元一次方程的概念和解,第2个单元活动指向二元一次方程组的概念和解,第3个单元活动指向二元一次方程组常见的解法,所以通过这3个单元活动,学生不但亲身经历了"分析问题→解决问题"的过程,而且自然地归纳得出什么是二元一次方程,什么是二元一次方程的解,什么是二元一次方程组,什么是二元一次方程组的解以及二元一次方程组的常用解法——代入消元法和加减消元法等知识点。从"一题生长"而来的再创造活动过程,引导学生重走了知识发生、发展之路,体会了"知识的昨日重现",实现了水平数学化。

随着学生对连续几个单元的解决、归纳,知识点像"宝藏"一样被依次发掘出来,学习方程的常规路径也再次清晰地展现在学生面前。从"一题生长"而来的再创造活动过程,引导学生创造了各知识间的联系,进而加深了对某类知识学习路径的认识,体现了"知识的昨日重建",实现了垂直数学化。

在这些单元活动的过程中,知识点和知识联系并不是由教师直接告知、学生被动接受,而是学生在教师设置的单元活动下,逐个进行思考、分析、解答,自主获得的。

(三)问题解决得结论

初中数学复习课与新课存在很大的差异。具体来说,新课注重某个知识的生成、运用、巩固,而复习课除了注重单个知识外,更注重呈现几个关联知识的内在联系。分析解决问题,获得结论,有助于学生找到知识点间的联系。那么,解决引题,并获得结论的过程,也应当收到同样的效果。

教师在 PPT 上出示问题 4:观察方程① $\frac{x}{3}-\frac{y}{4}=3$;② $3x+2y-75=3$ 的右边,根据结果,用一个式子表示它们的关系,写在复习任务单对应的位置。

学生看了之后,很快就给出了答案: $\frac{x}{3}-\frac{y}{4}=3x+2y-75=3$。

教师:同学们肯定发现了, $\frac{x}{3}-\frac{y}{4}=3x+2y-75=3$ 就是小龙同学问题中的等式,那么,关于方程①②有没有其他的表达形式?

学生:它们能组成二元一次方程组。

教师:那么,小龙同学的问题的答案是什么?

学生: $x=18,y=12$。

【点评】教师再次设置单元活动,先让学生得到课堂引入问题的形式,再去帮助学生获得引入问题的结论。这样较好地体现了从"一题"开始,按单元逐步生长的过程,形成了数学复习课堂"前呼后应"的闭环结构,从而使学生对知识间联系的体会更深,复习的效率亦得到提高。

在此过程中,由于问题的形式和结论已在课堂中出现,所以学生并不需要花费太多时间和精力即可完成"发现问题→分析问题→解决问题→获得结论"的再创造过程。

(四)问题变式求发展

数学课程的主要任务是运用数学知识解决问题,并以此指导学生将来的学习,培养学生良好的数学核心素养。那么,基于再创造的"一题生长"变式复习是如何体现这一主要任务的?

教师:小龙同学的问题解决了,但我们的脚步不能停止。因为我还有一些问题没有弄明白,如观察问题解决的过程,请同学们告诉我,确定两个未知数的值,通常可以怎样处理?

学生:构造二元一次方程组。

教师:好的! 这个连等式还可以有其他形式的二元一次方程组吗?

教师将学生们的答案整理后,用 PPT 展示了出来(如图 4-3-2 所示),并向学生提问,方程组①②③的解完全相同。但是,我们在解决问题时,为什么只选择方程组①进行研究呢?

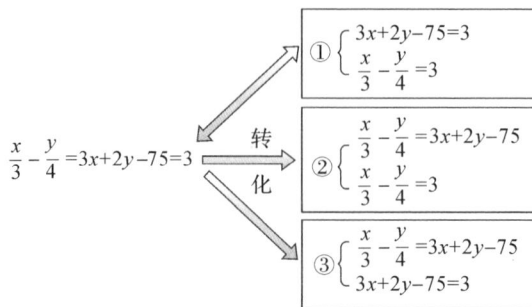

图 4-3-2

学生:方程组①比②③简单,计算也便捷。

教师:如果碰到"系数繁、计算难"的方程组,你会怎样处理?

学生:将其化为形式简单的同解方程,重新组成方程组,求新方程组的解。

教师:太好了! 接下去,请同学们用你想到的处理方法,试一试解决复习任务单中的变式 1,解方程组 $\begin{cases} 2020x+2021y=2022, \\ 2023x+2024y=2025。 \end{cases}$

【点评】 教师并没有因为引题已经解决,结论已经获得,就让复习课结束,而是带领学生,回头看得到结论的过程,与学生一起概括"求两个未知数的值的常法、通法",归纳出"构建二元一次方程组模型对此具有普适性"。那么,学生今后遇见此类问题时,自然容易联想到此法,并运用其解决问题。从而,促进学生应用知识能力的发展。

同时,分析等式 $\frac{x}{3}-\frac{y}{4}=3x+2y-75=3$ 与二元一次方程组有"形式不同,解相同"的特点,以及选择方程组①求解引题答案的原因,合情合理地发展出解"系数繁,计算难"的方程组的策略,即用形式简单的同解方程,建构新方程组。为解决变式 1 中"系数繁,计算难"的方程组搭好了"脚手架",完成了"再创造"中的水平数学化。

在解方程组 $\begin{cases} 2020x+2021y=2022, \\ 2023x+2024y=2025 \end{cases}$ 的过程中,因为有了层层铺垫,学生立即将两式相减,获得了形式简单的同解方程 $x+y=1$,再组成新方程组 $\begin{cases} x+y=1, \\ 2020x+2021y=2022, \end{cases}$ 求得方程组的解。这充分说明,课堂中师生共同寻得的

策略已经得到延续生长,发展为学生自己的技能、方法。学生经历了从已有的数学现实出发,发现、运用结论的过程,实现了再创造中的垂直数学化。

另外,学生们在解新方程组 $\begin{cases} x+y=1, \\ 2020x+2021y=2022 \end{cases}$ 时,除使用代入消元法外,还将 $x+y=1$ 看作一个整体,代入另一个方程,非常快捷地求得了 $y=2$,继而得到了方程组的解。学生自我创新、解决问题的举动充分说明,只要适当引导、适时帮助,是可以培养学生的再创造能力和再发展潜质的。

纵观本教学设计,我们还可以看到以下几点:①延用、深化上一单元的方法、策略、思想,是"一题变式"的一种方式。②各单元未必能表现出的知识联系在连贯的上下单元中能像电火花般迸发出来。③方法、策略、思想在经历连贯单元的解决及结论运用后,能推陈出新,创造出新的表象。总而言之,这些都是再创造的象征,它帮助学生得到了发展,提升复习效率。

(五)课堂扫金建网络

在复习课中,如果仅仅让知识"昨日重现"或"昨日重建",而不去归纳小结,不把课堂中得到的方法、思想、经验归集起来形成知识网,那么不但容易丧失刚建立起的优势,而且不能帮助学生在学习数学的道路上走得更远。

教师:请同学们说一说,在复习二元一次方程组的解法过程中,你用到了哪些方法、思想? 你觉得解二元一次方程组的本质是什么? 解繁难的方程组有哪些好的方法?

学生(翻看复习任务单后):我们用到了代入消元法、加减消元法和换元法,还运用了整体思想和转化思想。解二元一次方程组,就是通过消元法将二元一次方程组转化为一元一次方程。

教师:真不错! 老师把同学们的意见用图 4-3-3 表示。接下来,请同学们思考,解方程组 $\begin{cases} a+b+c=0, \\ 4a-2b+c=15, \\ c=1。 \end{cases}$

学生们先是一愣,而后会心一笑,埋头算了起来。老师走到学生中间,观察他们的做法,基本是这样的:先化成二元一次方程组 $\begin{cases} a+b+1=0, \\ 4a-2b+1=15, \end{cases}$ 再求解。

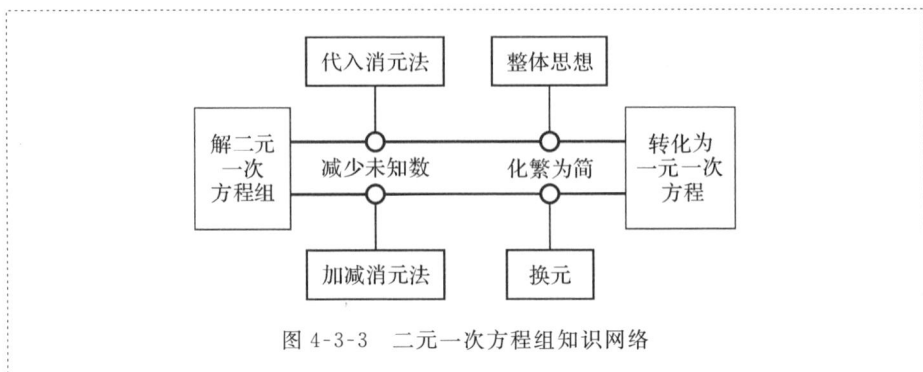

图 4-3-3   二元一次方程组知识网络

【点评】学生在复习二元一次方程组的解法后,在教师的引导和帮助下,通过归纳提炼解题方法和思想,得到了解二元一次方程组的本质是"减少未知数",思想是转化,即化未知为已知、化生疏为熟悉,策略是化繁为简。学生一方面能再次经历复习的过程,提高复习效率,另一方面能学会将散乱的知识、方法、思想、策略整合起来,形成知识网络,培养善于总结的学习品质。

更为重要的是,在整理归纳的过程中,思维的整合、思想的碰撞点燃了知识迁移的熊熊烈火。梳理得到的结构、结论为后续同类知识的学习提供了可借鉴的范式,使学生有了强劲的"续航"。从学生求解并不熟悉的三元一次方程组中,可见一斑。学生一上来就将三元一次方程组化为二元一次方程组,这就是对解多元一次方程组要减元、消元的本质进行迁移。不难预见,以后学生碰到四元一次方程组、五元一次方程组等多元一次方程组也会如此思考和操作。

当然,在构建知识网络时,学生可能做的不是那么完美、全面,那么就需要教师适时地帮助引导,或者为学生构建大致框架,或者为学生示范局部网络的建立。整个"课堂扫金建网络"的过程,主要由学生参考复习任务单,回望复习过程,归集已有的数学现实,自主独立完成,教师只是辅助,对于学生而言,这仍是一种再创造。

因此,基于再创造的"一题生长"变式复习,除了能让知识点重现外,还能以各知识的本质为点,联系为线,解决问题的方法、策略、思想为纲,建立知识网络。更重要的是,复习时得到的数学方法、数学思想、活动经验,对后续类似知识的学习具有指导意义。

经历上述课堂实践及思考,将基于再创造的"一题生长"变式复习的框架进行完善和补充,如图 4-3-4 所示。

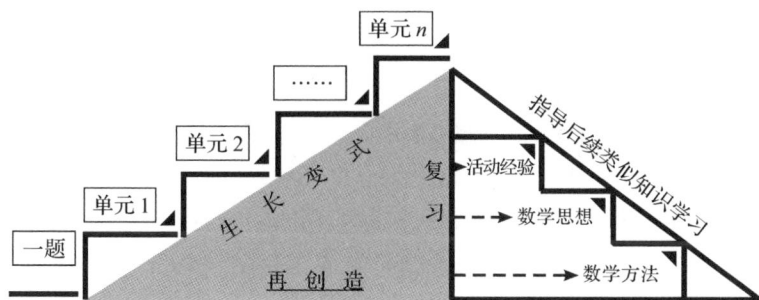

图 4-3-4 基于再创造的"一题生长"变式复习框架

三、结束语

在基于再创造的"一题生长"变式复习的教学课堂中,学生始终是主体,教师将学生置于再创造的环境中,帮助他们在问题引导显主题、单元活动展过程、问题解决得结论、问题变式求发展、课堂扫金建网络五个方面经历再创造过程,使知识与技能更加扎实,方法与思想更加娴熟,思维品质更加优秀。

(1)数学教育追求的"轻负高效"依然是改进教学的主要方向。数学复习课作为数学教育的重要组成部分,亦不例外。因此,继续研究基于再创造的"一题生长"变式复习具有积极意义。

(2)基于再创造的"一题生长"变式复习能将"教知识、教解题"改为"教方法、教创造",能将"题海战术"改为"一题生长"变式,能设定"高效有意义"的目标,因此在初中数学复习课的教学中具有积极的推广意义。

(3)本节虽然较好地回答了"数学复习课如何实现轻负高效?"的问题,但教师不能因此而盲从,一方面要结合学情,另一方面要关注教材的适应性,反复筛选"一题",创设合适的学习材料,成为名副其实的教学组织者、引导者。

第四节 数学复习教学"溯源探新式"导学设计

审视数学复习课的教学现状,存在忽视情感,只为应试;忽视基础,拔苗助长;忽视创新,机械灌输;忽视反思,不重视方法等弊端,缺乏复习课教学的科学性。本节从"溯源探新"视角出发,通过例析数学复习课的导学设计,在学习情感培养、基础知识寻源、数学能力培养、反思提升发展等方面做了积极探索。希望学生愿学、学会、会学、乐学,从而更好地提高数学复习效能,实现数学课程的教学目标。

一、问题的提出

数学复习教学一直是数学教学中的难点,也是更有效地提高学生数学知识与技能、数学思考能力、数学问题解决能力和培养数学情感态度的重要环节。因此,以巩固梳理已学的知识、增强解决实际问题的能力为主要任务的复习教学导学设计,为一线教育工作者提出了更高的要求。复习课普遍存在的问题有:(1)在教学目标设计上,教师与学生均仍以应试为目标,普遍缺乏兴奋、愉悦等积极的课堂情感体验;(2)在旧知复习起点上,教师往往不顾学生的认知特点,拔苗助长;(3)在学生能力落点上,缺乏创造性,从而在一定程度上阻碍了数学复习课深度的提升与广度的拓展;(4)在课堂角色定位上,学生的主体地位往往被忽视或盲目体现。(5)在数学复习教学经历过程中,忽视数学思想和基本活动经验,缺乏引导学生积极反思的设计。归根结底,数学复习课的导学设计缺乏科学性和艺术性的教学流程,是问题出现的主因。因此,教学流程是数学复习导学设计的主要内容。

针对以上问题,结合平时的教学实践,以及参考弗赖登塔尔的再创造观点和波利亚的解题思想,提出了数学复习课应以"溯源引新"为主线,导学流程设计为核心内容的有效性探索方式。

二、例析"溯源探新式"的复习教学

在复习教学过程中,一道例题引起了我对复习教学的思考。追求数学的本质,寻求数学问题的源头,可以让知识与技能简约化、系统化,并让教师的教和学生的学都感到轻松且更有意义。

如图 4-4-1 所示,在四边形 $ABCD$ 中,$AB // CD$,$\angle A = 90°$,$\angle B = 120°$,$AD = \sqrt{3}$,$AB = 6$。在边 AB 上取点 E,在射线 DC 上取点 F,使得 $\angle DEF = 120°$。若射线 EF 经过点 C,求 AE 的长。

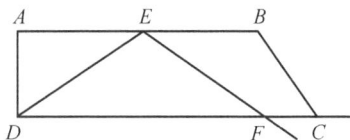

图 4-4-1

常规解法:如图 4-4-2 所示,过点 C 作 AB 的垂线交 AB 延长线于点 M,构造矩形 $ADCM$。设 $AE = x$,由勾股定理知,

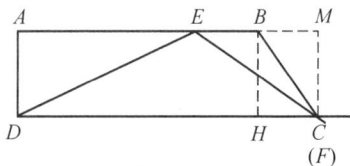

图 4-4-2

$$DE=\sqrt{AD^2+AE^2}=\sqrt{(\sqrt{3})^2+x^2}=\sqrt{3+x^2},$$

$$EF=\sqrt{(EB+BM)^2+MF^2}=\sqrt{(6-x+1)^2+(\sqrt{3})^2}=\sqrt{(7-x)^2+3},$$

再由 $\angle EFD=\angle BEC$，$\angle DEF=\angle B=120°$，可得 $\triangle EDF \backsim \triangle BCE$，所以

$\dfrac{BC}{DE}=\dfrac{BE}{EF}$，即 $\dfrac{2}{\sqrt{3+x^2}}=\dfrac{6-x}{\sqrt{(7-x)^2+3}}$，解得 $x=2$ 或 5。

【点评】这种解题方法偏重于解题的技巧性，忽视了解题的通法，学生听了讲解后，觉得难找切入点，根式方程的求解更加脱离了学生的认知起点。这启发我将该题回溯至相似三角形判定和性质的经典问题：如图 4-4-3 所示，$AB \perp AD$ 于点 A，$AB \perp BC$ 于点 B，P 为 AB 上任一点，$DP \perp PC$ 于点 P。求证：$AP \cdot BP=AD \cdot BC$。

学生对具有三个垂直图形的题目非常熟悉，称为"K 型相似图"。由此，首先将该材料作为引导学生解决问题的生长点，尝试对"K 型相似图"做引申：如图 4-4-4 所示，在正 $\triangle ABC$ 中，点 P 为 AB 边上一点，D，E 分别在 AC，BC 上，$\angle DPE=60°$。请找出图中的相似三角形，并判断线段 AP，BP，AD，BE 之间的等量关系。

然后引导学生观察图形的位置、数量关系特征，概括具有一般意义的"K 型相似图"：如图 4-4-5 所示，点 P 为线段 AB 上一点，$\angle DAB=\angle ABC=\angle DPC=\alpha$，$PD$ 交 AD 于点 D，PC 交 BC 于点 C，则必存在 $\triangle DAP \backsim \triangle BPC$，进而 $AP \cdot BP=AD \cdot BC$。

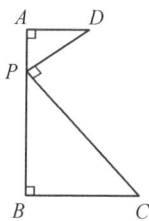

图 4-4-3

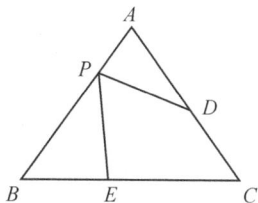

图 4-4-4

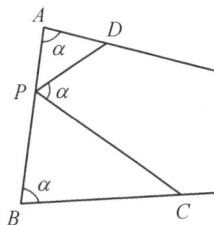

图 4-4-5

回到题目本身，引导学生观察图形中已有条件：$\angle B=\angle DEF=120°$，如图 4-4-6 所示，在 AB 边上取点 F，使 $\angle DFE=\angle B=\angle DEF=120°$，从而 $\triangle DEF$ 与 $\triangle EBC$

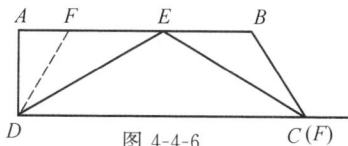

图 4-4-6

满足"K型相似图"。

　　于是由 Rt△ADF 得,AF=1,DF=2。

　　设 EF=x,则 BF=5-x,又因为 BC=2,△DEF 与△EBC 满足"K型相似图",所以,DF·BC=FE·BE,即 x(5-x)=2^2,解得 $x_1=1,x_2=4$。

　　所以,AE=2 或 5。

　　在每个数学结论的背后,往往蕴藏着耐人寻味的过程,而教师正是寻找这个过程的组织者,由此形成"追本溯源,以积极探新"的策略,通过复习课的导学设计流程,彰显导学教学的价值。

三、数学复习课"溯源探新式"导学设计

(一)数学复习课"溯源探新式"导学设计的基本框架

导学设计基本框架如图 4-4-7 所示。

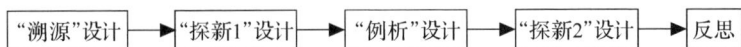

"溯源"设计 ➡ "探新1"设计 ➡ "例析"设计 ➡ "探新2"设计 ➡ 反思

图 4-4-7　数学复习课"溯源探新式"导学设计的基本框架

(二)数学复习课"溯源探新式"导学设计的策略

1."溯源"设计

为了体现课程的复习要点或突破难点,通常在知识准备阶段进行"溯源",从而让学生明白复习课的核心,或者明白在复习过程中可能遇到的相关应用。

"判别式"导学设计

1.不解方程,判断一元二次方程 $x^2-3x+1=0$ 的根的情况:＿＿＿＿＿＿＿。

2.抛物线 $y=x^2-3x+1$ 与 x 轴的公共点个数为 ＿＿＿＿＿＿＿＿＿＿＿。

3.若多项式 x^2-3x+a 是一个完全平方式,则 a 的值为　　　　　(　　)

A. $\dfrac{3}{2}$　　　　　B. $-\dfrac{3}{2}$　　　　　C. $\dfrac{9}{4}$　　　　　D. $-\dfrac{9}{4}$

4.已知抛物线 $C:y=x^2-2x$ 与直线 $l:y=2x-5$,

(1)判断抛物线与直线的位置关系;

(2)要使抛物线与直线有公共点,直线应如何平移?

解题后,请思考,你发现以上 4 道题有什么共同点? 请简单地写出。

【点评】判别式是一元二次方程、二次多项式和二次函数的核心知识,在导学案的课前知识准备中设计材料主要针对一元二次方程、二次多项式和二次函数中的判别式的概念及基本应用,以一元二次方程根的判别为基础,进而用二次函数的性质和图象直观地研究。

2."探新 1"设计

通过"探新 1",学生明白了复习课的核心,以及相关的基本知识、技能、思想、模型等。同时,学生在问题中寻找复习课的要点,激发复习欲望,为了解课程的整体建构埋下伏笔。

"二次函数复习——二次函数与一元二次方程的关系"导学设计

在某实验室内做小球的竖直上抛实验,小球从地面弹起的初速度 $v_0=10\text{m/s}$,经过时间 t 的高度为 h。已知,小球在竖直上抛运动中的 $h=v_0t-\frac{1}{2}gt^2$,其中重力加速度 $g=10\text{m/s}^2$。

(1)问球弹起至回到地面需多长时间?

(2)经过多长时间球的高度达 3.75m?

(3)球的高度能否达 5m? 能否达 8m?

(4)在离实验室地面 h_1 和 h_2 的高度设置两个水平观察仪(观察到小球出现该高度即记录对应的时刻),那么在一次实验中不可能出现的记录是

（　　）

A. $t_1=0.1\text{s},t_2=0.5\text{s},t_3=0.9\text{s},t_4=1.5\text{s}$　　　B. $t_1=0.3\text{s},t_2=1.7\text{s}$

C. $t_1=0.2\text{s},t_2=0.5\text{s},t_3=1.5\text{s},t_4=1.8\text{s}$　　　D. $t=1\text{s}$

【点评】方程和函数是初中数学中的基本概念,两者形式不同,但在本质上紧密相连。上述问题串的设计可帮助学生建立二次函数与二次方程之间的联系,渗透数学结合思想,从而以动态的观点看待函数、方程问题。

3."例析"设计

提供典型例题,进一步探索复习要点及其应用,其设计意图是为知识应用的多维创设提供模板,引导学生在不断变化的问题中寻找知识的本源,弄清"来龙去脉",为知识的深层次生成提供可能。

"探索几何的本源——三角形三个内角的和等于 $180°$ 的应用"导学设计

如图 4-4-8 所示,$\angle A+\angle B+\angle C+\angle D+\angle E+\angle F+\angle G=$　　（　　）

A. 360°   B. 450°   C. 540°   D. 720°

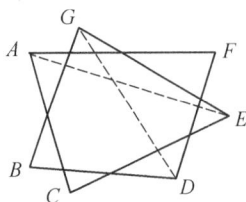

图 4-4-8

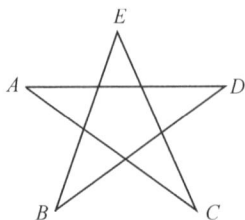

图 4-4-9

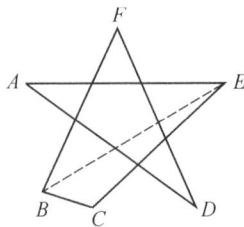

图 4-4-10

解析:如图 4-4-9 所示,首先,探索五角星五个内角的和,根据三角形的一个外角等于与它不相邻的两内角的和及三角形的内角和为 180°,可得五角星的五个内角的和为 180°。紧接着求六角星的六个内角的和,如图 4-4-10 所示,不难发现"六角星"$ABCDEF$ 的六个内角的和=五角星 $ABDEF$ 的五个内角的和+△BCE 的内角和=360°。因此,"七角星"$ABCDEFG$ 的七个内角的和=五角星 $ADEFG$ 的五个内角的和+△ACE 的内角和+△BDG 的内角和=540°。至此,可得到结论:每增加一个角,内角和增加 180°。

【点评】本题应用的数学知识是三角形的内角和为 180°,以及由其引申出的四边形的内角和为 360°,同时也体现了三角形的一个外角等于与它不相邻的两内角的和这一应用。

探索问题的本源,让学生体验问题的演变过程,使知识的生成充满神奇色彩,促使学生牢牢掌握解题方法,学到题目以外的更多知识。

4."探新 2"设计

"探新 2"设计是"例析"设计的变式或拓展,通过变化情境或条件,知识的应用更有挑战性,学生的积极思考能力也得到提升。

"用加减法解二元一次方程组"导学设计

解方程组:$\begin{cases} 3x+y=3, & ① \\ x+3y=3。 & ② \end{cases}$

结合方程组的特点,若直接将①-②,可得＿＿＿＿＿＿＿＿,说明＿＿＿＿＿。因此,思考下列问题:

1.已知 x,y 满足方程组 $\begin{cases} 2x+y=5, \\ x+2y=4, \end{cases}$ 则 $x-y$ 的值为＿＿＿＿＿＿。

2. 若 $|x+y-6|+\sqrt{3x-y}=0$，则 $x-y$ 的值为　　　　　　　　　（　　）

A．-1　　　　　　　B．1　　　　　　　　C．3　　　　　　　　D．-3

3. 若关于 x,y 的方程组 $\begin{cases} x+y=2a, & ① \\ x-y=6a & ② \end{cases}$ 的解满足 $3x-y=2$，求 a 的值。

【点评】在用加减法解方程组的基础上，尝试整体加减，如第 1 题中①－②可得，$x-y=1$；第 2 题中，题目背景发生了变化，但其实质是求解方程组 $\begin{cases} x+y=6, \\ 3x-y=0, \end{cases}$ 只需将②－①，可得 $2x-2y=-6$，则 $x-y=-3$；第 3 题中，只需将②×2＋①，可得 $3x-y=14a$，从而得 $a=\dfrac{1}{7}$。

整体加减的本质是通过加减运算达到消元或变形的目的，再通过课堂中生生互动、师生互动，使学生知识的再认知与再生成成为可能。

5. 反　思

由于导学案功能与形式的特殊性，反思设计往往以借题反思为主，学生通过反思可以在探索过程中寻找知识的本源及其应用，在学习过程中面对复杂的问题背景找到解决问题的办法，以不变应万变，以求复习的高效性。

"探索几何的本源——三角形三个内角的和等于 180°的应用"复习检测

已知：在 $\triangle ABC$ 中，$\angle A=40°$，则

(1)如图 4-4-11 所示，若两内角 $\angle ABC$，$\angle ACB$ 的角平分线交于点 P，则 $\angle P=$＿＿＿＿，$\angle A$ 与 $\angle P$ 之间的数量关系是＿＿＿＿。为什么有这样的关系？请证明；

(2)如图 4-4-12 所示，若内角 $\angle ABC$、外角 $\angle ACE$ 的角平分线交于点 P，则 $\angle P=$＿＿＿＿，$\angle A$ 与 $\angle P$ 之间的数量关系是＿＿＿＿。为什么有这样的关系？请证明；

(3)如图 4-4-13 所示，若两外角 $\angle EBC$，$\angle FCB$ 的角平分线交于点 P，则 $\angle P=$＿＿＿＿，$\angle A$ 与 $\angle P$ 之间的数量关系是＿＿＿＿。为什么有这样的关系？请证明。

提示：在第(2)(3)题中寻找第(1)题的影子，并找到它们之间的联系，你会有所收获。

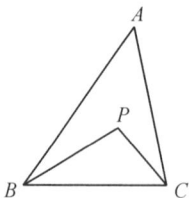
图 4-4-11

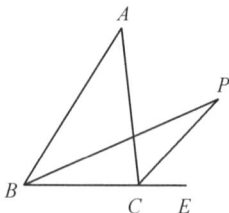
图 4-4-12

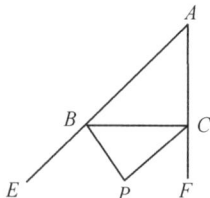
图 4-4-13

【点评】第(1)题较容易,第(2)(3)题的结论较易得到,具体的证明过程较难。如果借助第(1)题的模型,在第(2)(3)题中添加内角平分线,并寻找它们之间的联系,就很容易找到解决方法。

在导学设计中,通过预设问题引导学生反思总结,培养学生在知识技能、数学思考、问题解决等方面总结规律,让学生学会自主梳理、归纳,形成核心学习力。笔者认为,引导学生溯源,将复杂的问题简单化,这才是我们要探索的方向。

四、结束语

在初中数学复习教学中,除了习题设计要加强习题设计中的数学模型教学,还应注重教学流程的设计,达到追本溯源的目的,以弥补平时教学之不足。

第五节　提高复习课教学材料的有效性

数学复习课是教师十分关注的教学问题,尤其在新课教学结束后,半数以上的课堂教学是复习课。选择有效的教学材料是非常重要的环节,但在平时的复习教学中,存在很多"乱"象。

一、复习课现状分析

"二次根式运算"复习教学材料

计算:$5x\sqrt[2]{xy} \div 12\sqrt{\dfrac{x^3}{y}} \times \sqrt{\dfrac{y^3}{x}} \times \sqrt{\dfrac{y^2}{x}}$ $(x>0,y>0)$。

【点评】对于二次根式的要求,《新课标》与《中考考试纲要》明确指出,了解二次根式(根号下仅限于数)的加、减、乘、除运算法则,会进行简单的四则运算。教师随意从网络、教辅资料中摘出题目,并作为教学材料,不仅缺乏教学责任心,而且会误导学习方向,增加学生的学习负担,违背新形势下的"减负"。

"相似三角形"复习教学材料

如图 4-5-1 所示,在 $\triangle ABC$ 中,O 是三角形内一点,满足 $\angle BAO = \angle CAO = \angle CBO = \angle ACO$,求证:$BC^2 = AC \cdot AB$。

提示:过点 O 作 $EF \parallel AC$,运用三次相似,得到三个比例式,作乘积。

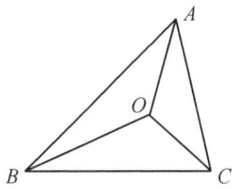

图 4-5-1

【点评】相似三角形的判定与性质及其运用是中学几何的重要内容,在平时教学中确实要重视。但笔者认为,"相似三角形"复习的教学材料应当重视解决问题的"通性通法"。该题的提示解法只会让学生产生畏难情绪,长此以往,学会将丧失学习数学的兴趣。

因此,合理选择教学材料,优化复习内容,是上好复习课的前提,也是复习教学的首要任务。

笔者认为,复习教学的三要素为内容、结构、策略。教师除了要做到教学内容合理、经典,还要以《新课标》和《中考考试纲要》为依据,以教材的资源和学情实际为基础,选择有效的教学材料。教学材料应当承载重要知识点和数学能力培养,通过严谨、开放的课堂,从基本题入手,探究变式拓展。教学材料要做到启发性强、生成性强,在旧知回溯中求新,在求新发散中反思,激发学生积极进行数学思考,引领学生再发现、再创造,最终培养学生的解题能力,提高数学素养。

二、复习课教学材料有效性的策略分析

教师容易犯的错误是有题论题、无题找题、见题胡乱讲评。基于多年的数学教学实践,笔者对提高教学材料有效性的策略进行了思考,现整理如下。

(一)开发教材原型题,探索拓展重思维

教学材料要以《新课标》和《中考考试大纲》为基点,尊重和开发教材,避免学生迷失方向。教材是实施《新课标》的载体,是课程目标和课程内容的具体化,也是数学教育专家多年智慧创造的产物。教材中含有大量数学资源,也是命题的原型,因此一定要尊重和开发好这些资源。《中考考试大纲》是各地根据《新课标》精神和当地实际需要编制而成的指南,考试评价更是与其直接联系在一起。重视教材、拓展教材、开发教材资源是数学复习教学中选题的重要途径和策略。

如图 4-5-2 所示,有一块三角形余料 ABC,它的边 $BC=120$mm,高线 $AD=80$mm,要把它加工成正方形零件,使正方形的一边在 BC 上,其余两个顶点分别在 AB,AC 上。问加工成的正方形的边长为多少毫米?(浙教版九年级上册第 118 页练习题 5)

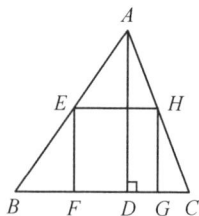

图 4-5-2

拓展:若四边形 $EFGH$ 为 $\triangle ABC$ 的内接矩形,AD 为 BC 边上的高,且 $BC=120$,$AD=80$,设 $EH=x$,矩形 $EFGH$ 的面积为 y,则

(1)求 y 与 x 的函数关系式;

(2)当 x 为何值时,y 有最大值?最大值为多少?

解析:(1)矩形的面积 $=$ 长 $\times$ 宽。计算 EF 时方法与源问题无异。$y=EH \times EF$,EF 的计算可以利用相似三角形有关知识求解。(2)二次函数的最值问题可以用配方法或者公式法求解,但必须注意自变量的取值范围。这两个问题是相似三角形与二次函数知识中的经典问题,很多教辅资料中都有所涉及,其在不少中考试题中也有所体现。

变式 1:等腰直角 $\triangle ABC$ 的腰长为 a,现分别按图 4-5-3、图 4-5-4 所示的方式在 $\triangle ABC$ 内内接一个正方形 $ADFE$ 和正方形 $PMNQ$,设 $\triangle ABC$ 的面积为 S,正方形 $ADFE$ 的面积为 S_1,正方形 $PMNQ$ 的面积为 S_2。

(1)求 $AD:AB$ 和 $AP:AB$ 的值;

(2)比较 S_1+S_2 与 S 的大小。

解析:(1)在图 4-5-3 中,$\triangle BDF \backsim \triangle BAC$,可得 $\dfrac{DF}{AC}=\dfrac{BD}{BA}$,有 $\dfrac{DF}{a}=\dfrac{a-AD}{a}$,又 $DF=AD$,有 $DF=\dfrac{1}{2}a$,所以 $AD:AB=1:2$。在图 4-5-4 中,$AP:AB=PQ:BC$,因为 $\dfrac{\frac{\sqrt{2}}{2}a-PM}{\frac{\sqrt{2}}{2}a}=\dfrac{PQ}{\sqrt{2}a}$,且 $PM=PQ$,$PQ=\dfrac{\sqrt{2}}{3}a$,所以 $AP:AB=1:3$。

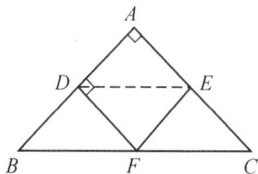

图 4-5-3

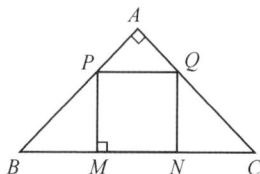

图 4-5-4

(2)因为 $S_1=\dfrac{1}{4}a^2$，$S_2=\dfrac{2}{9}a^2$，$S_1+S_2=\dfrac{1}{4}a^2+\dfrac{2}{9}a^2=\dfrac{17}{36}a^2$，$S=\dfrac{1}{2}a^2$，所以 $S>S_1+S_2$。

变式 2：在 $\triangle ABC$ 中，$\angle C=90°$，$AC=4$，$BC=3$。

(1)如图 4-5-5 所示，四边形 $GDEF$ 为 $\triangle ABC$ 的内接正方形，求正方形边长；

(2)如图 4-5-6 所示，由三角形内并排的两个相等的正方形组成的矩形内接于 $\triangle ABC$，求正方形的边长；

(3)如图 4-5-7 所示，由三角形内并排的三个相等的正方形组成的矩形内接于 $\triangle ABC$，求正方形的边长；

(4)如图 4-5-8 所示，由三角形内并排的 n 个相等的正方形组成的矩形内接于 $\triangle ABC$，求正方形的边长。

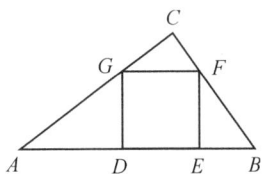

图 4-5-5

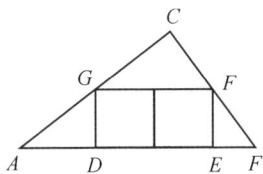

图 4-5-6

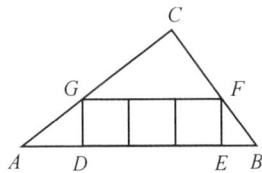

图 4-5-7

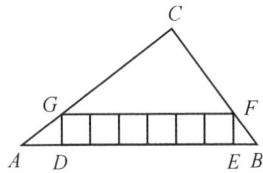

图 4-5-8

解析：由内接一个正方形到内接两个正方形再到内接 n 个正方形，其核心内容是一致的，主要考查了正方形、矩形的性质和相似三角形的性质，通过三角形相似中的相似比得到相关的线段之间的等量关系。

(1)在图 4-5-5 中，作 $CN\perp AB$，交 GF 于点 M，交 AB 于点 N。在 Rt$\triangle ABC$ 中，因为 $AC=4$，$BC=3$，所以 $AB=5$，$CN=2.4$。又因为 GF∥AB，所以 $\triangle CGF$∽$\triangle CAB$，所以 $\dfrac{CM}{CN}=\dfrac{GF}{AB}$，设正方形边长为 x，则 $\dfrac{2.4-x}{2.4}=\dfrac{x}{5}$，所以 $x=\dfrac{60}{37}$。

(2)在图 4-5-6 中，作 $CN\perp AB$，交 GF 于点 M，交 AB 于点 N。因为

$GF /\!/ AB$,所以 $\triangle CGF \backsim \triangle CAB$,所以 $\dfrac{CM}{CN}=\dfrac{GF}{AB}$,设每个正方形的边长为 x,

则 $\dfrac{2.4-x}{2.4}=\dfrac{2x}{5}$,所以 $x=\dfrac{60}{49}$。

同理,第(3)题中 $x=\dfrac{60}{61}$,第(4)题中 $x=\dfrac{60}{12n+25}$。

【点评】 因为教材凝聚了教学教材研究方面的众多专家和学者的心力,是专家和学者深思熟虑的结果。因此,教材应该作为教师平时教学的基础和根本。上述案例以教材中的一道原题为基础,经过思考、创设进行改编,回溯了解决问题的基本方法与思路,并通过变式探究寻找解决新问题的方法,让学生感受万变不离其宗。

(二)重视常规基础题,夯实通性通法

复习课教学材料要重视常规基础题,让学生体会运用通性通法解决问题的便利,通性通法是学生学习数学之本,是一切创新之源。

"含字母系数一元二次方程解"复习教学材料

(1)若关于 x 的一元二次方程 $x^2-(a+3)x+3a=0$ 的两个实数根,一个小于1,另一个大于2,求 a 的取值范围。

(2)若关于 x 的一元二次方程 $x^2-(2a+1)x+2a=0$ 有两个异号根,求 a 的最大负整数。

(3)分析关于 x 的方程 $ax^2-(2a+3)x-6=0$ 的实数根,当根为整数时,求 a 的值。

解析:第(1)题先利用求根公式求得两个根,再按照题意求得 a 的取值范围;第(2)题先利用求根公式求得两个根,再列出关于 a 的不等式,从而求解;第(3)题也是先利用求根公式求得两个根,但要注意分类讨论。

【点评】 该教学材料的目的是凸显求根公式这一常规方法,而部分教师采用函数与方程的数形结合或韦达定理求解,以为这样才有深度与高度。恰恰相反,采用函数解决该题更艰难。因此,对于复习课的教学材料,应当关注常规问题,夯实基本解题方法。过度的技巧化训练,可能会适得其反。

(三)找材料进行导学,追寻高阶思维点

复习课教学材料的选择要以能够展现导学作用、展现问题解决思维过程、让

学生学会探究性学习、注重学生再创造等高阶思维的培养为目标。另外,要加强对基本数学思想方法的渗透,并在平时的复习教学中以此作为手段、途径、载体,引领学生积极探究。

"一图一世界——特殊三角形复习"复习教学材料

如图 4-5-9 所示,已知 $AD \perp BD$,$AC \perp BC$,E 为 AB 的中点。试判断 DE 与 CE 是否相等,并给出证明。

问题导学 1:如图 4-5-10 所示,延长 AD,延长 BC 交于点 F。观察图,你发现了哪些特殊三角形?(等腰三角形和直角三角形)通过这些特殊三角形,老师想到了下列问题,你能解决吗?试试看:

(1)当 $AB = 4$,$\angle F : \angle DEC = 5 : 2$ 时,求 $\triangle DEC$ 的面积;

(2)判断 $\angle F$ 与 $\angle EDC$ 的关系;

(3)判断 $\angle FDC$ 与 $\angle ABC$ 的关系。

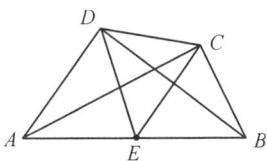
图 4-5-9

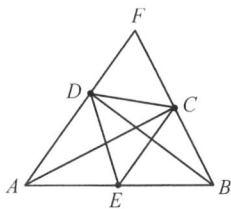
图 4-5-10

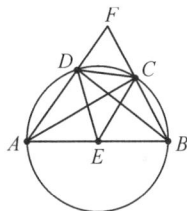
图 4-5-11

问题导学 2:我们发现,$AE = DE = CE = BE$,如果以点 E 为圆心,以 AE 为半径作圆,则 A,B,C,D 四点都在圆上,称 A,D,C,E 四点共圆。那么,问题导学 1 还可以利用四点共圆求解,如图 4-5-11 所示,试一试。

【点评】利用一个图形"导"出特殊三角形的边角关系,将圆的性质与三角形相似有机结合,而且通过该图形进行导学,能让学生经历发现问题—提出问题—分析问题—解决问题的全过程。需要指出的是,问题导学是否能取得实效,归根到底,首先是教学材料的创设,其次是引导学生参与的方法。该教学材料的设计充分体现了数学的学科特点,在培养学生思维能力的同时,培养学生的探究精神与创新意识。

在教与学过程中,尝试问题导学,启发学生思考,培养学生的思维品质、思维能力和创新精神,促进高阶思维的培养,这是新形势下数学常态课改进的需要。

(四)研究与反思错题资源,体现反馈和生成

复习课教学材料选择的出发点与归宿是学情。教师要善于利用学生的错误,在基础复习中,学情是最好的复习材料,不要把学生学习中的各种错误当作学习数学的累赘,而是要充分地加以利用。心理学家盖耶说过,谁不考虑尝试错误,不允许学生犯错误,就将错过最富有成效的学习时刻。错误是正确的先导,错误是通向成功的阶段。因此,教师们要把学生的错误当作一种可利用的生成性资源,并巧妙地加以运用,从而产生"点石成金"的效果。

对于学生数学学习中的错误资源,教师要明确错误的症状和原因,进行归纳,并将其用于创设教学材料,在课堂上进行分析与纠正。

"分式方程"复习教学材料

化简:$\dfrac{1}{(x-1)(x+2)}+\dfrac{2}{(x-2)(x+2)}-\dfrac{3}{(x-1)(x-2)}$。

学生1:原式$=x-2+2(x-1)-3(x+2)=6$。

教师:这位同学的解法有问题吗?

学生2:好像不对。

学生3:不对。他把方程的变形搬到化简题上了。

教师:大家明白了吗? 刚才这位同学把化简题当作方程来解。虽然解法错了,但给我们一个启示,若能将该题去分母来解,其"解法"确实简单。因此我们能否考虑利用解分式方程的方法求解呢?

于是大家互相讨论、交流,一个简单且新颖的解法产生了:设

$$\dfrac{1}{(x-1)(x+2)}+\dfrac{2}{(x-2)(x+2)}-\dfrac{3}{(x-1)(x-2)}=A。$$

去分母得$6=(x-1)(x-2)(x+2)A$,所以$A=\dfrac{6}{(x-1)(x-2)(x+2)}$。

【点评】在复习分式化简时,学生易出现题目中的错误资源,其原因是多方面的,但错解往往有其"合理"的一面。面对新旧知识之间的符号、表象或概念命题之间的联系和区别,学生易出现"编码错误",这是学习过程中常见的现象,也只有这种真实的思维才能真正反映学习过程的规律。教师要冷静地研究学生错解中的"合理成分",研究其起因及其与正确方法之间的联系,巧妙地将错解转化为教学资源。因此,教师要客观辩证地对待学生的错误,不必"火冒三丈",应灵机一动,借"错题"发挥,这样既体现了数学的严谨性,又表达了对学生人格的尊重,同时还能焕回学生学习数学的自信,产生意想不到的效果。更大程度上激发学生的探究兴趣。

在现代教学意义下,人的发展是教学的根本目标。教师教学能力的持续发展是促进学生发展的动力和源泉。因此,教育研究者要开展教学材料有效性的策略研究。广大教师对教学内容、设计和过程的安排,常常能引发教学科研的需要。通常,教师对教学材料的选择很淡漠,因此应加大对复习课教学材料选择的研究,这是广大教师面临的挑战。

第六节　指向深度学习的"等腰三角形"复习课教学

一、教学内容分析

本节以"等腰三角形"复习课教学设计为例,主要复习等腰三角形中重要的性质和判定定理,进一步体验和巩固等腰三角形中分类讨论和转化的数学思想,并探究与等腰三角形相关的重要几何模型。等腰三角形在初中几何学习中占有相当重要的地位,所以及时复习很有必要。

二、学情分析

学生已经学习等腰三角形的概念、性质和判定,但还没有完全掌握这些相关的知识点,因此,主要定位于等腰三角形的章节复习,更深层次地巩固等腰三角形的性质和判定定理,当三角形中边或角关系不明确时,体会分类讨论的必要性。

三、教学目标

(1)进一步掌握等腰三角形(包括等边三角形)的性质和判定定理,以及等腰三角形"三线合一"的性质,会根据等腰三角形的知识解决简单图形问题。

(2)会利用分类谈论思想理解和解决等腰三角形的相关问题,感受分类讨论思想在解决几何图形问题中的应用。

(3)学会运用数学思想解题,体验等腰三角形的特殊性。

四、教学重点、难点

教学重点是分类思想在解决等腰三角形问题中的应用。教学难点是综合运用分类讨论思想、转化思想解决等腰三角形的相关问题。

五、教学过程

1.梳理知识,激活思维

> 问题1:如图 4-6-1 所示,在△ABC 中,AB＝AC。
> (1)你可以得到的结论是＿＿＿＿＿＿＿＿＿＿＿＿；
> (2)若∠ABC,∠ACB 的角平分线相交于点O,你又能得到哪些结论?
> (3)若点 D 是 BC 上一点,连接 AD,要使 AD⊥BC,则可添加的条件是＿＿＿＿＿＿＿＿＿＿＿＿；
> (4)要使△ABC 为等边三角形,则可添加的条件是＿＿＿＿＿＿＿＿＿＿。

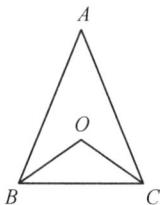

图 4-6-1

【点评】 常规复习课一般会从"等腰三角形有哪些性质?"引入,这种提问只是知识的简单重复和记忆,提不起学生的学习兴趣,也不利于学生思维的发展。而此问题串的形式激发学生思考,唤醒学生旧知,引导学生梳理等腰三角形的性质与判定,以学生为主导,加深了学生对等腰三角形性质与判定的理解,开拓了学生的思维,有较强的针对性。

> 理一理:可以从哪些角度研究等腰三角形? 引导学生梳理,如图 4-6-2 所示。
>
> 等腰三角形 {
> 边 → 两腰长相等(等角对等边)
> 角 → 两底角相等(等边对等角)
> 内部 → 三线合一
> 整体 → 轴对称图形(对称轴是直线)
> }
>
> 图 4-6-2 四大视角看图形

【点评】 在解决问题 1 之后,引导学生以研究几何的常规视角建构知识网络,从四大视角看等腰三角形,指出四大知识点,从而使学生明确学习目标,及时建构知识网络并进行总结,有利于培养学生形成自主有条理思考、梳理问题的好习惯,帮助学生进一步理解和掌握等腰三角形的相关知识。

2.典例解析,建构思维

问题 2:(1)在等腰△ABC 中,若腰 $AB=2$,底边 $BC=3$,则△ABC 的周长为 _____。

(2)在等腰△ABC 中,若 $AB=2$,$BC=3$,则△ABC 的周长为 _____。

(3)在等腰△ABC 中,若有两条边长分别为 2 和 5,则△ABC 的周长是 _____。

问题 3:(4)已知等腰三角形的一个内角是 $50°$,则它的另外两个内角的度数分别为 _____。

(5)已知等腰三角形的一个内角是 $100°$,则它的另外两个内角的度数分别为 _____。

【点评】通过解决问题 2 和问题 3,引导学生总结:在等腰三角形中,若遇到条件不明确的情况,应先分类讨论,再检验其是否符合三角形三边关系。通过解决以上两个基本问题,将等腰三角形中边、角分类讨论的问题串联在一起,让学生有序思考、不遗漏,感受和体验分类讨论的重要性。

问题 4:如图 4-6-3 所示,△ABC 是等腰三角形,它的一部分被墨水弄脏了,只能看到一条边 BC 和一个角∠B。想一想,你能帮小明作出原来的等腰三角形 ABC 吗? 可能会有哪些情况?

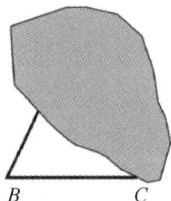

图 4-6-3

【点评】问题 4 是问题 2 和问题 3 的升华,已知一条边和一个角的不完整三角形,让学生根据条件作出原来的等腰三角形。教师通过创设新情境,激发学生的求知欲,引导学生尝试主动分类讨论,积累经验,加强对等腰三角形的认识。通过作图,学生能够全面思考问题,考虑符合要求的所有情况,进一步渗透分类讨论思想。

3.应用迁移,拓展思维

问题 5:如图 4-6-4 所示,在△ABC 中,AB＝AC,∠ABC 和∠ACB 的角平分线相交于点 O,连接 AO。求证:AO⊥BC。

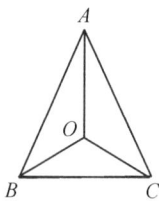

图 4-6-4

【点评】 等腰三角形顶角的角平分线、底边上的中线、底边上的高线"三线合一"是等腰三角形的一个重要性质。通过这一性质,将问题 5 中证明线段的垂直问题转化为证明角相等,既是对该性质的再巩固,也渗透了数学的转化思想。其实,"三线合一"有多重功能,可以在证明两线段相等、两个角相等以及两条直线互相垂直时相互转化,但要注意等腰三角形是前提。

问题 6:如图 4-6-5 所示,在△ABC 中,AB＝AC,∠ABC 和∠ACB 的角平分线交于点 O,过 O 作底边 BC 的平行线 EF,分别交 AB 于点 E,交 AC 于点 F。

(1)图中有几个等腰三角形?

(2)线段 BE,EF,CF 的长度之间有何关系?

(3)若 AB＝12,则△AEF 的周长为多少?

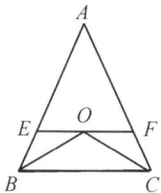

图 4-6-5

【点评】 问题 6 是本节的一个亮点,通过角平分线和平行线相结合,得到等腰三角形。通过问题 6,不仅复习了旧知,还探究了有关等腰三角形的一个新的几何模型,同时让学生感悟到解决复杂几何问题的关键是掌握基本图形,在遇到复杂的几何图形时,可尝试分割图形,将其转化为一些基本图形。这样的问题设置,能激发学生的学习兴趣,调动学生学习的积极性,增强学生分析问题的能力,加深学生对转化思想的认识。

变式 1:如图 4-6-6 所示,AB＝12,AC＝8,其他条件同问题 6,求△AEF 的周长。

变式 2:如图 4-6-7 所示,在△ABC 中,∠ABC 的角平分线与外角∠ACH 的角平分线相交于点 D,过点 D 作 DE∥BC 分别交 AB 于点,交 AC 于点 F。则线段 EF 与线段 BE,CF 有何数量关系?(直接给出结论,无须证明)

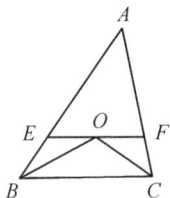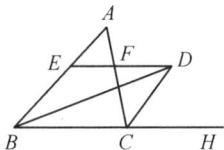

图 4-6-6　　　　　图 4-6-7

【点评】题目循序渐进,难度加深,通过变式 1,将角平分线与平行线巧妙地结合,得到等腰三角形,从而推导出△AEF 的周长实际上始终为 AB 和 AC 的和。同时,及时总结方法,如角平分、线平行、形等腰。

4. 反思总结,深化思维

在学生自主梳理总结基础上,首先给出四句口诀"四大视角看图形,遇边遇角需分类,边角之间互转化,双平等腰助解题。"既提炼了"等腰三角形"专题复习课的主要内容和方法,又别出心裁,增加了课堂的文学趣味性。然后师生共同交流,形成思维导图,如图 4-6-8 所示。

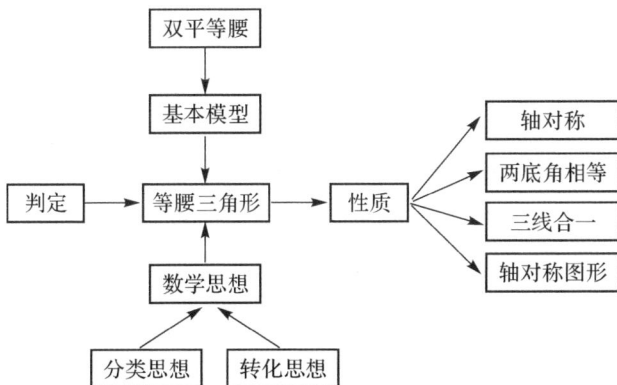

图 4-6-8　"等腰三角形"复习思维导图

六、教学反思

1. 深度学习,建构网络

在数学复习中,知识点的掌握是关键问题,它是解题之源、思维之本。通过复习课的学习,熟练掌握各知识要点,理解与领悟每个知识点的特点与本质,并将其上升至思维层面。首先,对整章知识进行梳理,理清其中的主要知识点,并搞清楚其内涵与外延，有效形成整章的知识网络。然后，注意每个知识点内的横向与纵向联系，形成数学思维的原始反射，从而有效地构建数学的整体知识网络，为应用知识点解决数学问题奠定基础。

2.巧设问题，提升思维

本节设置的问题层层递进，通过合理创设问题，在相关知识和思维的双重铺设下，以及在教师恰当、合理地点拨和引导下，由易到难，由表及里，层层深入，从而达到"围歼"难点的目的。学生经历了发现问题—分析问题—解决问题的完整过程，体验了问题解决与思维加工的全过程，从而利于形成良好的思维品质。同时，通过引导学生从多角度观察和思考问题，开拓了学生的思路，培养了思维的发散性、灵活性和独创性，从而真正达到"做一题，会一类，通一片"的效果。

3.主动参与，激发动力

教师只有不断更新观念，才能实现高效数学复习课堂的建构。本节无论是从课堂的组织形式、教学方式和方法上，还是对课堂主体性地位的把握上，都进行了创新和改革，引导得非常到位。课堂气氛民主和谐，学生全程主动参与、积极发言，与教师一起梳理知识、解析典例、应用迁移、反思总结。

第七节　初中数学教材例题的开发与探究

教材例题是经过教育专家队伍对教学内容的系统研究、反复挖掘而设置的。教师是教学活动的实施者、引导者和促进者，要根据教材的特点和教材中的例题，从学生的实际出发，从学生的兴趣出发，创设学生能主动感知和体验的学习情境，让学生在情境体验的驱动下，对例题进行充分观察、深入思考、深刻挖掘，实现对知识点的科学理解和把握。

一、教材例题的传统功能探究

《新课标》指出，数学的例题要着眼于发展学生的数感、符号意识、几何直观、推理能力、数学分析能力和相关数学思想和推理能力。教材例题有示范教学的作用，通过探究例题的传统功能，充分地挖掘其他功能。

（一）例题的原有功能

分析教材例题发现，教材在示范功能、方法指导、思维启迪和育人功能的渗透等方面，为学生掌握基本知识和基本技能提供了有力的抓手。

1. 示范功能

例题的示范功能既在于教师知识的落实,也在于学生解决问题策略的范例,是数学教学活动有效开展的载体,是某课堂核心知识内容的集中体现。结合《新课标》,初中数学教材例题的示范功能主要在于理解和运用新知,巩固概念和定理以及解决问题;帮助学生掌握解决一类问题的基本流程,模仿解题,达到解题格式的示范作用。特别是在方程例题的讲解中,其示范功能体现得更加淋漓尽致。

"一元一次解法(2)"例题

解方程:$\dfrac{3y+1}{3}=\dfrac{7+y}{6}$。

解析:由于方程中含有分式,因此在求解过程中,要根据等式的性质先去分母,然后基于前一节的知识点,去括号、移项、合并同类项等。

方程两边都乘以 6,得 $6\times\dfrac{3y+1}{3}=6\times\dfrac{7+y}{6}$,即 $2(3y+1)=7+y$。

去括号,得 $6y+2=7+y$。

移项,得 $6y-y=7-2$。

合并同类项,得 $5y=7$。

两侧同除以 5,得 $y=\dfrac{7}{5}$。

【点评】教师在讲解过程中通过板书示范,让学生明确一元一次方程解法的一般步骤:(1)去分母;(2)去括号;(3)移项;(4)合并同类项;(5)将系数化为 1。

2. 方法指导和思维启迪

在教学中,要充分地理解教材,理解例题设置的目的,有深度地学习。在解决例题过程中,根据知识要点设置指导性的问题,通过观察、类比、猜想、归纳等思维活动,启迪学生形成解决问题的方法和策略。

"比例线段"例题

已知 $\dfrac{a}{b}=\dfrac{c}{d}$,判断下列式子是否成立,并说明理由。

(1)$\dfrac{a+b}{b}=\dfrac{c+d}{d}$;　　　　　　　(2)$\dfrac{a}{b}=\dfrac{a+c}{b+d}$。

解析:在讲解这道例题时,要注意方法的指导,帮助学生建立分析架构,同时注意方法的多样化。在解决第(2)题时,可以这样引导:要证 $\dfrac{a}{b}=\dfrac{a+c}{b+d}$,

只需证 $a(b+d)=b(a+c)$,再证 $ab+ad=ab+bc$,而由 $\dfrac{a}{b}=\dfrac{c}{d}$,可得 $ad=bc$,这是几何证明题中经常用到的演绎推理思维。求解完成后,也可以启发学生用其他方法解决问题,即设未知数 k ,设 $\dfrac{a}{b}=\dfrac{c}{d}=k$,则 $a=bk$, $c=dk$,代入化简即可。

【点评】教师可以将对代数几何问题的思考统一化。题目变化,而思维方法不变,在思想和方法上引领学生。

3. 育人功能的渗透

情感和价值观是浙教版数学教材的一个重要目标维度,因此,如何通过例题的教学挖掘其育人功能是重要任务之一。在教学过程中,例题教学体现出来的思维能力有助于学生理性思维能力的培养,统筹解决问题;在例题解决过程中,归纳类比思想、分类讨论、数形结合等数学思想,有助于学生辩证唯物主义思想的形成。

(二)教材例题的功能尚有待挖掘

一是示范功能的拓展有待加强。在数学课堂教学中,教师应在充分理解教材的基础上明确例题设置的目的,理解数学、理解学生,将数学核心思想有效落实。要培养学生的逆向思维能力,举一反三,有效地掌握知识。例如,在讲解绝对值概念时,要从例题出发,结合数轴,理解绝对值的几何意义。在讲解例题时,可以从点到原点的距离引出任意两点之间的距离,并进行有效的归纳。这样的教学示范,为接下来的不等式、坐标内两点间的距离和二次函数的大小比较等知识提供理论基础,从一维空间到二维空间,使知识得以延续与拓展,让学生学得顺其自然。

二是方法指导和思维启迪功能有待挖掘。在求解一类例题时,从"知其然"到"知其所以然"再到"何有知其所以然"。在几何例题教学中,要尝试进行方法指导和思维启迪,例如在讲解相似问题时,可以以图形的变化归纳同类问题的思维方法,并有效掌握这类问题的解决策略。

三是育人功能有待挖掘。在教学过程中,我们只注重问题的背景研究,而忽略了探究精神。要根据教材例题,引导学生根据现有知识进行创新探究,从而培养学生敢于创新的精神。比如,在研究黄金分割点时,我们发现这个比值非常有趣,可使建筑物、生物变得完美,那么现实生活中还有哪些有趣的比值呢?这样的设计,可以激发学生的探究精神,引导学生积极地从文献资料中查阅知识,从而激发学生学习数学的兴趣。

二、教材例题功能再挖掘的策略

数学活动是经验积累和反思的过程。教师可以从例题与习题的条件和结论、题目背景、解题方法、核心素养落实的手段等方面进行挖掘。

(一)情境创设生活化策略

在教学中,例题设置应充分建立在学生已有的生活经验之上,通过教学活动,帮助学生体会数学在生活中的价值,从而激发学生学习数学的兴趣。我们可以根据学生的认知规律,将具体问题抽象为数学问题,利用所学的知识解决问题,以达成教学目标。如在"统计与概率"设计中,可以将垃圾分类这一热点作为题目背景;在解决解直角三角形中的方位问题时,可以引入国产航母"山东号"的航行过程,让学生从题目中感受到祖国的强大,以及运用所学知识为社会服务。

(二)解题思路多元化策略

最终的教学目标是让学生"何有知其所以然"。通过类比教学,多角度地分析思路,对一般解题方法、思维技巧进行再探究。在实际教学中,学生因为认知规律的束缚,只能按部就班地解决问题,没有真正做到一题多解,最终指向多题一解的路径。

如图 4-7-1 所示,在 $\odot O$ 中,A 是优弧 BC 的中点,$AB=BC$,E 为弧 BC 上一点,试证明:$AE=BE+CE$。

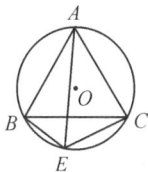
图 4-7-1

【点评】在解决该问题时,可以充分地挖掘背景图形中的知识点,如等边三角形、全等三角形等。鼓励学生多元化地解决问题,如可以利用截长法解题:在 AE 上取一点 F,使得 $AF=BE$,证明 $\triangle AFC \cong \triangle BEC$,从而说明结论;也可以利用补短方法解题:延长 EB 至点 F,使得 $BF=EC$,再证 $\triangle ABF \cong \triangle ACE$,从而解决问题;也可以利用旋转解题:将 $\triangle ACE$ 顺时针旋转 $60°$,则 $\triangle ABF \cong \triangle ACE$。

(三)自我编题促成长策略

在学习例题后,学生应结合自我认知,对相应例题和习题进行反思,从而设计出相应的题目,达到举一反三、提高学习效率的目的。

如图 4-7-2 所示,有一块三角形余料 ABC,它的边长 $BC=120\text{mm}$,高 $AD=80\text{mm}$,要把它加工成正方形零件,使正方形的一边在 BC 上,其余两个顶点分别在 AB,AC 上,问加工成的正方形零件的边长为多少毫米?

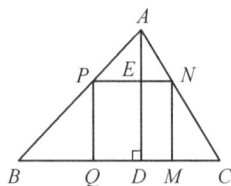

在讲解这一问题时,可以利用对应边上的高之比等于底之比解决问题,为了达到举一反三的目的,可以让学生交流讨论,通过改变条件或图形进行编题。

图 4-7-2

(1)改变内部图形。由单一的正方形到一串正方形的改变,再到镶边问题,如图 4-7-3 所示。

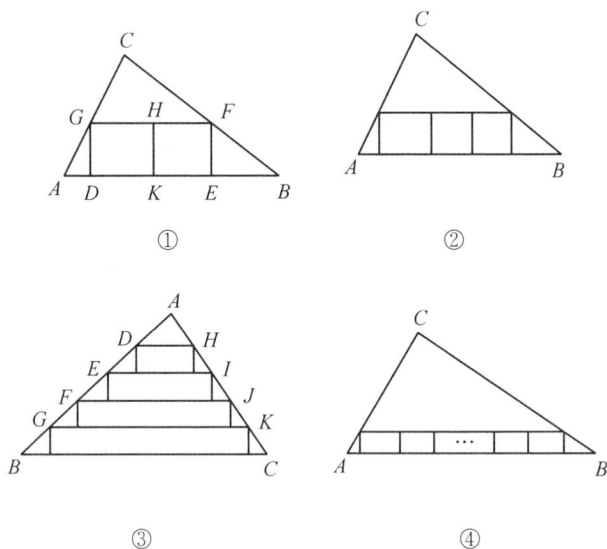

①

②

③

④

图 4-7-3

(2)改变背景图形,求最值。如有一块三角形余料 ABC,它的边长 $BC=120\text{mm}$,高 $AD=80\text{mm}$,要把它加工成长方形零件,使长方形的一边在 BC 上,其余两个顶点分别在 AB,AC 上,问如何加工可使矩形面积最大?

【点评】学生通过讨论设计题目,放开胆子去尝试,从而最大限度地激发探知欲,培养探究精神。

三、教材例题功能再挖掘的实践

教师在备课过程中,要充分地思考教材例题编排的意图,并根据教学目标,不断地挖掘例题背后隐含的知识,让学生更加自然地学好知识,并加以运用。

(一)示范功能的再挖掘

教材例题的示范功能不仅是解题格式的示范,更重要的是解题方法与思维的示范,通过一道题的示范掌握一类题的解法。

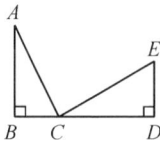

如图 4-7-4 所示,在 Rt$\triangle CAB$ 和 Rt$\triangle ECD$ 中,点 D 在边 BC 的延长线上,且 $\angle ACE = \angle B = \angle D = 90°$。求证:$\triangle CAB \backsim \triangle ECD$。

解析:在 $\triangle ABC$ 和 $\triangle CDE$ 中,

$\begin{cases} \angle B = \angle D = 90°, \\ \angle ACB = \angle CED(\text{同角的余角相等})。\end{cases}$

所以,$\triangle CAB \backsim \triangle ECD$。

图 4-7-4

【点评】 学生在解题过程中、教师在板书示范过程中均可以概括出"一线三等角"问题的一般特征。从相似三角形的判定"两角对应相等的两个三角形相似"入手,进行思维的示范。改变条件,如将直角变为一般角时,该如何解决问题。

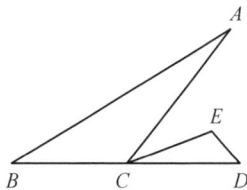

如图 4-7-5 所示,在 $\triangle ABC$ 和 $\triangle CDE$ 中,点 D 在边 BC 的延长线上,$\angle ACE = \angle B = \angle D$,求证:$\triangle ABC \backsim \triangle CDE$。

解析:在 $\triangle ABC$ 和 $\triangle CDE$ 中,

$\begin{cases} \angle B = \angle D, \\ \angle ACB = \angle CED(\text{三角形内角和为 } 180°)。\end{cases}$

所以,$\triangle ABC \backsim \triangle CDE$。

图 4-7-5

【点评】 本题从简单的"一线三直角"问题入手,根据互余角证明角相等。在教学中,可以鼓励学生设计题目,让学生根据自己的理解编题,最后总结归纳,只需要满足 $\angle B = \angle ACE = \angle D$,就能找到相似三角形。从特殊到一般,理解问题的本质,帮助学生从"知其然"到"知其所以然"再到"何以知其所以然",在知识的巩固、解题格式的示范、方法的归纳等方面进行示范,从而有效建立解决几何问题的通法。

(二)方法指导与思维启迪的再挖掘

数学教学的核心素养是方法与思维的拓展,通过例题学习,学生的思维得到升华，探究精神得到培养。

如图 4-7-6 所示，在 Rt△ABC 中，∠C＝90°，$AB＝c，AC＝b，BC＝a$，分别以 $a，b，c$ 三边为边作正方形，求证：$s_2＋s_3＝s_1$。

证明：因为 $s_2＝b^2，s_3＝a^2，s_1＝c^2$。

根据勾股定理，$a^2＋b^2＝c^2$。

所以 $s_2＋s_3＝s_1$。

变式：在 Rt△ABC，∠C ＝ 90° 中，$AB＝c$，$AC＝b，BC＝a$，分别以 $a，b，c$ 三边为边作正三角形，那么有 $s_2＋s_3＝s_1$。

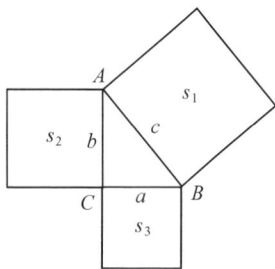

图 4-7-6

【点评】教师从勾股定理入手进行方法指导与思维启迪的再挖掘。一是从直角三角形入手，向外构造图形，探索以同一图形为背景的各图形之间的关系，二是改变图形背景，探索不同背景下图形面积的关系。从不同的层面让学生感受图形变化的本质是勾股定理。值得一提的是，在学习共同体下，学生相互间的交流沟通，有效地促进了问题的解决。归纳复杂图形的探究方法，可为学生自我体验和学习共同体下的合作体验提供范式。

（1）向外构造图形，解决问题的思维不变

如图 4-7-7 所示，直角三角形的两直角边为 $a，b$，斜边为 c，分别以 $a，b，c$ 为直径作半圆（等边三角形、等腰直角三角形等）。求证：$s_2＋s_3＝s_1$。

变式：公元前约 400 年，古希腊的希波克拉底研究了他自己画的图形，得出一个历史性的数学结论。你能说出这个结论并说明理由吗？

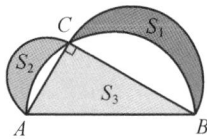

图 4-7-7

（2）探索同一图形为背景下的图形之间的关系

图 4-7-8 是由正方形和直角三角形拼合而成的图形，其中最大的正方形的边长为 7cm。你能求出正方形 A，$B，C，D$ 的面积之和吗？请试一试。

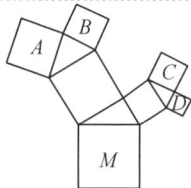

图 4-7-8

【点评】 在让学生设计题目的同时,也可以让学生思考,如果向外作正五边形会得到什么结论,使课堂活起来、动起来。教师可以改变题目的背景知识,与赵爽弦图相结合,从一题多边的角度让学生感受编题的乐趣和数学的魅力,并通过图形论证发现数学中的美,总结发现的美妙知识,这样的学习是有趣的、可拓展的。值得肯定的是,有的学生在理解知识本质的基础上,通过几何画板设计了美丽的几何图形,如图 4-7-9、图 4-7-10、图 4-7-11 所示。

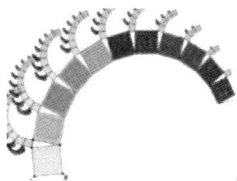

图 4-7-9

图 4-7-10

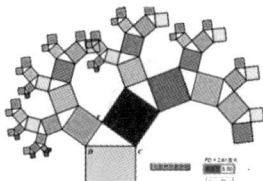

图 4-7-11

在学习过程中,可以利用各种学习工具,通过实践—分享—展示—评价—整合五个循环式的学习环节,让学生在理解例题的方法和思维的基础上,自我设计题目,从而对例题进行再挖掘。教师要通过丰富有趣的活动,激发学生更灵活、有效的学习方式,不断优化学习内容、发展思维、发挥潜能,同时要及时进行总结评价,对学生的积极态度给予正面的评价,让学生感受成果的同时认识自身的价值。

(三)育人功能的再挖掘

现阶段,很多育人的价值仅限于让学生了解背景知识,而没有真正地让数学核心素养落地生根,这种生根的抓手就是探究精神。特别是教材中一些有趣的现象,往往渗透着数学思想和哲理。

$\sqrt{2}$ 也是一个很有趣的比,如图 4-7-12 所示,已知线段 AB,用直尺和圆规作 AB 上的一点 P,使 $AP : AB = 1 : \sqrt{2}$。

A ─────────── B

图 4-7-12

【点评】 在讲解该题之后,教师要充分挖掘其育人价值。数学题目的育人价值在于自我探究和创新精神。多数学生倾向于被动地接受讲解,没有自己的思维,总是觉得只要掌握了书本知识即可,这样培养出来的学生只会盲目地照搬照抄。因此,笔者改变了例题讲解后的巩固,布置了实践作业:通过查找互联网、文献等方式查找有趣的比,写一篇科学小论文,并分享交流。在这个过程中,学生通过小组合作查询了数学中的知识,并了解了这些有趣的比有什么作用,不仅让学生感受数学的博大精深,也培养了科学的探究精神。在合作中发现问题,在交

流中解决问题,在分享中感受数学乐趣,真正地培养了学生学习数学的兴趣。

四、小 结

教师在教学过程中,要立足教材中的例题,从学生的认知水平、思维角度充分挖掘例题的功能,以期发挥例题功能的最大优势。

(1)例题功能的再挖掘,使数学教学活动更加有效,从而促进核心素养落地。在教学中,教师对解决问题方法进行示范,从类比的角度将多题归一解,从例题方法与思维的启迪中培养学生的探究精神,从例题的育人功能中激发学生研究数学的精神,从而让学生对数学的理解更加深入,激发学习兴趣。

(2)例题功能的再挖掘,需要教师具有更高的素质。在教学中,教师要充分地研究教材、比较教材,结合课程标准,有效地挖掘例题最终指向。同时,要学习一些前沿知识,在教学中渗透人文素养,探究方式与方法,让数学课堂"活"起来。

第八节 基于核心思想的"反比例函数"复习课教学

一、教学内容分析

以"反比例函数"复习课为例,主要围绕反比例函数的概念、图象、性质及应用展开教学。重点学习反比例函数的函数值比较,借助图象解特殊方程组、不等式等,进一步总结应用反比例函数解决问题的基本思路与策略,并强化学生对数形结合思想和转化思想的认识。

二、学情分析

本节主要定位于"反比例函数"专题复习,所涉及知识点多、知识面广、综合性强,且数形结合思想贯穿于问题解决的始终,需要学生有较强的理解能力和思维水平。

三、教学目标

(1)借助图象,复习反比例函数的主要知识与方法。
(2)根据反比例函数的图象与性质等,比较函数值。
(3)借助反比例函数的图象,解一些特殊的方程组、不等式,初步体验方程、不等式、函数间的联系。
(4)体会数形结合思想、分类讨论思想在解决函数问题中的应用。

四、教学重点、难点

教学重点是反比例函数的图象、性质。教学难点是理解反比例函数的增减性,函数、方程、不等式之间的关系。

五、教学过程

1.梳理知识,激活思维

(1)从南浔到桐乡大约 40 km,设汽车从南浔开往桐乡的平均速度为 v km/h,汽车行完全程用时为 t h。

①求 t 关于 v 的函数关系式;

②设 $60 \leqslant v \leqslant 80$,则函数 $t = \dfrac{40}{v}$ 的大致图象是 (　　)

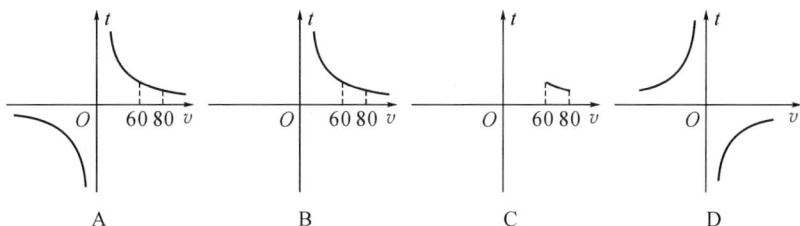

(2)呈现学习目标(略)。

(3)观察图 4-8-1,请说出尽可能多的结论。

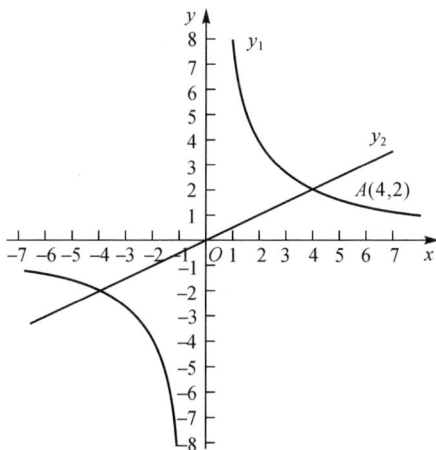

图 4-8-1

【点评】 通过创设问题情境，明晰"反比例函数"专题复习的主要方向，激发学生的学习热情，突出数形结合的数学思想，并呈现学习目标。第(3)题针对教学目标(1)而设计，属于开发性问题，有利于激活学生反比例函数的主要知识，有利于学生思维的不断深化。

2.典型解析，建构思维

> 问题 1：已知点 $A(-2,y_1)$，$B(-1,y_2)$ 都在反比例函数 $y=\dfrac{4}{x}$ 的图象上，则 y_1，y_2 的大小关系为 _____ ；当 $-4\leqslant x\leqslant -1$ 时，y 的最大值与最小值分别为 _____ 、_____ 。
>
> 变式 1：已知点 $A(x_1,y_1)$，$B(x_2,y_2)$，$C(x_3,y_3)$ 都在反比例函数 $y=\dfrac{-m^2-1}{x}$ 的图象上，且 $x_1<x_2<0<x_3$，将 y_1，y_2，y_3 按照从大到小的顺序排列：_____ 。
>
> 变式 2：若点 $A(x_1,y_1)$，$B(x_2,y_2)$ 都在函数 $y=\dfrac{1}{2x}$ 的图象上，则当 x_1，x_2 满足 _____ 时，$y_1>y_2$。
>
> 追问：通过以上问题，请你说说如何利用反比例函数的图象比较函数值？

【点评】 问题 1 及其变式都是针对目标(2)而设计的，以题组的形式呈现。通过解决这些问题，帮助学生掌握代入法、反比例函数的增减性、图象法等解决反比例函数问题的基本方法，掌握从特殊到一般、从正向思维到逆向思维等较复杂问题的一般方法，并在解题过程中体会分类讨论、数形结合等数学思想。最后，引导学生总结比较函数值的方法。

3.综合探究，拓展思维

> 问题 2：如图 4-8-2 所示，一次函数 $y_1=k_1x+b$ 的图象经过反比例函数 $y_2=\dfrac{k_2}{x}(k_2\neq 0)$ 上的点 $A(-1,4)$ 和 $B(2,-2)$。
>
> (1)分别求出一次函数和反比例函数的解析式；
>
> (2)根据图象，直接写出方程组 $\begin{cases} y_1=k_1x+b, \\ y_2=\dfrac{k_2}{x} \end{cases}$ 的解 _____ ；
>
> (3)根据图象，当 $y_1<y_2$ 时，x 的取值范围是 _____ 。

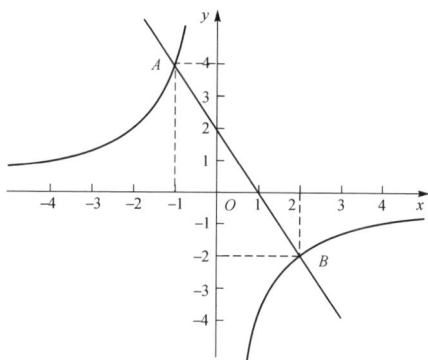

图 4-8-2

【点评】根据图象,分析两个函数图象的交点与方程(组)的解之间的关系,让学生认识到两个函数的交点坐标就是方程组的解,从而界定第(3)题中自变量 x 的取值范围,在解题过程中渗透数形结合思想。

4. 尝试应用

问题 3:(1)解不等式 $x-2>\dfrac{3}{x}$;

(2)方程 $x^2-1=\dfrac{1}{x}$ 实数解的个数为　　　　　　　( )

A. 3　　　　　　　B. 2　　　　　　　C. 1　　　　　　　D. 0

(3)函数 $y=x$,$y=x^2$ 和 $y=\dfrac{1}{x}$ 在同一平面直角坐标系中的图象如图 4-8-3 所示。给出下列命题:

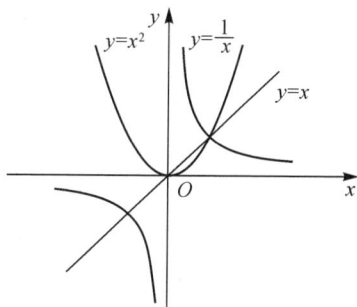

①如果 $\dfrac{1}{a}>a>a^2$,那么 $0<a<1$;

②如果 $a^2>a>\dfrac{1}{a}$,那么 $a>1$;

③如果 $\dfrac{1}{a}>a^2>a$,那么 $-1<a<0$;

图 4-8-3

④如果 $a^2>\dfrac{1}{a}>a$,那么 $a<-1$。则　　　　　　　( )

A. 正确的命题是①④　　　　　　B. 错误的命题是②③④

C. 正确的命题是①②　　　　　　D. 错误的命题只有③

【点评】通过第(1)和(2)题,学生积累了用图象法解决特殊不等式、特殊方程的经验,理解了数与形之间可以互相转化,并学会了将不等式、方程等问题转化为函数问题,体验方程与函数之间的关系,体会分类讨论思想、数形结合思想的应用。通过第(3)题,学生学会在复杂图形中找到关键点——交点,并按交点进行分类,提高学生应用分类讨论思想、数形结合思想解题的能力。

5.自我评价,反思内化

(1)这节课给你印象最深的是什么?

(2)你还有什么疑难问题?

由学生自主反思、小结,师生共同整理、补充,有助于提高学生的概括能力、抽象能力、表达能力。同时,利用思维导图进行课堂小结,对知识建构起到了很好的促进作用,使学生能更好地把握该知识领域的全貌,将知识方法融会贯通。

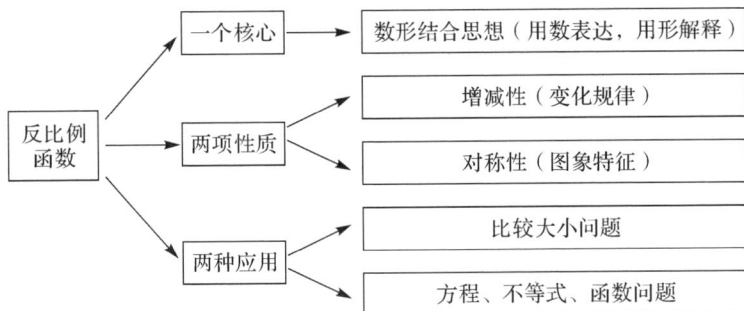

图 4-8-6 "反比例函数"复习思维导图

六、教学反思

笔者在设计本节的教学内容时,紧抓住反比例函数的增减性,方程、不等式与函数之间的关系两块核心内容,切入点低,层次性强,思维含量高。

(1)目标导航,引领学习。在课堂开始时就呈现学习目标,让学生明白要复习的内容、方法以及复习策略,真正体现了目标—教学—评价匹配性。

(2)问题引导,激活思维。通过一道开放性问题,回顾了反比例函数的概念、图象以及图象的性质,帮助学生形成初步的知识体系;通过问题 1 和问题 2,学生体验了从特殊到一般、数形结合、分类讨论等数学思想方法,形成数学思维,为后一阶段的学习做好了铺垫。

(3)变式练习,凸显本质。通过设计两组变式问题,学生理解了反比例函数的本质,体验了函数、方程、不等式间的关系,更好地了解了变式方法以及不变的本质,达到"会一类,通一片"的效果。

第五章 "生本课堂"设计范例

"生本课堂",即以学生为本的课堂,是一种新的教学形态,是一种"以学生的发展为本"的教育理念,它营造了一种浸润着民主、平等、激励和谐的人文课堂环境。它倡导的自主学习、合作学习、探究性学习都是以学生的积极参与为前提的,将由老师讲、学生听的传统教学模式转变为学生自主学习的模式。在该教学形态下,教师的角色也发生了转变,从"知识的神坛"上走下来,成为学生学习的伙伴。师生共同组建起"学习共同体",平等地交流和探讨,同时,教师允许学生提出独特的见解、奇特的想法,暂缓批评,激励善待学生,让学生的心智和心灵自由自在地放飞。

第一节 从一道几何中考题看"生本课堂"价值体现

通过对一道典型的探究型中考几何考题的评析,笔者发现了"生本课堂"教学形态的价值体现,并总结归纳了一些教学启示,与同仁共勉。

一、一道典型几何中考题的评析与教学案例

中考题呈现

已知△ABC是等边三角形。

(1)将△ABC绕点A逆时针旋转角θ($0°<\theta<180°$),得到△ADE,BD和EC所在直线相交于点O,则

①如图5-1-1所示,当$\theta=20°$时,△ABD与△ACE是否全等? _____（填"是"或"否"）,$\angle BOE=$ _____;

②当△ABC旋转到如图5-1-2所示位置时,求$\angle BOE$的度数。

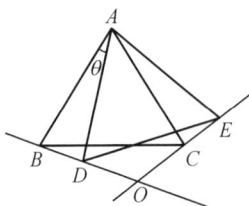
图 5-1-1

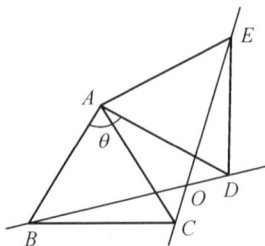
图 5-1-2

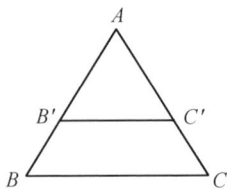
图 5-1-3

(2)如图 5-1-3 所示，在 AB 和 AC 上分别截取点 B' 和 C'，使 $AB=\sqrt{3}$ AB'，$AC=\sqrt{3}AC'$，连接 $B'C'$，将 $\triangle AB'C'$ 绕点 A 逆时针旋转角 $\theta(0°<\theta<180°)$，得到 $\triangle ADE$，BD 和 EC 所在直线相交于点 O，请探索 $\angle BOE$ 的度数，直接写出结果，不必说明理由。

【点评】本题的考点为旋转的性质、全等三角形的判定和性质、三角形和多边形的内角和定理、等边三角形的性质等，这是一道非常有特色和魅力的几何证明题。从第(1)题第①小题的特殊值情况到第②小题的一般情况，让学生经历从特殊到一般的过程，由于整个问题是在旋转的背景下进行的，因此关键还是利用旋转变换的性质及转换思想得到相等的线段和角，再通过证明三角形全等得到角度之间的转化，进而求解。第(2)题则是通过条件变式，将两个全等的等边三角形转化为两个不同大小的等边三角形，"换汤不换料"。理解了第(1)题的本质，再解决第(2)题就不难了。

　　在一次习题课上，笔者把这道中考题拿出来，让学生进行探究学习。在学生审题(第(1)题的第①小题)并进行一定的思维过程之后，开始组织学生自由表达想法。

　　学生 1：我认为这两个三角形是全等的。

　　(部分学生点头表示赞同。)

　　教师：很好，不过看来还有同学有不同的想法。

　　(这时，笔者请一位数学基础不是很好的学生谈谈自己的想法，"生本课堂"就应该体现在学生的高参与上，要让学生成为课堂的主角。)

　　学生 2(困惑的眼神)：老师，我还没看出能证明全等的三个条件。

　　教师：那你还差什么条件呢？

　　学生 2：两对边是有了，还差一个条件。

教师:哦,同学们能帮帮他吗?

(这时,全班大部分学生举起了手,迫不及待地想帮助这位同学。)

学生3:还有一对夹角,$\angle BAD = \angle CAE = \theta = 20°$。

【点评】 以上是第一个小探究过程,是在师生互动中完成的,完全体现了"以学生为本,教师为导"的新理念。

在求解第(1)题的第②小题时,考虑该题是从特殊转变为一般,需要理清题目中较为复杂的各角之间的关系,于是让学生进行合作学习式探究。然后,让各组派代表进行方法展示:

组1代表:我们组得出的结果是$\angle BOE = 120°$,思路同第①小题,先利用SAS证明$\triangle BAD \cong \triangle CAE$,再根据全等三角形对应角相等,可得$\angle ADB = \angle AEC$,再利用"四边形$ABOE$的内角和等于$360°$",推得$\angle BOE + \angle DAE = 180°$,最后,根据等边三角形的每个角都是$60°$,得到$\angle DAE = 60°$,从而$\angle BOE = 180° - 60° = 120°$。

组3代表(诧异的眼神):关于"利用'四边形$ABOE$的内角和等于$360°$',推得$\angle BOE + \angle DAE = 180°$",可以解释具体点吗?

组1代表(镇定自若):请看图5-1-2,四边形$ABOE$的内角和可以看作五个角相加,即$\angle BOE + \angle AEC + \angle DAE + \angle BAD + \angle ABD = \angle BOE + \angle ADB + \angle DAE + \angle BAD + \angle ABD = \angle BOE + \angle DAE + 180° = 360°$,所以$\angle BOE + \angle DAE = 180°$。

(少数学生听明白了,但是大部分学生仍不太理解,这时,需要教师进行适当引导和点拨,教师帮组1代表做了解释,以帮助其他学生理解这种方法。)

组5代表(自信的眼神):我们组有更好的方法。

学生们(期待的眼神):好! 请赐教!

组5代表:我们学过一种基本图形,大家还记得吗?(该学生边说边在黑板上随手画了图形⋈。)

(学生们想了一下,点头表示认可。)

组5代表:该基本图形的特点是什么呢? 大家还记得吗?

(学生们纷纷讨论起来。)

组5代表:对啊,该基本图形中的两个三角形,除一对对顶角相等外,剩下的两对角中只要有一对相等,另一对肯定也相等。那么请看图5-1-2,在以

A,B,C,O 为顶点的基本图形中,根据 $\triangle BAD$ 和 $\triangle CAE$ 全等,可得 $\angle ABD=$ $\angle ACE$,所以 $\angle BOC=\angle BAC=60°$,于是 $\angle BOE=120°$。(掌声雷动)

部分学生低声说:哇!这种方法真好,既简单又容易理解!

【点评】教师对该方法给予了极高的评价,并适当做了点评及补充,以完善学生的认知结构。

对于第(2)题,引导学生可以通过画图进行探究,如图 5-1-4 和图 5-1-5 所示,学生就不难得到结果了,当然,还要引导学生根据图形,即对 θ 值进行分类讨论,当 $0<\theta<30°$ 时,$\angle BOE=60°$;当 $\theta=30°$ 时,点 O 与点 E 重合,$\angle BOE$ 不存在;当 $30°<\theta<180°$ 时,$\angle BOE=120°$。

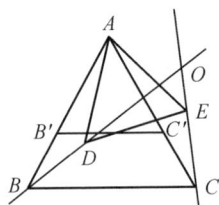 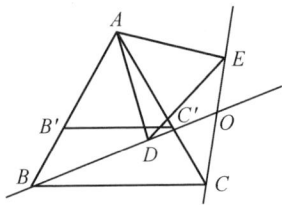

图 5-1-4　　　　　　　　　　　　　图 5-1-5

教师还可以继续引导学生变式探究。在第(2)题中,点 B',C' 分别在线段 AB 和 AC 上,假如将条件改为:点 B',C' 分别在 AB 和 AC 的延长线上,且满足 $AB'=AC'$,如图 5-1-6 所示,把 $\triangle AB'C'$ 旋转到 $\triangle ADE$ 的位置,如图 5-1-7 和图 5-1-8 所示,显然,将大等边三角形进行旋转,发现情况完全相同。通过变式,引导学生明白"形变质不变"的道理。其实每种情况都能利用基本图形 ⋈ 来解决。

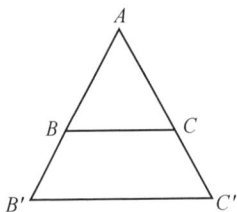 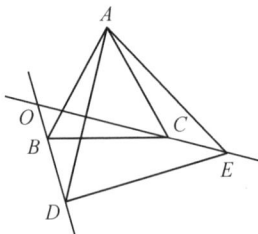 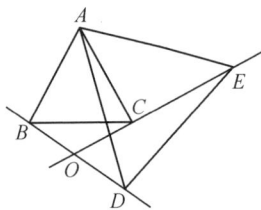

图 5-1-6　　　　　　　　　图 5-1-7　　　　　　　　　图 5-1-8

二、"生本课堂"的价值体现

(一)"生本课堂"通过变式教学让学生成为课堂的主角

通过对以上几何中考题的评析与教学案例的分析,发现题中出现了诸多变式拓展图形,这是通过对等边三角形的旋转变换进行探究的过程。可见,在近几年的中考题中,变式拓展探究类问题已逐渐成为主流。因此,在平时的几何教学中,"生本课堂"一贯重视变式教学,有时甚至会让学生进行变式,引导学生在一系列变化中寻找规律,发现"变"中的"不变",从而找到整个系列问题的根本解决办法。另外,从课堂形式看,变式教学可以激发学生的好奇心、求知欲和创造力以及求异思维,从而提高学生的课堂参与度,让学生真正成为课堂的主角。

(二)"生本课堂"通过数学思想方法开启学生智慧之门

不难发现,这道典型几何中考题渗透着诸多重要数学思想方法,包括转化(化归)思想、从特殊到一般思想、分类思想、类比思想等。培养学生的数学思维,即数学思想方法是数学教学最重要的内容。数学思想方法是一种对数学知识、方法、规律的本质认识,是数学的精髓,是学生形成良好认知结构的纽带,是知识转化为能力的桥梁。当然,数学思想方法要逐步渗透于概念、性质、法则、公式、公理、定理等的学习过程,学生在掌握表层知识的同时,又能体悟到深层的数学思想方法,从而在思维上产生质的飞跃。

在"生本课堂"中,教师经常会引导学生主动参与结论的探索过程,而并非让学生机械地记忆结论,让学生在探索过程中亲身体验创造性思维活动中所用到的数学思想方法。数学思想方法具有隐性的特点,它隐于知识内部,必须以数学问题为载体,经过循序渐进和反复训练,才能使学生真正地有所领悟。只有注重数学思想方法的教学,才能帮助学生开启智慧之门,摆脱题海之苦。

(三)"生本课堂"通过基本图形渗透把复杂问题简明化

在"生本课堂"中,教师会比较注重引导学生归纳基本图形,将较复杂的图形分解为基本图形,并分析其中的基本元素及其关系,将复杂问题简单化,灵活地运用基本图形解决相关问题。

(四)"生本课堂"通过探究活动培养学生创新思维能力

通过一系列变式探究,学生经历了知识探究的全过程,解题能力得到了提高,思维得到发展。知识探究过程是变式教学的"生命线",帮助学生经历发现问题—得出猜想—操作体验—探索交流—质疑反思—推理验证—解决问题的整个过程,其中不乏"山重水复""柳暗花明"的学习体验。从思维的锻炼和能力的形成角度看,它要比单纯的解题训练更深刻、更有效。在平时的几何教学中,教材提供了不少探究活动,其中隐藏着很大的挖掘空间,教师要提醒学生切忌浅尝辄止,引导学生从基本的问题出发开展讨论和探究,适度地引导学生探索、发现新的结论与方法,激发学生的学习兴趣,培养学生的学习能力和思维创新能力。同时也让学生在经历知识探究的过程中,充分体验"一题多变"的情趣以及"多变归一"的妙趣。

在《新课标》下,教师只有在教学中不断贯彻"生本课堂"理念,切实转换教学方式,顺应学生的学习方式,倡导学生养成自主学习、探究学习、合作学习的全新学习方式;同时,根据新的数学课程目标,运用现代教育理念和技术建立新的数学学习的评价方式,才能使数学教学充盈智慧和灵气,令学习充满激情和多彩!

第二节　基于"数学导学式生本课堂"的学习设计

"数学导学式生本课堂"是在以学生发展为本的核心观念的指导下,以学习目标为导航,以学习活动为载体,以学习评价为手段,努力创建学生自主学习与教师助学相融合的学习课堂。"数学导学式生本课堂"以学生的学习轴为中心,围绕"为什么学、学什么、怎么学、学得怎样"等学习环节,展现学生的学习全过程,充分凸显"目标科学性、学习自主性、评价实效性"等核心特征。本节以"一次函数的图象"为例,谈谈基于"数学导学式生本课堂"的学习设计。

一、制订清晰、合理的学习目标

课时学习目标是指学生通过主动的学习活动预期达到的结果或标准,明确、具体地表述了通过学习以后学习者能做什么。课时学习目标是课堂教学活动的核心和灵魂,是课堂教学的出发点和归宿。确立清晰、合理的学习目标是"数学导学式生本课堂"的首要考虑要素。只有以清晰、合理的学习目标做引领,学生才能知道将要做什么、将要达到什么目标,学生的学习活动才有方向性、针对性、有效性、主动性。如何确立科学、准确的学习目标? 笔者认为可实施以下步骤。

(一)学习《新课标》,明确《新课标》要求

华东师范大学崔允漷教授曾指出,《新课标》背景下的有效教学应该是基于课程标准的教学。因此,学习目标的准确定位源于课程标准,在学习课程目标、学段目标的基础上,明确《新课标》对学习内容的具体要求。如《新课标》对一次函数的内容要求是:结合具体情境体会一次函数的意义;能根据已知条件确定一

次函数的表达式;利用待定系数法确定一次函数的解析式;能画出一次函数的图象,根据一次函数的图象和表达式 $y＝kx＋b(k≠0)$,探索并理解当 $k＞0$ 和 $k＜0$ 时,图象的变化情况;理解正比例函数;体会一次函数与二元一次方程的关系;能用一次函数解决简单的实际问题。

(二)内容分析,析出蕴含的数学思想

深刻理解教材的编写意图,分析知识间的内在逻辑联系,发掘相关核心内容蕴含的数学思想方法与学习价值(学科逻辑价值、应用价值与育人价值)。如画函数图象的学习过程既是对常量与变量、函数与一次函数知识的延展,又是学习一次函数的性质、反比例函数和二次函数的图象与性质的重要基础,也是高中阶段学习代数、解析几何等的重要基础。学生在动手画一次函数图象的过程中,体验学习函数图象的重要性。在学习时不仅能画出一次函数的图象,而且能理解一次函数图象是如何反映自变量与函数之间的关系的,并知道图象是解决问题的策略之一。在解决问题过程中体验数学结合思想、变化对应思想。

(三)学情分析,定位学生的现实需求

美国著名心理学家奥苏贝尔在《教育心理学》一书的扉页上写道:"如果我不得不将教育心理学还原为一条原理,我将会说,影响学习的最重要因素是学生已经知道了什么。根据学生的原有知识状况进行教学。"因此,要想正确定位学习目标,教师就要了解学生的已有基础与"最近发展区"。如在学习一次函数图象之前,学生已经学习函数的三种表示方式,知道图象法是其中之一,因此学生对图象与变量之间的关系已有所认识,并能从图象中获取相关的信息。教师在教学中应重点引导学生突破函数与图象的对应关系。

(四)确立课时学习目标

(1)借助实际情境,能用自己的语言说出函数图象的概念。

(2)经历描点法画一次函数图象的过程,能用描点法作函数图象,获得画函数图象的经验。

(3)通过画图、观察、分析、归纳得出一次函数图象的特征,探索 k,b 的符号与一次函数图象的位置关系。

(4)会求一次函数的图象与坐标轴的交点,能用两点法作一次函数的图象。

(5)在一次函数图象学习过程中,体验数形结合思想和函数思想,体会函数图象的重要性,感受一次函数图象的简洁美。

上述学习目标不同于传统的教学目标。它是站在学生的角度,阐明学生应该通过怎样的学习活动,学会做什么,能做什么,能达到什么程度,而且这些变化可观察、可测量,是课程目标基于一节课特定内容、特定学情的具体化。

二、设计与目标相匹配的学习活动

有了明晰的学习目标,学生的学习行为便有了"导航"。那么,学习目标怎样为学习活动导航呢? 首先,对学习目标进行适当分解,将分解后的分目标设计为学习任务;其次,针对每项学习任务,设计与之相匹配的学习活动或活动模块,将目标、任务蕴藏于活动过程。在活动设计中,让学生有足够的时间和空间经历观察、猜想、实验、计算、推理、验证等活动,注重活动过程本身对学生的教育价值,更要激发学生的学习兴趣与内在的学习动机。

(一)认识函数图象概念

某天气温变化情况如图 5-2-1 所示。思考下列问题:

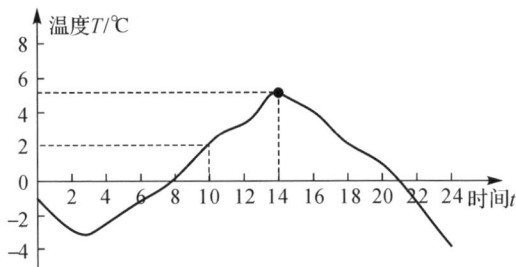

图 5-2-1

(1)温度 T 是关于时间 t 的函数吗?

(2)这种表示函数的方法是什么?

(3)你能从图象中获得哪些信息?

(4)这个函数图象是怎样画出来的?

(5)什么是函数图象?

【点评】本学习活动针对目标(1)和(5)而设计。以学生比较熟悉的生活情境为背景设计问题,激活学生已有的知识,复习函数的概念及表示方法,让学生初步感受函数与图象的联系,并体会函数图象在解决数学问题中具有形象、直观等重要特点,从而激发学习函数图象的兴趣。在学生作函数图象的过程中,自然而然地明白函数图象的产生方法,并了解函数图象的形成过程(图 5-2-2)。

$$\boxed{\text{一对值}} \longrightarrow \boxed{\text{一个点}} \longrightarrow \boxed{\text{所有点}} \longrightarrow \boxed{\text{图象}}$$

图 5-2-2

(二)动手操作,探索一次函数图象的特征

1.在平面直角坐标系中,作一次函数的图象

> (1)根据函数图象概念,作一次函数 $y=2x$ 与 $y=2x+1$ 的图象有哪些主要步骤?
>
> (2)作一次函数 $y=2x$ 与 $y=2x+1$ 的图象。
>
> ①列表。(思考:列表时如何合理取值?)
>
> ②描点。(思考:观察所描的两组点,你发现了什么? 与同伴交流。)
>
> ③连线。

【点评】本学习活动根据目标(2)而设计。学生在第一次接触时用描点法作函数图象,列表是三个步骤中最关键的环节。在充分思考并发表想法的基础上,根据解析式特点、自变量的取值范围合理取值,获得作函数图象的经验,即列表、描点、连线。

2.探索一次函数图象的特征

> (1)一次函数 $y=2x$ 与 $y=2x+1$ 的图象分别是什么? 如何验证?
>
> (2)一次函数 $y=kx+b$ 的图象是什么?

【点评】本学习活动基于目标(3)和(5)而设计。从特殊到一般,让学生经历观察、分析、猜想、验证过程,归纳一次函数图象是直线的特征。当验证"一次函数的图象是一条直线"时需要从"数(解析式)—形(图象)"和"形(图象)—数(解析式)"两个方面进行,从而初步理解一次函数的解析式与图像是一一对应的关系。

(三)用两点法作一次函数图象

> 在同一坐标系作出下列函数的图象,并求它们与坐标轴的交点坐标:
>
> ① $y=-3x$;② $y=-3x+2$;③ $y=-3x-2$ 。
>
> (1)小组交流:①一次函数的图象是一条直线,根据两点确定一条直线,

你在作图时你分别选择哪两个点？说明理由。②它们与坐标轴的交点坐标分别是什么？如何求得？

（2）全班交流:①用两点法作一次函数图象的步骤;②函数 $y=-3x$,$y=-3x+2$,$y=-3x-2$ 的图象的共同点与不同点。

【点评】 本学习活动是基于目标(4)而设计的。一是让学生熟练一次函数图象的作法,能用两点法作图,体会作图的简洁性;二是让学生在经历观察、分析、归纳的过程中,概括 $y=kx$ 与 $y=kx+b$ 的图象特征。三是让学生学会求函数图象与坐标轴交点的方法。

（四）探索 k,b 的符号与函数 $y=kx+b$ 的图象位置关系

观察:$y=2x$,$y=2x+1$,$y=-3x$,$y=-3x+2$,$y=-3x-2$ 的图象

（1）学生独立思考:以上每个图象分别经过哪几个象限？它们的 k,b 分别是多少？

（2）合作讨论:k,b 的符号与一次函数图象的位置关系。

【点评】 本学习活动是基于目标(3)而设计的,在学生在作图、识图过程中,为学生概括 k,b 的符号与一次函数图象位置的关系,让学生体会数形结合思想。

（五）自主归纳,感悟提升

（1）本节课我们主要学习了一次函数图象的哪些内容？

（2）在一次函数图象学习中,你获得了哪些经验与方法？感受最深的是什么？

【点评】 让学生进行梳理反思,从知识、方法、经验等角度总结学习的收获,用恰当的方式呈现收获,并通过交流分享,进一步提升学生对一次函数图象的认识、理解。

3. 设计学习活动评价方案

设计学习活动评价方案是"导学式生本课堂"的重要环节。学生的学习活动评价方案,可从过程性评价、结果性评价两个维度进行设计,通过师生互评、生生互评促进学习目标的达成。

1.过程性评价。运用课堂观察,针对每项学习任务,从学生的学习方式、学习状态、成果反馈等视角进行观察评价。

2.结果性评价。通过设计检测题,检测学生即时学习目标的达成度。

"一次函数图象"检测题设计

1. 函数 $y=2x+3$ 的图象是 　　　　　　　　（　　）

A. 过点 $(0,3)$, $\left(0,-\dfrac{3}{2}\right)$ 的直线　　　B. 过点 $\left(0,-\dfrac{3}{2}\right)$, $(1,5)$ 的直线

C. 过点 $\left(-\dfrac{3}{2},0\right)$, $(-1,1)$ 的直线　　D. 过点 $(0,3)$, $\left(\dfrac{3}{2},0\right)$ 的直线

2. 函数 $y=-8x$ 的图象经过第_____象限;函数 $y=-8x+16$ 的图象经过第_____象限。

3. 若函数 $y=2x+b$ 的图象与 y 轴的交点在 x 轴下方,则 b 的取值范围为_____。

4. 在同一坐标系里作下列一次函数的图象,并标出它们与坐标轴的交点:① $y=\dfrac{1}{2}x$;② $y=\dfrac{1}{2}x+2$;③ $y=-\dfrac{1}{2}x+2$。

5. "五一"小长假期间,A 地先后有两批游客分别乘中巴车和小轿车沿相同路线从 A 地赶往 B 市旅游,图 5-2-3 为其行驶过程中路程随时间的变化关系。

①根据图 5-2-3,请分别求出中巴车和小轿车在行驶过程中路程与时间之间的函数关系式(不要求写自变量的取值范围);

②直接写出中巴车和小轿车的行驶速度。

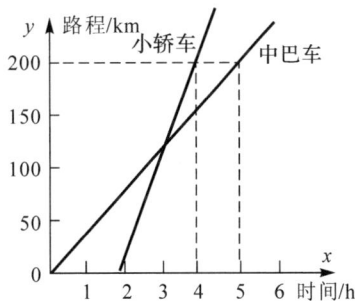

图 5-2-3

【点评】 检测题1主要针对目标(1)(3)而设计,用于评价学生对一次函数图象的理解;检测题2针对目标(3)而设计,用于评价学生对正比例函数、一次函数图象特征的理解;检测题3针对目标(4)而设计,用于评价学生对一次函数图象位置的掌握;检测题4针对目标(4)而设计,用于评价学生用"两点法"作一次函数图象及一次函数图象与坐标轴的能力;检测题5针对目标(1)(3)(5)而设计,用于评价学生从图象中获取实际信息,并准确处理这些信息的能力,理解图象与解析式之间的关系。

总之,"数学导学式生本课堂"以学生的学为本,以目标设计学习活动,以

评价促进学生学习，从而最大限度地减少了课堂学习活动的随意性和盲目性，激发了学生的学习动力，激活了学生的学习思维，让学生在学会中会学，在会学中乐学。

第三节 "问题串"引领下的"导学式生本课堂"设计

当今，在减负增效大背景下，广大教师试图从学生"学"的角度，探究初中课堂教学各个环节中的有效方法与途径，以革除现行课堂教学过程中的种种弊端，改变课堂教学无效和低效的现状。时下比较盛行的是教师如何在教学目标的引领下通过"导"让学生学会"学"，这里的"学"，是一种自我探究、合作发现式学习，它主动参与知识的建构与应用过程。在这一学习过程中，学生或多或少会经历科学的认识过程，能够在获得知识的同时，逐步提高思维水平和探究能力。经过长期实践与探索，笔者发现了"问题串"引领下的"导学式生本课堂"可以实现以教为中心向以学为中心转变，还原学生学习主体的身份，从而实现课堂上的以人为本。

一、对"问题串"引领下的"导学式生本课堂"的理论认识

"问题串"是指在一定的学习范围或主题范围内，围绕一定目标或某一中心问题，按照一定逻辑结构精心设计的一组（一般在三个以上）问题。

笔者通过日常教学发现，如果能利用有效的"问题串"设计进行导学，并让学生的学习模式有所改变，将原来的被动式学习转变为独立思考或小组合作研讨的自主性学习模式，将课堂完全交予学生，那么就可以真正做到生本课堂。

二、"问题串"引领下的"平行四边形的性质与判定"生本课堂导学

以"平行四边形的性质与判定"复习课的部分关键教学片段为例，探讨"问题串"引领下的"导学式生本课堂"设计。

（一）"问题串"引领下的情境导入

亚里士多德说过，思维从对问题的惊讶开始。学习的兴趣和求知欲是学生能积极思维的动力，要激发学生学习数学的兴趣和求知欲，行之有效的方法是创设合适的问题情境。

问题串 1：画一画

问题 1：如图 5-3-1 所示，这是一张被撕破的平行四边形纸片，你能复原吗？温馨提示，从 A，C 两个顶点撕开。可以使用推平行线的方法。

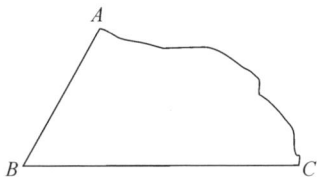

图 5-3-1

学生：能。（齐声）

问题 2：那么怎么复原呢？

学生纷纷说出了自己的想法（至少 4 种），并画在导学提纲上。

问题 3：对于每次复原的方法，你的依据是什么呢？

学生 1：平行四边形的判定方法。

问题 4：由此可知，平行四边形的判定方法有哪些？

学生 2：有一组对边平行且相等的四边形是平行四边形……

待学生说出 4 种判定方法后，引入课题：很好，今天就让我们一起来复习一下平行四边形的性质与判定。

【点评】本问题串的设计完全符合学生的"最近发展区"，而且能够激发学生的兴趣。这种"串联式问题串"的设计，实质上是在引导学生带着问题进行主动学习，是由表及里、由浅入深地自我建构知识体系的过程。前一个问题是后一个问题的基础和前提，后一个问题是前一个问题的发展、补充和延续。这样每个问题都成为学生思维的阶梯，多个问题形成一个具有一定层次和逻辑结构的问题链，使学生在明确知识内在联系的基础上获得知识并提高思维能力。从形式上看，教师能通过"问题串"的设计对学生进行有效"导学"，而学生也能通过师生互动式的自主学习，真正成为课堂的主体，从而建构"生本课堂"。

（二）"问题串"引领下的旧知巩固

复习课中的旧知巩固环节很难设计，而如果将其巧妙地设计成"问题串"的导学形式，则会有意想不到的效果。

问题串 2：说一说

问题 1：如图 5-3-2 所示，平行四边形 $ABCD$，对角线 AC 和 BD 交于点 O，请你说一说能得到什么结论？越多越好。

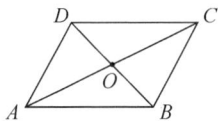

图 5-3-2

（学生纷纷举手回答了不少关于边、角、对角线、全等、面积等结论。气氛非常活跃。）

问题2:同学们回答得都很好,很全面,但是有点乱,我们该怎么办呢?

学生1:可以归类。

问题3:很好,那么该如何归类呢?

学生2:从边、角、对角线、对称性等方面进行归类。

教师:非常好,从刚才同学们的回答可以看出,你们已经对平行四边形的性质掌握得非常不错了。

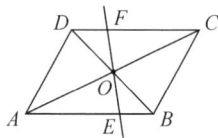
图 5-3-3

问题4:如果我们在图上再作一条过点 O 的直线 EF,与 AB 和 CD 分别交于点 E,F,如图 5-3-3 所示,又会增加哪些结论呢?

(学生思考片刻。)

学生3:$BE=DF,AE=CF$。

问题5:由何而来?

学生4:全等。

学生5:也可以根据平行四边形的中心对称性得到。

教师:非常好。请学生总结一下这条性质。

【点评】本问题串既引导学生自主复习了平行四边形的性质,又为后续教学做好了铺垫。其中问题1是开放型的,学生可以自由回答不同方面的正确结论。问题2是对问题1的补充和发展,问题3是问题2的延续,问题4与问题5可以说是问题1~3的延伸拓展,能够帮助学生提升思维层次。学生在"问题串"的引导下,通过自身积极主动地探索,实现由已知向未知、由易向难、由形象向抽象、由低级向高级的自由过渡。

(三)"问题串"引领下的例题教学

例题教学的成功是一堂课成功的关键所在。因此正确地处理例题教学尤为重要。

问题串 3:证一证

如图 5-3-4 所示,E,F 是平行四边形 $ABCD$ 对角线 AC 上的两点,且 $AE=CF$。求证:四边形 $BFDE$ 是平行四边形。

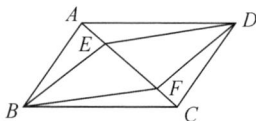
图 5-3-4

问题1:题中的已知条件有什么?

学生1:①平行四边形 $ABCD$;②$AE=CF$。

问题2:如何通过分析找到解题思路?

（学生纷纷举手回答解题思路,大多学生用全等来证明。）

问题3:还有其他方法吗?

学生2:连接BD,交AC于点O,如图5-3-5所示,根据对角线互相平分的四边形是平行四边形来证明。

教师:很好,请同学们任选一种方法,把证明过程写下来。另外,请两位同学分别用不同的方法到黑板上板演。

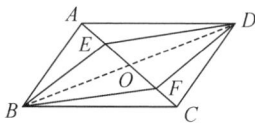

图 5-3-5

（待学生写完后,师生共同检查并纠错。）

问题4:如图5-3-4所示,E,F是平行四边形$ABCD$对角线AC上的两点,并且_____（补充一个条件）。求证:四边形$BFDE$是平行四边形。请你添加一个条件,让你的同学来证明。

（学生们纷纷互动起来。）

学生3:我添加的条件是$CE=AF$。（简单地分析了解题思路。）

教师:很好,这位同学添加了这个条件之后编出的题目其实就是类似2011年四川凉山州第20题中考题。

学生4:我添加的条件是$\angle ABE=\angle CDF$。（简单地分析了解题思路。）

教师:很好,这位同学添加了这个条件之后编出的题目其实就是类似2011年江苏无锡第21题中考题。

学生5:我添加的条件是$\angle AEB=\angle CFD$。（简单地分析了解题思路。）

教师:很好,这位同学添加了这个条件之后编出的题目其实就是类似2011年浙江义乌第18题中考题。

（学生们又想到很多条件。）

问题5:我也想到了一个条件$BE=DF$,请同学们帮忙判断,这个条件可以吗?

学生6:不行,这样只满足了边边角,不能证明三角形全等,从而不能证明结论。

最后,教师与学生共同进行了总结反思,完成了整个例题的教学。

【点评】本问题串成功地引导学生进行了独立思考—师生互动—生生互动—师生互动这一系列"以生为本,以学为主"的活动,在积极参与的前提下完成了自主学习、合作学习、探究性学习,完全体现了"以学生发展为本"的理念。问题1~3主要是一个引导学生、点拨思维、以疑引疑、层层递进的过程,问题4和问题 5 是一组"并联式问题串",可以培养和提升学生举一反三、触类旁通的能力。

(四)"问题串"引领下的课堂小结

在课堂小结环节,我们见得较多的是"今天的课你有什么收获?请谈谈你的体会。"这样的提问是否有效合理确实值得商榷。

问题串 4:理一理

问题 1:本节课中的所有题目,你解决的依据是什么?

学生 1:平行四边形的性质与判定。

问题 2:分别有哪些?

(学生都能归类,并说出来。)

问题 3:在解决这些问题的过程中,渗透了哪些重要的数学思想?

学生 2:转化思想、方程思想、分类思想。

问题 4:你能用一张思维导图把今天复习的知识系统地整理出来吗?

(学生都能动手试着画出来。)

【点评】课堂小结环节其实是为学生提供的反思场所。本问题串引导学生自主建构纵横交错的知识网络。这一环节的问题设计要能引起学生反思,促进学生对数学本质的理解和掌握。问题 1~3 是从不同的角度进行的,它能引导学生分析归纳,为其构建更完善的知识网络结构创设条件,同时也为问题 4 做了铺垫。问题 4 是有一定难度的,既能激发学生思考和讨论,又可引导学生归纳并建构平行四边形的性质与判定这一内容的知识网络。

三、"问题串"引领下的"直线与圆的位置(2)"生本课堂导学

从"直线与圆的位置(2)"为例,在掌握直线与圆三种位置关系的基础上,进一步探究圆的切线判定方法。考虑学生会对"直线与圆相切的判定定理"感到抽象,所以在"问题串"设计方面,关注学生感受,让学生通过画图感受切线与半径的特殊位置关系,同时经历"直线与圆相切的判定定理"的产生过程,并通过"问题串"的导学策略,逐步引导学生自主探究。

(一)温故而知新

问题 1:直线与圆的位置关系有三种。

①$d < r \Leftrightarrow$直线与圆_____$\Leftrightarrow$直线与圆有____个公共点;

②$d=r$⇔直线与圆_____⇔直线与圆有____个公共点；

③$d>r$⇔直线与圆_____⇔直线与圆有____个公共点。

问题2：已知圆的直径为10cm，圆心到直线 l 的距离为5cm，那么直线 l 和这个圆的公共点的个数为_____。

问题3：在边长为6的正△ABC中，若以 A 为圆心，以8为半径作⊙A，则⊙A 与边 BC 的交点个数为_____。

问题4：在边长为6的正△ABC中，若以 A 为圆心，则以多少为半径作⊙A，⊙A 才与边 BC 相切？

【点评】通过对"直线与圆的位置关系（1）"的学习，学生了解并掌握了直线与圆的三种位置关系、圆的切线的概念，还掌握了①$d<r$⇔直线与圆相交；②$d=r$⇔直线与圆相切；③$d>r$⇔直线与圆相离这三种互逆等价关系。本问题串既引导学生巩固了前一堂课学习的内容，又自然地引入新课学习。

（二）探究出新知

问题1：如图5-3-6所示，请你在⊙O 上任取一点 A，连接 OA，过点 A 作直线 $l\perp OA$。

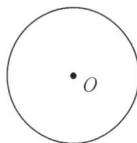

问题2：圆心 O 到直线 l 的距离与⊙O 的半径有什么关系？

问题3：直线 l 与⊙O 的位置关系是什么？依据是什么？

问题4：由此，你发现了什么？

图 5-3-6

"新知"：_____

几何语言：

问题5：判断图5-3-7中直线 l 与⊙O 是否相切？并简单说明理由。

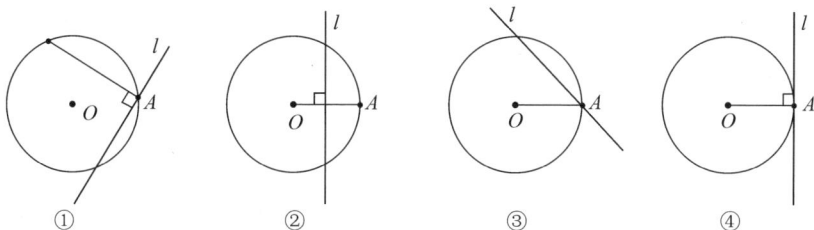

图 5-3-7

问题 6:如图 5-3-8 所示,点 Q 在 $\odot O$ 上,分别根据下列条件,判定直线 PQ 与 $\odot O$ 是否相切:

(1) $OQ=6$,$OP=10$,$PQ=8$;

(2) $\angle O=67.3°$,$\angle P=22.7°$。

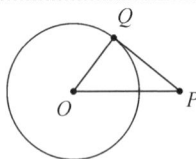

图 5-3-8

【点评】 问题 1~4 引导学生一步一步地作图,经历"直线与圆相切的判定定理"的发现过程。问题 5 和问题 6 通过直接观察和计算,判断直线与圆是否相切,达到及时巩固"直线与圆相切的判定定理"的目的,同时让学生学习圆的切线的新判定方法。

(三)画一画,想一想

问题 1:如图 5-3-9 所示,AB 是 $\odot O$ 的直径,请分别过点 A,B 作 $\odot O$ 的切线。

问题 2:如图 5-3-10 所示,M 是 $\odot O$ 上一点,请过点 M 作 $\odot O$ 的切线。

问题 3:如图 5-3-11 所示,若点 M 在 $\odot O$ 内,请过点 M 作 $\odot O$ 的切线,能作几条切线?

问题 4:如图 5-3-12 所示,若点 M 在 $\odot O$ 外,请过点 M 作 $\odot O$ 的切线,能作几条切线?

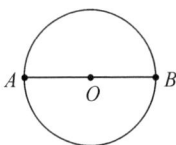
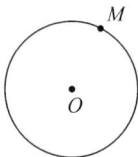
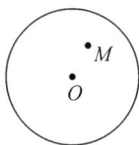
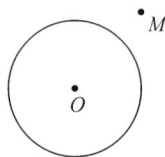

图 5-3-9   图 5-3-10   图 5-3-11   图 5-3-12

问题 5:通过以上问题,你有什么感想?

【点评】 本问题串引导学生动手作图并动脑思考,在进一步巩固圆切线画法的同时,引导学生总结"过圆上一点,圆内一点,圆外一点分别可以做 1,0,2 条圆的切线"这一结论。

（四）等腰三角形与圆的那些事儿

问题 1：如图 5-3-13 所示，A 是 $\odot O$ 外一点，AO 的延长线交 $\odot O$ 于点 C，点 B 在圆上，且 $BA=BC$，$\angle A=30°$。求证：直线 AB 是 $\odot O$ 的切线。

问题 2：如图 5-3-14 所示，直线 AB 经过 $\odot O$ 上的点 C，且 $OA=OB$，$CA=CB$。求证：直线 AB 是 $\odot O$ 的切线。

问题 3：如图 5-3-15 所示，$OA=OB=5\text{cm}$，$AB=8\text{cm}$，$\odot O$ 的直径为 6cm。求证：直线 AB 是 $\odot O$ 的切线。

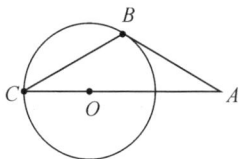　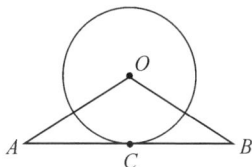　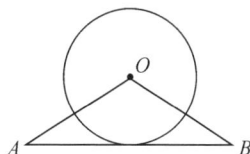

图 5-3-13　　　　　　　　图 5-3-14　　　　　　　　图 5-3-15

问题 4：通过以上 3 个问题，你有什么感想？

【点评】问题 1 是教材例题，问题 2 和问题 3 是问题 1 的变式拓展，问题 4 引导学生总结反思，完善认知网络结构。"问题串"的设计应充分考虑该阶段学生数学学习的特点，符合学生的认知规律和心理特征，有利于激发学生的学习兴趣，并引发数学思考。

（五）应用拓展

问题 1：如图 5-3-16 所示，台风中心 $P(100,200)$ 沿北偏东 $30°$ 方向移动，受台风影响区域的半径为 200km，那么下列城市 $A(200,380)$，$B(600,480)$，$C(550,300)$，$D(370,540)$ 中，哪些受到这次台风的影响，哪些不受这次台风的影响？

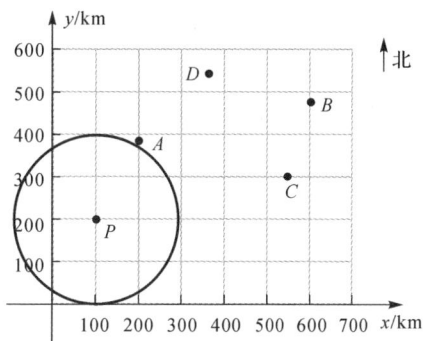

图 5-3-16

问题2:如图 5-3-17 所示,在等腰三角形 ABC 中,$AC=BC=10$,$AB=12$,以 BC 为直径作⊙O 交 AB 于点 D,交 AC 于点 G,$DF\perp AC$,垂足为 F,交 CB 的延长线于点 E。

(1) 求证:直线 EF 是⊙O 的切线;

(2) 求 $\sin\angle E$ 的值。

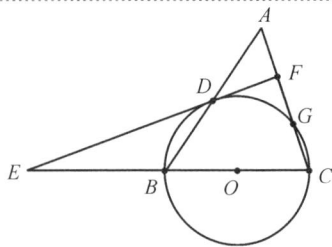

图 5-3-17

【点评】问题1是教材例题,主要是对"直线与圆相切的判定定理"的实际应用,对学生的要求比较高。教师可以引导学生先独立思考,再合作探究学习,最后由教师点评总结,让学生体验抽象问题、构建模型、寻求结果、解决问题的完整过程。问题2是与"直线与圆的位置"有关的一道中考题,可以视具体情况确定是否在课堂内解决。

改进学生学习方式是当前数学教育改革的核心,如果教师对学生学习方式的重视不够,很可能导致学生被动学习的情况。因此,可以通过"问题串"的设计进行合理地导学,从而发挥学生的主动性。学生通过亲身实践、合作交流等方式,在已有经验(包括数学的和非数学的)的基础上,主动建构数学学习过程,从而实现"生本课堂"。

第四节　再创造下"乘法公式(3)"技能课的教学设计

在法则课、公式课、定理课等基本技能课的教学中,很多教师在讲授了法则、公式、定理等后就开始刷题,试图让学生通过刷题"掌握"这些法则、公式和定理等,最后导致学生知其然而不知其所以然,只会生搬硬套。其结果不是学生错误连篇,就是教师怨声载道,学生学得累,教师教得更累。

那么什么样的教学方法能让学生更加透彻地理解这些法则、公式和定理等基本技能呢?

一、理解核心概念与理念

(一)技能课

基本技能是指利用基本法则、公式和定理进行计算、化简、演绎证明、简单运用。基本技能课(下简称技能课)是新授课,主要以垂直数学化方式体现。需要理清的是,技能课的教学材料应该是紧接概念课、性质课的经典内容,可以引导学生更好地掌握基本概念和性质。技能课的内容不是置于教材整章、整册后的综合复习题。

（二）再创造课堂

再创造课堂下的技能课分为本源回溯、新知再造、问题追寻、课堂点金、后续联结五个环节。

二、课堂实践

初中数学涉及很多法则、公式与定理,比如有理数的加法法则、减法法则、乘法法则等;乘法公式中的完全平法公式、平方差公式等,圆中的弧长公式、扇形的面积公式等;等腰三角形判定定理、勾股定理、垂径定理等,这些基础知识贯穿于整个初中数学阶段,可用于计算、化简、证明等。那么如何有效地对这些法则、公式和定理有更全面的了解呢?

本节以"乘法公式（3）"为例,阐述"再创造"课堂下技能课的具体过程。

（一）明确目标

"乘法公式（3）"要求学生能准确地运用平方差公式和完全平方公式进行计算,培养学生基本的运算技能;会识别非标准形式下的乘法公式,并通过变形,将其化为标准形式的乘法公式,培养学生的观察和思考能力;理解乘法公式的本质是"两项式×两项式"的特殊情况,并以此延伸至"三项式×三项式"的计算,培养学生的数学迁移能力。

（二）聚焦核心

"两项式×两项式"的特殊情况是学生进行多项式计算的基础,尤其是求解一元二次方程的基础,也是因式分解的逆运算,为初、高中的因式分解学习做了铺垫,所以在初中数学中有着极其重要的地位。通过教学,教师不仅要教学生灵活应用平方差公式和完全平方公式解决问题,还要让学生学会运用知识的迁移和转化解决其他问题,以培养学生数学思维的灵活性和创造性。

在新课阶段,学生已经初步掌握用乘法公式的标准形式进行计算,但是在平时的训练中,出现更多的是乘法公式的非标准形式,所以在非标准形式下识别乘法公式就显得尤为重要。那么如何在非标准形式下识别两个乘法公式呢? 先准确认识两个乘法公式标准形式的特征,再对非标准形式下的式子进行交换位置或提取负号等,将非标准形式化为标准形式,再进行计算。因此这堂课的核心是在非标准形式下识别乘法公式的构造特征。

基于此,明确本堂课的重心为熟练运用乘法公式进行计算,中心为选择适当的乘法公式计算,核心为识别两个乘法公式的构造特征。

(三)挫折预测

学生在学习过程中,可能会遇到两方面挫折。

第一,识别两个乘法公式的非标准形式。以平方差公式的标准形式 $(a+b)\times(a-b)=a^2-b^2$ 为例,如果用 $-a$ 替换 a,即等号的左边为 $(-a+b)(-a-b)$,作为教师,我们知道这其实是运用了整体思想,把 $-a$ 当作一个整体,即 $(-a+b)\times(-a-b)=[(-a)+b][(-a)-b]=(-a)^2-b^2=a^2-b^2$。但是对于学生而言,这是一个难点。因此,在解释非标准形式的本质是运用整体思想后,可用另一种方法理解,即把 a 前面的"一"号当作负号,这样的话可以先提取负号,即 $(-a+b)(-a-b)=[-(a-b)][-(a+b)]=(a-b)(a+b)=a^2-b^2$。提取负号相对简单,从而降低难度,突破难点。

第二,利用"两项式×两项式"的计算探索"三项式×三项式"的计算。这是一个垂直数学化的过程,通过知识的再创造,引领学生深度学习。以 $(a+b-1)^2$ 为例,在学生初次遇到时,很可能将式子直接展开,出现 9 项的结果,从而遭遇挫折。为避免这种情况,教师要先做好铺垫,在计算 $(ab-1)(-ab+1)=-(ab-1)(ab-1)=-(ab-1)^2$ 时,去掉前面的负号,将 ab 改为 $(a+b)$,即计算 $(a+b-1)^2$,由于学生在计算 $-(ab-1)^2$ 时已经得到 $(ab-1)^2=(ab)^2-2ab+1$,这样学生就明白了只要将结果中的 ab 全部改为 $a+b$ 即可,即 $(ab-1)^2=(ab)^2-2ab+1$ 可改为 $(a+b-1)^2=[(a+b)-1]^2=(a+b)^2-2(a+b)\times1+1=a^2+2ab+b^2-2a-2b+1$。

(四)课堂设计

1. 本源回溯

本源回溯不是简单的知识回顾,而是在学生原有认知水平下,通过具体的数学问题或真实的情境问题,引领学生主动进入数学现实。

首先,通过选择题和填空题,让学生回忆起两个乘法公式。

---

1. 下列各式计算正确的是(　　)

A. $(m+5)(m-5)=m^2-10$　　　　B. $(2b+a)(2b-a)=a^2-4b^2$

C. $(x+3)^2=x^2+9$　　　　D. $\left(\dfrac{1}{2}a-5\right)^2=\dfrac{1}{4}a^2-5a+25$

2. 填空:

(1) $\left(\sqrt{2}a+\dfrac{1}{2}\right)\left(\sqrt{2}a-\dfrac{1}{2}\right)=$ _____ $-\dfrac{1}{4}$;

(2) $(2a+3b)^2=4a^2+$ _____ $+9b^2$;

$(3)(-a-2b)(-a+2b)=$ _____ $-4b^2$；

$(4)(-2s+t)^2=(-2s)^2+$ _____ $+t^2$。

【点评】通过设计选择题，引导学生对不正确的选项进行纠错，在纠错的同时体会两个乘法公式的特征；通过设计填空题，引导学生体验根号和负号平方的计算，加深学生对两个乘法公式的标准形式的认识，从而进入这堂课的重心，熟练运用乘法公式进行计算。

2. 新知再造

新知，即待学的知识；再造，即再创造学习指导，这是整堂课的核心所在。紧接本源回溯，引领学生在客观现实下构建新知，要求学生经历数学抽象、推理和建模，从特殊到一般推理，构建知识结构，并将其符号化。

选择适当的乘法公式计算：

$(1)(3b+2a)(2a-3b)$；　　　　　　$(2)(-2s-t)^2$。

(1)解：$(3b+2a)(2a-3b)=(2a+3b)(2a-3b)=(2a)^2-(3b)^2$

$=4a^2-9b^2$。

(2)解法 1：$(-2s-t)^2=(-2s)^2-2(-2s)t+t^2=4s^2+4st+t^2$。

解法 2：$(-2s-t)^2=[-(2s+t)]^2=(2s+t)^2=4s^2+4st+t^2$。

【点评】引导学生先观察，确定是否可以通过变形将非标准形式的乘法公式转化为标准形式。第(1)问针对平方差公式，教师先示范解题方法，再让学生学习解题思路和书写规范。第(2)问针对完全平方公式，首先让学生模仿解决，引导学生用多种方法解决。然后，追问哪种方法更易掌握，显然对于每项都是负号的题目，提取负号更简便。最后，通过教师的引导，学生反思，并得到"将代数式转化为标准形式的乘法公式的方法是交换两项位置和提取负号"这一结论。

设置匹配的非标准形式的乘法公式练习题，如图 5-4-1 所示，题目由易到难，由明显到隐含，其中设置第(6)题是为后续学习做铺垫。

练习(1)(2)由师生共同完成，教师引导学生观察各式特征，选用适当的方法将非标准形式化为标准形式，最后选择合适的乘法公式完成。练习(3)～(6)由学生自主思考，小组讨论完成。设置追问：

练习 选择适当的公式计算各式：

交换位置

(1) $(2x-1)(-1+2x)$

提取负号

(2) $(-2m-n)(2m-n)$

提取负号

(3) $(-a+5)(-a-5)$

提取负号 交换位置

(4) $(-2a+b)(b+3a)$

提取负号

(5) $(-2b-a)(a-2b)$

提取负号

(6) $(ab-1)(-ab+1)$

交换位置

图 5-4-1

(1)通过观察，你觉得乘法公式的非标准形式有哪些？如何处理？

(2)通过计算，再观察各式的符号特征，以后如何检验是否选对公式？

通过追问，结合已有经验进行归纳、整理，得到第一次小结的思维导图，如图 5-4-2 所示。

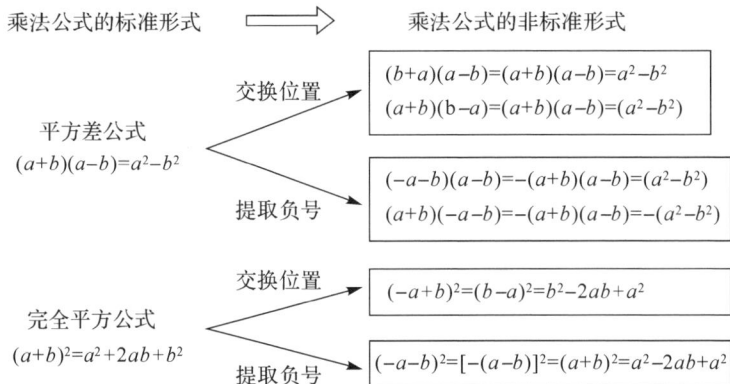

乘法公式的标准形式 ⟹ 乘法公式的非标准形式

平方差公式

$(a+b)(a-b)=a^2-b^2$

交换位置

$(b+a)(a-b)=(a+b)(a-b)=a^2-b^2$
$(a+b)(b-a)=(a+b)(a-b)=(a^2-b^2)$

提取负号

$(-a-b)(a-b)=-(a+b)(a-b)=(a^2-b^2)$
$(a+b)(-a-b)=-(a+b)(a-b)=-(a^2-b^2)$

完全平方公式

$(a+b)^2=a^2+2ab+b^2$

交换位置

$(-a+b)^2=(b-a)^2=b^2-2ab+a^2$

提取负号

$(-a-b)^2=[-(a-b)]^2=(a+b)^2=a^2-2ab+a^2$

图 5-4-2 第一次小结的思维导图

【点评】弗赖登塔尔认为，现有教材编排方式大多忽略思考过程。其实，学生并非数学家，对教材的设计意图往往一无所知，从而感到困惑，无所适从。为此，教师应做好解释、联结工作，引导学生自主发现、自我领悟教材中的知识。新知再造环节的设计层层递进、环环相扣，始终围绕这堂课的核心问题——识别两种乘法公式的构造特征，引导学生对常出现的乘法公式的非标准形式进行归类整理，从而加深学生的理解。

3.问题追寻

问题指学生尚未解决的例题、习题等。问题追寻是帮助学生分析和解决问题。在教学中,教师既要精选题目,选择突出通法、易于发散的典型题目,也要充分发挥该题目的功能,比如示范、巩固基础、思维能力培养等,力求设计有多种解法的题目,最终达到善于揭示数学规律,发挥垂直数学化的目的。

计算$(a+b-1)^2$。

首先,教师板书完整的过程,并明确整体思想方法的运用。然后,引导学生选择不同"整体",如可以将$a+b$作为一个整体,也可以将$b-1$作为一个整体,结合完全平方公式进行计算,从而找到两种解法。最后,放手让学生自己完成,真正感受运用乘法公式计算"三项式×三项式"问题。

解法1:$(a+b-1)^2=[(a+b)-1]^2=(a+b)^2-2(a+b)\times1+1^2$。

解法2:$(a+b-1)^2=[a+(b-1)]^2=a^2+2a(b-1)+(b-1)^2$
$=a^2+2ab-2a+b^2-2b+1$。

探究完成后,马上设置如下练习。

计算:

(1)$(a+b+c)^2$;　　　　(2)$(a-b+c)^2$;

(3)$(a+b-c)(a-b+c)$;　(4)$(a-b+c)(a+b+c)$。

先让学生完成(1)(2)题,模仿练习三项完全平方式,巩固解法,鼓励不同的"整体"解法。再让学生完成(3)(4)题,积极探索三项平方差的解决方法,体会用垂直数学化解题的过程。

【点评】垂直数学化是对某知识点从低层次的认识到高层次的建构。在教师引领下,学生利用已有的经验和知识理解学习的过程,掌握学科的本质和思想方法,不断地创造新知识。通过再创造课堂,学生对知识的认识不断深化,真正实现深度学习。

4.课堂点金

课堂点金,即一节课的总结。再创造课堂的理念是将学习的任务交给学生,因此,教师应引导学生综合梳理知识框架。

在第一次小结的基础上衍生结论,针对从"两项式×两项式"拓展到"三项式×三项式",以及"三项式×三项式"问题的解决方法,引导学生进行系统归纳,最终得到如图5-4-3所示的知识框架。

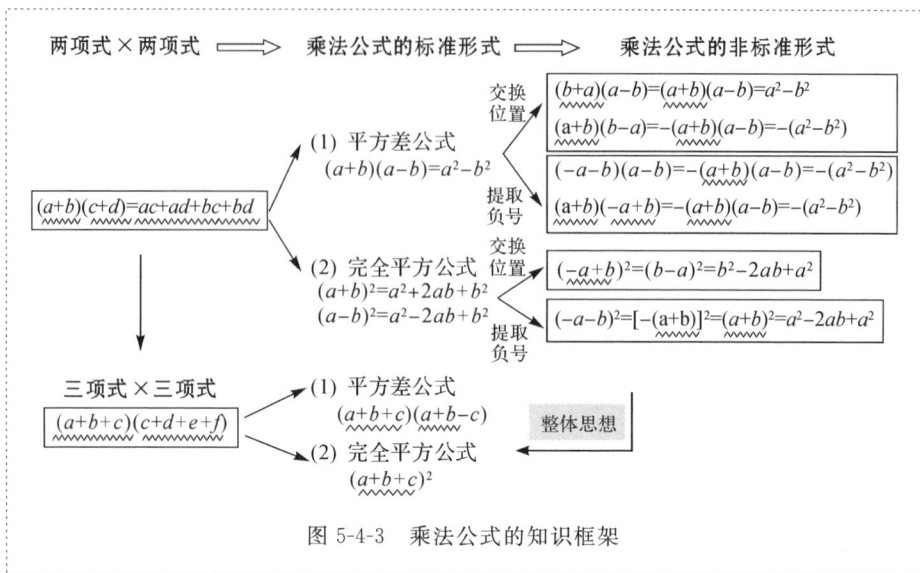

图 5-4-3　乘法公式的知识框架

【点评】 综合梳理知识框架有利于学生全面掌握知识,真正明白该知识的"来龙去脉",理解知识点之间的联系与区别。将零散的、内在的知识点框架化(网络化),点与点之间连线构建知识框架(网络),让学生明白知识点不是单独的,而是互相之间有联系的,应整体、系统地学习。

5.后续联结

后续联结是以当前课程的知识为基础,设计下一堂课的本源回溯。一般可以将其与课后作业一起布置,也可以将其结编在下一堂课的任务单中。学生适度准备,师生共同讨论。

在本堂课的最后设置下列题目,要求学生独立完成,教师及时批改。

计算(化简)下列各式:

(1) $(a-b)^2(a+b)^2$;

(2) $(x+1)^2-x^2$;

(3) $(2a-3b)^2-4a(a-b)$;

(4) $(x-2y)(x-2y-3)-x(x+4y-3)$。

【点评】 在学习"乘法公式(3)"后,学生已经对两个乘法公式的表面结构有初步的认识,对新知识充满好奇和探究欲望。如果此时教师能够引导学生进行深入探究、识别、选择和运用,那么学生将会有更深的认识和体会,从而实现知识的再创造。可是,部分教师并不理解这样的课型,有些教师将其设计成刷题课,有些教师将其设计成复习课,有些甚至直接用教辅资料取代,其结果就是学生在数学学科上得不到长远发展。因此,这种类型的课值得研究和探索,既是一种挑战,也是一种创新。

三、教学成效

(一)确保技能落地,引领学生深度学习

在传统课堂中,学生在学习新技能后大量刷题。然而,对学生而言,仅靠刷题并不能充分体会所获技能的用途,刷题后每个新技能仍是独立存在的。事实上,数学之所以有如此强的逻辑顺序,是因为新技能之间的层层递进。学生不仅要掌握新技能的表面特征,更要探索其衍生的新应用,在新的应用中进行知识的再创造,从而不断地获取新技能,真正确保技能的"落地"。

对学生而言,人生是有限的,知识增长是无限的,要在有限的生命历程中掌握无限增长的知识,仅靠被动接受是断然不行的。再创造课堂能让学生变被动接受为主动探索,真正地理解数学,引领学生深度学习,提升数学学习素养。

(二)确保课堂效率,促进教师有效教学

在学生初次接触新的法则、公式和定理等时,教师不能强行要求学生生搬硬套,否则会磨灭学生对数学探索的兴趣。在素质教育的今天,教师不仅是知识的传播者,更应该是学生潜能和才智的培育者。

对教师而言,一套成熟的课堂教学方法可以让课堂更高效、让自己更轻松。再创造课堂能让教师不断地引导学生自主发现、探索、创造,真正发挥教师的启发性作用,促进教师有效教学,提升教学水平。

第五节 指向深度学习的"一次函数的图象(1)"教学设计

指向深度学习的数学课堂越来越得到数学界的关注,它是发展学生核心素养的重要载体。通过课例研究,我认为可以从创设问题与情境、注重导学与猜想、提倡变式与追问、引领整合与归纳四个方面入手,通过激发学生深度学习的积极性、暴露学生深度思维的过程性、培养学生的深度学习能力、优化学生数学思维品质,展现指向深度学习的教学课堂,以提升学生的数学核心素养。

本节以"一次函数的图象(1)"为例,谈谈指向深度学习的教学设计。

一、创设问题与情境,激发学生深度学习的积极性

在教学过程中,教师要依据"数学现实",创设基本问题或合理教学情境,促使学生主动学习、主动思考。将数学教学与生活情境进行有效的融合,进一步为学生提供解决问题的内驱力,并启发学生对具体情境进行分析概括,以培养学生的抽象思维能力。教师更要善于提出一些富有价值且与知识本质关联的问题,以激发学生的积极性,促使学生对新知识产生强烈的兴趣。

生活情境:学校进行了校运会,甲、乙两位同学赛跑中路程 s 与时间 t 的关系如图 5-5-1所示。回答下列问题:

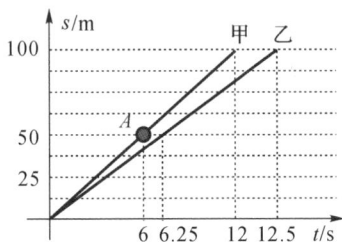

图 5-5-1

1. 你能获取哪些信息?

2. 函数关系有哪几种表现形式? 哪一种形式显得直观?

3. 说出点 A 的坐标,它的实际意义是什么?

4. 你能求出甲同学的函数表达式吗?

5. 点 A 符合表达式吗? 还能找到符合表达式的点吗? 你能给出函数图象的定义吗? 试一试。

【点评】问题 1 和 2 能让学生进一步明确函数关系的三种表现形式,体会函数图象的直观性这一特点与优势,认识图象法是研究函数的工具,它能激发学生对学习函数图象的渴求。问题 3 能让学生感受"点"是图象的组成部分,体会"函数图象—点的坐标—实际意义"的关联。问题 4 和 5 能引导学生对"函数图象—点的坐标—函数表达式"进行深入思考,促进深度学习,对函数图象的概念及描点法有深入的理解。由此可见,创设问题与情境能够激发学生深度学习的积极性,促使学生深层次理解与分析新知识的本质,培养高阶思维能力。

二、注重导学与猜想,暴露学生深度思维的过程

问题导学在帮助学生解决问题的同时,逐步探究问题的本质,同时暴露学生深度思维的过程,从而展现学生深度思维过程中出现的问题,引导学生开展深度学习。教师要通过设置层次性、灵活性的导学问题,调动学生主动探究、主动思考的热情,由浅入深引导学生进行探究,从而引发学生的质疑与猜想、评价与创造。因此,设计层层递进的导学问题,组成问题串,引导学生发现新

知与旧知之间的关联性,顺势暴露学生的深度思维过程,是促进学生深度学习的重要方式。

问题:作一次函数 $y=2x$ 和 $y=2x+1$ 的图象。

导学 1:通过合作学习,另选一次函数 $y=x$ 和 $y=x+1$,分别选取若干对自变量 x 与函数的对应值 y,完成表 5-5-1,自变量 x 为横坐标,函数的对应值 y 为纵坐标。

表 5-5-1

x	$\cdots$	-2	-1	0	1	2	$\cdots$
$y=x$	$\cdots$						$\cdots$
$y=x+1$	$\cdots$						$\cdots$

导学 2:建立直角坐标系,并在坐标系中描出这两组点;再次变化 x 的值,重复上述过程,描出新的两组点;观察这些点,你有什么猜想?

导学 3:如图 5-5-2 所示,直线 l_1 在直角坐标系下有什么特点? 坐标满足一次函数 $y=x$ 的点都在直线 l_1 上吗? 反过来,在直线 l_1 上的点坐标满足一次函数 $y=x$ 吗? 为什么?

导学 4:你能总结一下作函数图象的一般步骤吗? 还能总结一下作一次函数图象的一般步骤吗? 作出一次函数 $y=2x$ 和 $y=2x+1$ 的图象。

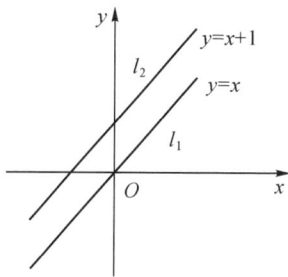

图 5-5-2

【点评】 让学生完成所提出的问题显然有极大的难度,但通过问题导学的方式促进学生思考并猜想,暴露解决问题的思维过程也是深度学习的过程。导学 1 和 2 的设计帮助学生在合作学习的过程中加深对函数图象的理解,掌握描点法的基本步骤。导学 2 进一步让学生理解符合表达式的点有无数个,而直线恰是由无数个点构成的,至此"观察并猜想"就水到渠成了,当然学生还会继续猜想"两线平行"等,从而培养了学生的发散思维。导学 3 基于直线 l_1 是第一、三象限角平分线这一特征,利用"角平分线定理及其逆定理"充分验证图象的完备性、纯粹性,突破了教学难点,提升了学生的理性思维。导学 4 引导学生对导学过程进行内化,并顺利解决导学 1~3。

三、提倡变式与追问,培养学生深度学习的能力

德国思想家赫尔巴特曾说过,真正的学习与课程,充满着登山式的冲刺与挑战。数学的学习是让学习者去攀登、挑战一座座险峰,而不是让学生享受一马平川的惬意。数学深度学习要让学生面对深度加工的内容,即变式,没有深度的内容很难引起学生学习的兴趣,无法培养学生深度学习的能力。实践证明,问题变式与疑点追问能促进深度学习,提升学习品质。

问题:在同一坐标系中,作出一次函数 $y=3x$ 和 $y=-3x+2$ 的图象,求出它们与坐标轴交点的坐标。

追问 1:由于一次函数的图象是一条直线,所以只要找到图象上的两个点,就能作出图象,那么对于函数 $y=3x$ 和 $y=-3x+2$,分别取哪两个点比较合适,为什么?

变式 1:不看图象,分别求出 $y=3x$,$y=-3x+2$ 与坐标轴交点的坐标。

追问 2:如图 5-5-3 所示,你能说出一次函数 $y=3x$ 与 $y=-3x+2$ 的交点坐标吗? 还有其他的方法吗?

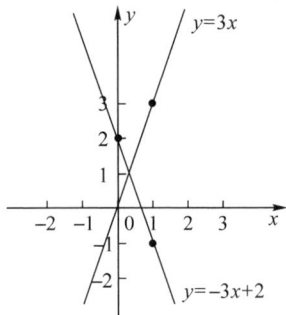

图 5-5-3

变式 2:利用几何画板,观察 $y=2x$,$y=2x+1$,$y=2x-1$;$y=-3x$,$y=-3x+2$,$y=-3x-2$ 的图象,(1)以上每个图象分别经过哪几个象限? 它们的 k,b 分别是多少?(独立思考)

(2)一次函数 $y=kx+b$ 的图象位置与 k,b 符号的关系。(合作交流)

【点评】追问 1 明确了两点法是一次函数图象作图的基本方法,但取哪两个点需要学生进行深度学习与思考。变式 1 是在用观察法解决问题后提出的,先让学生体会到"图象的意义及作用",再激发学生对利用表达式求图象与坐标轴的交点坐标的探究与学习欲求,促使解决该问题解析方法的形成。追问 2 在进一步利用观察法解决问题的基础上,对变式 1 产生的解析方法进行了延伸与应用。变式 2 采用独立思考、合作交流的方式,让学生对深度加工的内容进行探究,唤醒学生深度学习的潜质,引导学生进行从特殊到一般的研究,以此发现问题本质,培养学生深度学习的能力。

四、引领整合与归纳,优化学生数学思维品质

学生能整合、能归纳是深度学习的重要体现。学生归纳所学内容,就是学习整合提炼,只有进行深度学习,才能对所学知识有更深更新的认识。在设计这堂课时,每当问题解决或活动结束后均有小结与课堂整理,这不仅是对数学学习的回顾或重复,也是从知识、方法、经验、思路、策略等方面入手,引导学生在知识讲解中进行个性化的反思和总结。因此,引领学生进行整合与归纳,能够优化学生数学思维品质,从而真正做到深度学习。

> 教师:通过本节学习,请同学们整理与归纳有何收获,可以从知识、方法、经验入手。请同学们谈一谈。
>
> 学生1:我从知识角度来谈,我们学了什么叫作函数图象,能够用描点法作出函数图象;还发现了一次函数图象是一条直线,可以用两点法作图。
>
> 教师:非常不错! 从知识角度还有补充的吗?
>
> 学生2:我们还学了应用一次函数的图象观察其与坐标轴的交点,以及两条直线的交点;还学习了一次函数 $y=kx+b$ 的图象位置与 k,b 符号的关系。
>
> 教师:真是太棒了。我们运用了哪些方法与数学思想呢?
>
> 学生3:观察法! 用观察法求一次函数图象与坐标轴的交点,以及两条直线的交点。还有用描点法和两点法作出一次函数图象。还有数形结合思想。
>
> 教师:很好! 你能说说数形结合具体表现在哪里吗?
>
> 学生4:一次函数的表达式 $y=kx+b$ 就是"数",它的图象就是"形",别的就不知道了。
>
> 教师:说的很对。事实上还有一个"结合",那就是 (x,y)。从"数"的角度看,(x,y) 是符合表达式的数对;从"形"的角度看,(x,y) 是在函数图象上的点。
>
> 学生5:明白了。我们在课堂上用"角平分线定理及其逆定理"说明了,符合表达式 $y=x$ 的数对 (x,y) 一定在第一、三象限的角平分线上,在角平分线上的点 (x,y) 一定符合表达式 $y=x$。
>
> 教师:真厉害! 所以以后不仅可以称"一次函数 $y=kx+b$",也可以称"直线 $y=kx+b$"。那谁来谈谈你获得的经验?

学生 6:我获得的经验是,在作正比例函数 $y = kx$ 图象时,可以取点 $(0,0)$ 与 $(1,k)$ 作图;在作函数 $y = kx + b(k \neq 0)$ 的图象时,取点 $(0,b)$ 与 $\left(-\dfrac{b}{k}, 0\right)$,即与坐标轴的交点。

学生 7:不一定! 这两点可以随意,但最好"易求"且"易画"。另外,我认为用观察法求交点不靠谱,我的经验是用列方程组求交点。

教师:大家归纳得非常好! 老师用思维导图的形式把你们的归纳进行了整合,请看图 5-5-4。

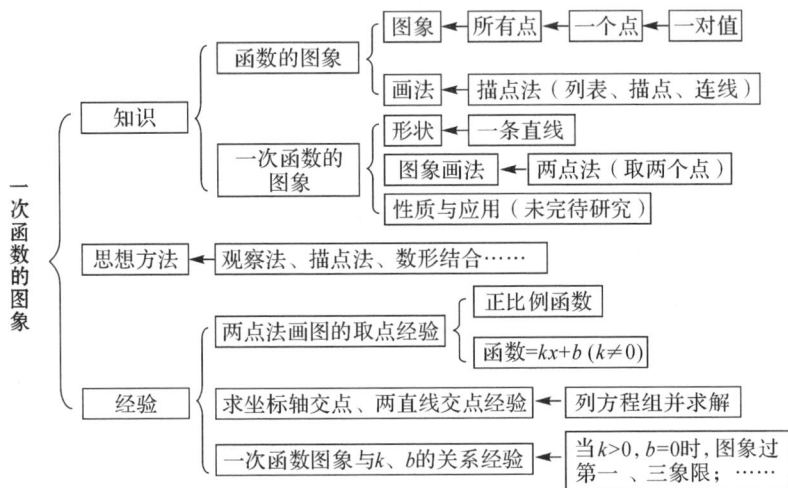

图 5-5-4 "一次函数的图象"思维导图

【点评】总结不仅仅是让学生罗列知识,更是引导学生从知识、方法、经验等方面进行归纳整理,倾听学生的个性化表达,并以追问的形式逐步完善学生的总结,长此以往,学生数学思维品质就可以得到优化。思维导图是学生进行知识整合与深度学习的有效工具。一方面,思维导图是已学知识、方法、经验的并联集合,更加直观地呈现知识,有利于识记、理解、内化,更有利于提升总结归纳能力。另一方面,思维导图有助于知识的融会贯通,因为它以网络化、结构化的形式表征知识、概括方法、描述经验,可以帮助学生把握某知识领域的概貌,达到一种"收网"的作用。教师还可以引导学生尝试独立自主绘制思维导图,可让学生互相评价,以培养学生的创新能力。

深度学习是内源性的学习,只有让学生主动地参与课堂教学活动,自主性学习才可能是有深度的,也只有深度学习,才可能发展学生的批判力、决策力、创造力等高阶思维能力。学生无法独立开展数学深度学习,而是需要教师的引领。教师在教学中要正视这个"责任",通过创设问题、提供机会等引导学生进行探究,这样才能实现学生深度构建数学认知。

第六节 生本课堂下"有理数的混合运算"教学设计

基于学生的数学现实、着眼数学核心素养发展是"生本课堂"的出发点,笔者以此设计并阐述"有理数的混合运算"教学意图,思考数学教学的起因和归因。

一、内容与内容解析

(一)内 容

有理数的混合运算及其法则。

(二)内容解析

"有理数的混合运算"是在有理数的加、减、乘、除和乘方运算的基础上进行的综合运算学习,是有理数运算学习要求最终落实的关键。它既是小学阶段学习的四则混合运算的延伸,又是实数混合运算的基础,更是今后学习代数式、方程、不等式和函数等代数内容的运算基础。

基于此,确立本堂课的教学重点为有理数的混合运算法则。

二、目标与目标解析

(一)目 标

(1)经历有理数混合运算法则的产生过程,并理解法则。

(2)掌握有理数混合运算法则,并能进行简单的有理数混合运算。

(3)能利用有理数的混合运算解决简单的实际问题,体会数学的实用价值。

(二)目标解析

达成目标(1)的标志是,学生能通过教学活动了解怎样的运算是有理数混合运算,并理解有理数混合运算法则。

达成目标(2)的标志是,学生能利用有理数混合运算法则进行简单的有理数混合运算,并能通过思考、交流和归纳,进一步明晰算理、掌握法则、优化算法。

达成目标(3)的标志是,学生能初步分析实际问题中各种量之间的关系,并能利用有理数的混合运算解决实际问题。

三、教学问题诊断分析

小学阶段,学生学习了四则混合运算,进入初中后,又学习了有理数的相关概念,以及有理数的加、减、乘、除和乘方五种运算。在学习的过程中,学生已初步掌握有理数五种运算的顺序,但是由于数系的扩充以及乘方运算的新增,学生对"符号"和"括号"的综合掌握还不够成熟。因此,对学生来说,正确地进行有理数的混合运算并优化运算具有一定的困难。基于此,确立该堂课的教学难点为有理数的混合运算。

四、教学支持条件分析

在课堂教学中,学生在思考问题时可能出现障碍或差异,需要合作交流,因此笔者在课前对班内学生进行了分组,并设计了"组长汇报单"。为及时呈现学生进行有理数运算的过程,笔者采用希沃助手软件,利用手机拍照投屏功能,在短时间内最大化地呈现学生练习展示的数量。

五、教学过程设计

(一)创设情境,引入新知

> 情境 1:请用加、减、乘、除中的若干种运算(可用括号),将 2,3,4,6 这四个自然数列成一个算式,使得计算结果为 24。
>
> 师生活动:学生先直接口答结果为 24 的算式,之后教师给出算式(2+4)×3+6,让学生说出该算式的运算顺序和结果。
>
> 情境 2:请用加、减、乘、除和乘方中的若干种运算(可用括号),将 2,3,−3,5 这四个有理数列成一个算式,使得计算结果为 24(指数和底数不能重复选择)。
>
> 师生活动:在学生思考后,教师先请两名学生到黑板上写出算式,再让所有学生说说算式中包含的运算,顺势给出有理数混合运算的概念。最后让学生结合黑板上的两个算式,说出有理数混合运算的顺序,顺势归纳有理数混合运算的法则。

【点评】教材中"有理数的混合运算"篇幅较少,形式较为枯燥,为顺应七年级学生的身心发展规律,笔者以学生熟悉的"24 点"游戏作为情境,引入新知,激发学生的学习兴趣。用自然数版"24 点"游戏让学生回顾小学阶段的四则混合运算法则,用有理数版"24 点"游戏引题。在有理数的乘方与乘除混合运算法则的基础上,通过情境 2 经历有理数混合运算法则的产生过程,从而更好地帮助学生理解法则。

（二）例题示范，巩固新知

> **例1**　计算下列算式：
>
> $(1) -18 \div (4-1)^2 \times 3 - 5$；　　　　　$(2) \dfrac{1}{3} \times (-9)^2 - 3^2 - \dfrac{5}{6} \div \dfrac{2}{3}$。
>
> 教师：这两个算式中包含了哪些运算？应该按照怎样的顺序运算？
>
> 师生活动：学生思考每个算式的运算顺序，并说出每步运算的结果，教师进行板书示范。

【点评】以两道计算题为载体，教师通过问题串和板书示范，帮助学生理解有理数运算的算理，初步掌握有理数混合运算的法则。第(1)题严格按照法则顺序进行运算，让学生掌握法则；第(2)题在按照法则顺序运算的同时，通过"两个乘方应先算哪个"等问题，引导学生适当简化步骤，体验优化运算。

> **练习1**　计算下列算式：
>
> $(1) 8 - 8 \times \left(\dfrac{3}{2}\right)^2$；　　　　　$(2) 1 - (5-7) \div (-3)^3$；
>
> $(3) \dfrac{5}{8} \times (-4^2) - 0.25 \times (-17) \times (-4)$。
>
> 师生活动：学生独立练习，教师在巡视中选取典型计算方法进行展示，师生共同评价。

【点评】学生通过独立练习，及时巩固了有理数混合运算的法则。在计算第(2)题时，主要在乘方的意义和符号的判断上出现问题，在计算第(3)题时，主要在乘方的底数辨别上出现问题。通过这三道计算题的独立练习和展示评价，提升学生对"符号"和"括号"的理解以及综合分析能力。

> **练习2**　下列计算错在哪里？应如何改正？
>
> $(1) 2^2 \div 3 \times \dfrac{1}{3} = 4 \div 3 \times \dfrac{1}{3} = 4 \div 1 = 4$；
>
> $(2) -1^4 - 6 \div \left(\dfrac{3}{2} - \dfrac{2}{3}\right) = 1 - (4-9) = 6$；
>
> $(3) \left(1\dfrac{1}{2}\right)^2 - (-2)^3 = 1\dfrac{1}{4} - 6 = -4\dfrac{3}{4}$。
>
> 师生活动：学生先进行独立纠错，教师在巡视过程中根据实际纠错的差

异性进行教学调整,若有差异,则进行组内合作交流,在汇报展示后,学生提出运算建议,教师进行板书。

预设运算建议,如有理运算按顺序,乘方乘法勿混淆,遇到乘方辨底数,底数为"带"需化"假",除以括号勿分配,适当简便更高效。

【点评】 通过纠错练习,学生进一步理解有理数运算的算理,掌握有理数混合运算的法则。练习2通过"独立纠错""合作交流""汇报展示"和"提出建议"等展开,最后充分利用课堂资源,让学生提出运算建议,培养学生的反思归纳能力,增强学生之间的合作意识和能力。

(三)实际应用,体会价值

例2　底面半径为 10cm、高为 30cm 的圆柱体水桶中装满了水。小明先将桶中的水倒满 2 个底面半径为 3cm、高为 5cm 的圆柱体水杯,再把剩下的水倒入长、宽、高分别为 50cm,20cm 和 20cm 的长方体容器内,长方体容器内水的高度大约是多少? (π 取 3,容器厚度忽略不计)

教师:怎样用简洁明了的语言清楚地描述这个过程?

师生活动:教师引导学生利用图 5-6-1、抓关键词等方法,理清该实际问题中倒水的过程。

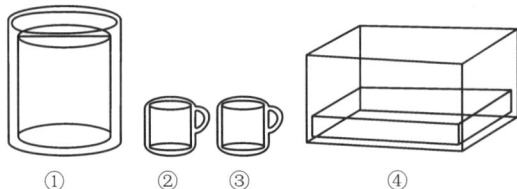

图 5-6-1

教师:请带着三个问题继续思考,例 2 中已知什么? 要求什么? 怎么求?

师生活动:教师引导学生利用图示标注更好地分析题中各个量之间的关系。

教师追问:能否列一个算式计算长方体容器内水的高度?

【点评】 由于七年级学生分析问题的能力尚不成熟,因此引导学生通过图示标注、抓关键词等方法进行分析,培养学生分析问题的能力,并在解决实际问题的过程中,让学生再次巩固有理数混合运算的法则,体会有理数混合运算的实用价值。

（四）回顾总结，展望新知

教师：请结合以下三个问题，谈一谈学习本节课的体会。

（1）本节课学习了什么知识？

（2）在运用本节课所学知识的同时，需要注意哪些？ 或有哪些建议？

（3）你对本节课所学知识和方法还有哪些期待？

师生活动：学生进行课堂回顾，结合以上三个问题谈谈体会，教师则利用板书和思维导图帮助学生对所学内容进行梳理总结。

【点评】通过三个问题和板书引导学生回顾总结这堂课所学内容，通过思维导图帮助学生建构所学知识和技能框架，并对今后要学习的实数的混合运算进行展望。

六、目标检测设计

1.计算：$4-3\times(-2)^3$。

2.计算：$-0.625\times4^2-0.25\times(-5)\times(-4)^3$。

3.如图 5-6-2 所示，某空调室外机形状是一个长方体，其长、宽、高尺寸分别为 850mm，320mm，580mm，在朝外一面上有一个圆形的孔，孔的直径为 440mm，除这个孔外外壳均用铁皮包裹，试计算外壳铁皮的面积。（π 取 3）

图 5-6-2

4.课后完成教材第 56 页作业题，其中第 6 题选做。

【点评】第 1～3 题要求学生在课内完成，第 4 题在课后完成，主要检测学生是否掌握了有理数混合运算的法则，能否利用有理数的混合运算解决简单的实际问题。

七、教学反思

"有理数的混合运算"在教材中呈现的篇幅较少，而七年级学生又具有较强的求知欲，如何在突出重点的同时，避免成为一堂计算练习课，笔者主要在以下三方面进行重点设计。

(一)激趣引入,自然点题

笔者采用学生熟悉的"24 点"游戏进行引入,明线是激发学生的学习兴趣,暗线是既引导学生回顾小学的四则混合运算法则,为学习"有理数的混合运算"做铺垫,又通过升级游戏和计算"24 点",引发学生对有理数混合运算的顺序进行思考。该情境引入看似普通,实则体现了知识的自然生长,也符合学生的思维生长。

(二)合作交流,落到实处

合作交流是目前课堂学习的一种主要模式,但不是每节课都需要合作。笔者认为教学应根据学情的需要,当学生的思考出现障碍或差异时,应适时地进行合作交流。在本节课练习 2 的教学设计中,笔者做了两种预设,而在实际教学中,学生在独立思考时出现了差异。此时,笔者建议学生进行分组合作交流,并明确合作任务,整个过程呈现了"组内分享""组间互动""生生联动"的立体形式,营造了积极分享梳理、建构内化能力的和谐氛围,真正将学生之间的合作落到实处。

(三)课堂生成,有效利用

在课堂练习环节,笔者充分利用课堂生成的资源,结合"学生独立练习"和"小组合作纠错"两个环节中出现的典型错误,让学生提出运算建议。对于学生而言,在经历独立练习和纠错后,再进行总结归纳,这又是一次生成和收获知识的体会。

当然,本节课的设计也存在一些不足之处。例如,本节课着重突出了有理数混合运算的顺序和算法,而忽视了对理解算理的强调,在今后的运算教学中,笔者会更加注重提升学生对算理的理解。总而言之,课堂教学没有最好,只有更好,只要大家能用自己的智慧和钻研精神进行教学设计,一定能创设更精彩的课堂教学案例。

第七节　设计有效的数学课时教学目标的新视角

数学课堂教学效率的影响因素有多种,关键因素是对教学目标的理解、认识与把握。如何确定教学目标并实施,不仅是观念问题,更是实践操作问题,也是课堂教学需要长期关注和研究的问题。在现实教学中,许多教师教学目标意识较淡薄,教学目标设计能力较薄弱,当堂目标检测与反馈意识不强。因此,本节从分析教师教学目标现状入手,提出科学合理设计课时教学目标的策略与方法,发挥教学目标在课堂教学中的导向、调控、激励与评价作用。

一、初中数学课时教学目标设计中存在现象与主要问题

(一)目标的错位

某教师"圆的轴对称性(第二课时)"教学目标

1. 使学生掌握垂径定理及其逆定理;

2. 掌握两个定理,学会用垂径定理的逆定理解决一些简单的几何问题;

3. 渗透转化思想,培养学生语言的表达能力。

【点评】在该教学目标中,教师是使能者,学生是效应者,行为主体是教师。而教学的本质是促进学生有效学习,学习的主体应是学生。教学目标是通过学习在知识与技能、过程与方法、情感态度价值观"三维目标"发生的变化、达到的标准、实现的程度等所做的设想或规定。因此教学目标应该是学生学习的结果,即学生学会了什么,发生了什么变化,而不是教师做了什么。

(二)目标的缺位

某教师"二元一次方程"教学实录与评析的教学目标

1. 理解二元一次方程及二元一次方程解的概念;

2. 学会求出某个二元一次方程的几个解和检验某对数值是否为二元一次方程的解;

3. 学会将二元一次方程中的一个未知数用另一个未知数的一次式表示。

【点评】该教学目标的设计有明显缺位的现象。所设定的三个目标都是结果性目标(知识技能目标),没有过程性目标,因此,该教学目标的表述不全面,与新课程倡导的"三维目标"相比,有明显的不到位现象。

(三)目标的越位

某教师"合并同类项"的教学目标

1. 知识目标。使学生理解同类项的概念和合并同类项的意义,学会合并同类项;

2. 能力目标。培养学生观察、分析、归纳和动手解决问题的能力,初步使学生了解数学的分类思想;

> 3.情感目标。借助情感因素,营造亲切和谐活动的课堂气氛,激励全体学生积极参与教学活动,培养他们的团结协作能力,严谨求实的学习作风和锲而不舍、勇于创新的精神。

【点评】《新课标》把数学思想和方法纳入基础知识范畴,该教学目标中能力目标"初步使学生了解数学的分类思想"应属于知识目标范畴。如果将教学目标作为课堂教学应该达成的任务,那么其情感目标也需要推敲。如"培养他们的团结协作能力,严谨求实的学习作风和锲而不舍、勇于创新的精神"等过于虚、空,无实质意义,其可以放于任何课堂,但又较难实现。尤其在公开教学、各种竞赛课中,教师设计教学目标是为了体现新课程理念,他们通常会将"三维目标"分项列出,看似面面俱到,实则主次不明。

综观上述教学目标制订中存在的现象与问题,分析其成因,可归纳为以下几方面:一是教师对教学目标的价值取向认识有偏差,对理解、掌握和应用的过程存在误区。二是教师对数学课堂教学目标设计的重要性缺乏应有的认识,没有投入足够的精力,过分依赖教学参考书和教辅用书,较少考虑学生实际。三是教师对教材、学生的研究缺乏深度,教师把握教材的能力、了解与研究学生的能力相对薄弱。四是教师对准确、合理描述教学目标缺乏必要的理论功底。

二、优化设计数学课时教学目标的策略与方法

课时教学目标是教师对课堂教学活动中学生在认知、情感、技能和能力等方面发生变化的期望,它不仅是数学教学过程中教师的教和学生的学的行动指南,也是检验教学质量的标准,更是进行教学设计时首要解决的问题。

(一)树立正确的教学目标观

教学目标是课堂教学的核心和灵魂,是课堂教学的出发点和归宿。科学合理的教学目标,不仅是教学活动的依据,也是教学测量与评估的依据。数学课时教学目标是一种方向,体现课程标准倡导的方向,它承载着教材编写者的设想,展现了教学设计者的愿望。它是一种过程,更是一种最基本的标准,是学生"跳一跳"就能够当堂达到的标准。设计课时教学目标是教师进行教学设计的首要环节,也是教学设计的关键环节。它是确定课时教学内容、选择教学方法、组织和实施教学活动以及评价教学活动效果的依据,也是教师评价和修正教学活动的依据。正如布卢姆所说,有效的教学始于准确地知道期望达到的目标。因此,教师应树立目标意识,科学合理地设计教学目标。

(二)设计课时教学目标的基本原则

美国教育家加里·鲍里奇在《有效教学方法》一书中对教学目标的要求是,提出的行为是可观察的,必须以直接、具体和可观察的方式表达学习结果。因此,我们认为科学合理地设计课时教学目标,至少需要遵循四个原则。

1.目标的多元性

目标的多元性,是指目标的实现不应仅仅关注知识与技能目标,而应更多地关注学生作为一个完整的人的发展,要实现"三维目标"的多元价值。其一,"三维目标"不再是并列关系,而是融为一体的整体,缺失任一维度都无法筑成完整的人的发展的"金字塔";其二,多元并不表示一节课的目标设计与实施要面面俱到,而要根据教材特点、学生的实际做到有轻重缓急,有所为有所不为。在表述教学目标时,不主张并列式分述,而是主张融合式表述。

2.目标的准确性

目标的准确性,是指能准确反映课程标准的要求,并与学生的认知能力相适应,能有效促进学生的发展。其一,体现对教学内容的要求,根据《新课程》中对了解、理解、掌握与灵活运用等要求,对这些动词的功能进行界定,确定结果目标倾向;其二,符合学生的认知发展的需要,即教学目标既要与学生的发展水平相适应,又要有发展性,还要对学生的数学知识、能力和理性精神等发展有真正的促进作用。

3.目标的具体性

目标的具体性,是将具体的学习内容与过程相联系,用可操作性的语言表述学生通过教学后所表现出来的可见性行为,具有外显性和可测量性。在描述具体目标时,要对实现行为表现的条件做出具体规定,要对行为表现有最基本的要求。例如:在经历多项式乘法法则推导的过程中(行为条件),学生(行为主体)能理解(行为过程)多项式乘法法则(表现程度)。当然,并不是所有的目标呈现方式都包括行为主体、行为过程、行为条件、表现程度这四个要素,有时为了陈述简便,可以省略行为主体或行为条件,前提是不会引起误解或产生多种解释。如"知道(行为过程)有理数都可以用数轴上的点来表示的事实(行为表现程度)"。

4.目标的可测性

目标的可测性,是指通过设计目标样题,采用适当的方式加以检测,以评价学生目标的达成效果。

(三)设计课时教学目标的操作策略

设计课时教学目标的操作流程如图 5-7-1 所示。

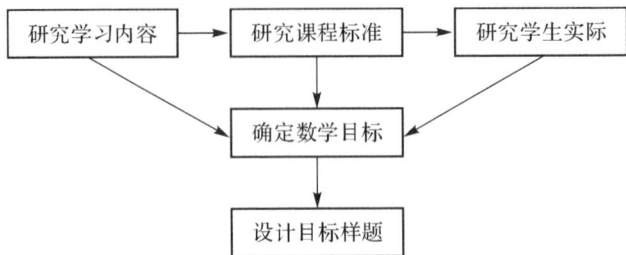

图 5-7-1　设计课时教学目标的操作流程

1.研究学习内容

分析课时学习内容中包含的知识，分析这些知识在对应单元、章节、学段及课程中的体系和作用；分析学习目标内容所蕴含的数学思想方法和解决问题的策略；分析当前学习内容中知识与方法在解决其他学科问题和解决实际问题中的应用价值；寻找当前学习内容中蕴含的潜在教育价值。

2.研究课程标准

课程标准是指导教学的准则和保底要求，是确定教学目标的基础。通过研究课程标准，领会和准确理解课程标准对当前学习内容的基本要求，结合学习内容和学生的数学现实水平分析、确定具体的课时教学目标。

3.研究学生实际

在研究学习内容的同时，必须了解、研究学生的学习准备情况，包括了解学生已经具备的相关知识与技能；了解学生在学习新知识时，在学习动机、思维方式等方面可能会遇到的困难；了解学生数学认知特点的个别差异及其认知风格，以便确定学生的起点状态，以及教学的出发点。

4.确定教学目标

在充分研究学习内容、研究学生实际、研究课标的基础上，确定学生从起点状态过渡到终点状态（预期目标）应掌握的知识技能或应形成的态度与行为习惯，并用恰当的语言描述课时教学目标。

5.设计目标样题

教学目标的终点效应，即目标达成情况同样重要。如何评价教学目标的终点效应呢？我们认为，设计目标样题并用其进一步诠释课时教学目标，可进一步提高教学目标检测的操作性。目标样题，一要体现匹配性，与目标要求相一致；二要体现基础性，这是一种基本要求，要让大部分学生"跳一跳"就能当堂达标；三要体现差异性，"下要保底，上不封顶"是基本原则之一，要设计提高题来激励优秀学生向更高层次发展。

三、"圆的轴对称性(1)"课时教学目标的设计

(一)分析学习内容

"圆的轴对称性(1)"是在学习圆的认识基础上,运用圆的对称性解决圆中有关问题的起始课,是具有承上启下作用的关键课。这堂课的主要学习内容是,借助动手操作认识圆的轴对称性,利用圆的轴对称性导出垂径定理,体现利用运动观点研究图形的思想与方法。垂径定理是圆的重要定理之一,可用于解决弦、弦心距及半径之间的证明和计算问题。

(二)分析学生实际情况

学生已具备的知识与技能是,轴对称的有关性质、勾股定理、等腰三角形的有关性质。学生在日常生活中经常接触圆,从感性上已经认识圆的轴对称性,初步积累了利用图形变换研究图形性质的基本思想方法,但垂径定理结论的多样性对学生的发散思维有较高的要求,学生在应用时可能会产生困难。

(三)分析课程标准

探索并证明垂径定理。

(四)确定教学目标

(1)通过操作、观察、归纳、猜想等学习活动,经历探索圆的轴对称性的过程,感受对称美,理解圆的轴对称性,初步掌握垂径定理。

(2)了解弧的中点、弦心距的概念,初步学会运用垂径定理解决有关弦、弦心距以及半径之间的证明和计算问题。

(3)运用垂径定理解决日常生产、生活中一些简单问题,感受圆的轴对称性在实际生活中的应用。

确定教学重点为垂径定理及其应用。教学难点为垂径定理的推导。

(五)设计目标样题(当堂检测)

1.(10分)圆是轴对称图形,它的对称轴有(　　)。(认识圆的轴对称性)

A.1 条　　　　　　B.2 条

C.3 条　　　　　　D.无数条

2.(20分)如图 5-7-2 所示,AB 是 ⊙O 的直径,$CD \perp AB$ 与 E,则下列结论中不一定成立的是(　　)。(识别垂径定理)

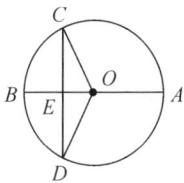

图 5-7-2

A. $CE=DE$ B. $\overset{\frown}{BC}=\overset{\frown}{BD}$ C. $\overset{\frown}{AC}=\overset{\frown}{AD}$ D. $OE=BE$

3. (20分)已知⊙O的半径为13，一条弦的AB的弦心距为5，则这条弦的弦长等于_____。（垂径定理的简单应用）

4. (20分)如图5-7-3所示，水平放置的一个油管的截面半径为13cm，其中有油部分油面宽AB为24cm，求截面上有油部分油面高CD的长。（应用垂径定理解决简单的实际问题）

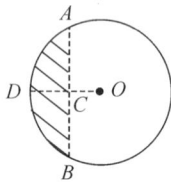 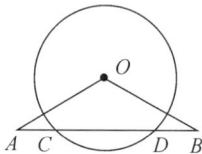

图5-7-3   图5-7-4

5. (30分)如图5-7-4所示，已知线段AB与⊙O交于C，D两点，且$OA=OB$。求证：$AC=BD$。（垂径定理的简单综合应用）

提高题（10分，不记入基本分）：在⊙O中，弦$AB\parallel CD$，$AB=24$，$CD=10$，弦AB弦心距为5，则AB与CD之间的距离是_____。（垂径定理的综合应用）

有效的教学目标应该成为设计优化的教学过程，实现最佳的教学效益的方法、手段和策略。我们要以学生发展为本，精心设计课时教学目标，关注教学过程的生成性目标，以及提高目标的终点效应。以目标设计为切入点，着力提高数学课堂教学的有效性，全面提高数学教育质量。

第八节　生本教学：基于经验层次发展的数学活动设计

数学作为系统化的知识，具有高度的抽象性、极强的逻辑性。生本教学是基于经验层次发展的数学活动设计，旨在通过对经验的最低层次，进行新知的再创造，通过理清学习经验层次秩序设计数学活动，进行知识网的有序建构，通过学习经验层次横向和纵向联系设计数学活动，在"水平数学化"与"垂直数学化"中深入思考，最终让学生的数学学习由新学即忘、旧学易混、思维低阶转变为记忆犹新、复习高效、思维高阶。

一、思考与建构:基于经验层次发展的数学活动设计

(一)概念界说

经验层次包含两个维度,一个是经验,即学生已有的认知以及在数学活动中所做的反思,具体可以是新知形成的本源,可以是旧知联系的结合点,也可以是在深入学习过程中获得的基本方法和基本思想等;另一个是层次,指经验在学习过程中符合数学逻辑发展的等级,其特点是循环往复地由低层次向高层次发展,而这种循环可以持续的关键是经验层次的有序发展。

数学活动是在不同的数学课型上为了引发学生的思维活动而设计的富有联系的问题串,这些问题串的设计都以围绕学生的学习经验展开,注重学习经验的层次,以数学学习的高效深入为目标,最终提高数学学习的有效性。

(二)理性思考

在新课中,基于经验的最低层次设计数学活动,在"做"中开始再创造。经验的最低层次是新知学习的起点,找准经验的最低层次,可以让数学自然地发生,从知识生成的本源开始进行探究,让数学新课学习印象深刻。

在复习课中,基于经验层次的有序发展设计数学活动,让旧知复习变得清晰有序;从知识链和方法链两个角度出发,数学活动的设计应符合学生的经验层次,从低层次到高层次不断地循环往复,提高学生复习课的效益。

在专题课中,基于经验的横向联系和纵向联系设计数学活动,让学生在联系中找到解决难题的突破口,并在联系中寻找经验的最低层次,从而让学生的数学研究变得深入。

从学生的角度看,通过不同层次的数学活动,唤醒自主学习、自主建构的能力,将被动、无序、低层次的数学思维活动转化为主动、有序、高层次的数学思维活动,从而更有效地提升数学学习的能力,进一步落实学生核心素养的形成;从教师的角度看,通过研究学生学习经验层次发展,找准知识发生发展的联结点,设计符合学生经验层次发展的数学活动。以数学活动为载体,以经验回溯与经验反思为动力,推动学生立体、深度的数学思维发展。

基于经验层次发展进行数学活动设计,其理论框架如图 5-8-1 所示。

基于上述理性思考并予以实践,旨在通过设计相应的数学活动,让学生的数学学习由新学即忘、复习低效、思维低阶转变为记忆犹新、复习高效、思维高阶。

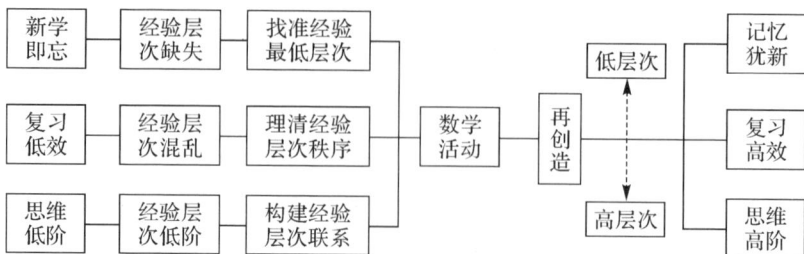

图 5-8-1　基于层次发展的数学活动设计的理论框架

二、实践操作:基于经验层次发展的数学活动实施

数学活动是以活动的形式进行的数学教学,指基于经验层次发展而设计的引发学生思维活动的数学问题。学生的学习经验层次发展及教师对学习过程的层次理解是数学活动设计的前提和依据,反过来,数学活动推动了学生的学习经验从较低层次进入较高层次,是学生学习经验层次发展的外在表现形式和操作载体,两者相互依存,是数学学习规律发生发展的重要依据。基于此,笔者决定从学习经验的不同层次出发,以数学活动为载体,根据不同的课型,从以下三方面入手,设计不同的数学活动。

(一)基于经验最低层次的新课数学活动设计的策略

学生在数学新知的学习中,最先接触的就是新课。新课是学生数学新知和新技能获得的最主要课型,要想新知的学习自然且深刻,导入过程中的数学活动设计起着很重要的作用。基于经验最低层次的新课数学活动设计应从找准新知学习的最低层次开始。

1. 以结构相似的旧知作为最低层次设计数学活动

知识之间相互联系。在数学学习过程中,很多知识结构相似,我们可以以此作为新知学习的最低层次设计数学活动,进行新知的再创造。

"直线与圆的位置关系"教学活动设计

活动 1:旧知回溯,类比联想

问题 1:根据图 5-8-2,直接写出点 A 与 $\odot O$ 的位置关系。

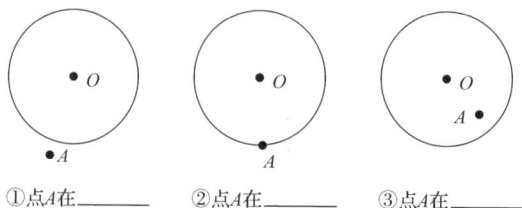

①点 A 在_____　②点 A 在_____　③点 A 在_____

图 5-8-2

问题 2：在△ABC 中，已知 AB＝AC＝4cm，BC＝6cm，P 是 BC 的中点，以 P 为圆心作一个半径为 3cm 的圆，则点 A，B，C 与⊙P 的位置关系分别为 _____。

教师：请同学们回想"点与圆的位置关系"的定义以及判断方法。

活动 2：旧知迁移，新知再造

教师：如果将点换成直线，你觉得直线与圆的位置关系有哪些？如何判断？

（学生思考，并将自己的想法写在练习单上。）

教师（巡视后，将学生对位置关系的命名和判断方法进行展示，如图 5-8-3 所示）：大家觉得哪些地方还可以改进？

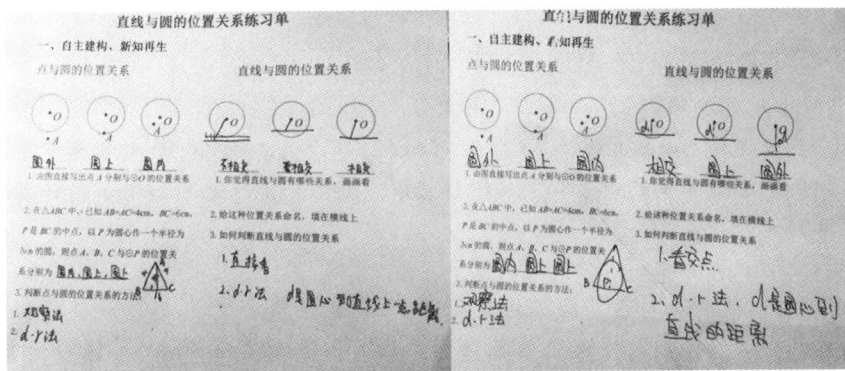

图 5-8-3　学生自主建构结果展示

学生根据大家展示的学习单，就直线与圆的位置关系及其判断方法展开讨论，教师进行一一点评并补充。

【点评】"点与圆的位置关系"与"直线与圆的位置关系"的内容结构相似，以"点与圆的位置关系"作为"直线与圆的位置的关系"学习的最低层次，将课堂还给学生，通过学生的回溯与自主探究，建构直线与圆的位置关系，学生对新知的学习印象深刻，且将知识点紧密地联系在一起。

2. 以知识发生的本源作为最低层次设计数学活动

任何新知的学习都应寻找其本源，即学生新知学习的最低层次，是学生进行知识"再创造"的开始，是学生进入更高层次的分析对象。以知识发生的本源作为最低层次设计数学活动，会触发学生的联想，活跃其思维，助力新知的形成。

"同底数幂的乘法法则"教学活动设计

活动 1:低层寻源,本源回溯

教师:请同学们完成问题 1,并回顾幂的意义。

问题 1:将下列乘积式写成幂的形式。

(1)$2 \times 2 \times 2 \times 2 =$ _____;(2)$\underbrace{2 \times 2 \times \cdots \times 2}_{100个2相乘} =$ _____。

学生开始解题,速度很快,准确率比较高。

教师:由第(1)题我们看到,几个相同的数相乘,其结果可以用幂表示。根据幂的意义,请同学们完成问题 2。

问题 2:计算下列各题(结果允许用幂表示)。

(1)$2^3 \times 2^2$;   (2)$2^3 \times 2^5$;   (3)$2^{12} \times 2^{24}$;

(4)$\frac{3}{2} \times \left(\frac{3}{2}\right)^2$;   (5)$\left(\frac{3}{2}\right)^2 \times \left(\frac{3}{2}\right)^3$;   (6)$\left(\frac{3}{2}\right)^8 \times \left(\frac{3}{2}\right)^{10}$。

(学生开始解题。)

教师巡视后发现,由于第(1)(2)(4)(5)题中指数较小,学生都按照以前的方法先进行幂的运算,再进行乘法运算。大部分学生并不知道如何计算第(3)(6)题。

活动 2:规律探寻,新知建构

教师:随着参与运算的幂指数的增大,运算越来越烦琐,能不能快速得到答案呢?请同学们将算式中的幂仿照第(1)题,先写成乘积式,再进行运算,结果允许用较大的幂表示。

(学生继续解题,教师巡视后发现,部分学生很快就解决了第(3)(6)题。)

教师:请同学们按照刚才的方法继续计算:

(1)$2^{32} \times 2^{33}$;   (2)$\left(\frac{3}{2}\right)^{33} \times \left(\frac{3}{2}\right)^{42}$;   (3)$a^{33} \times a^{42}$。

教师继续巡视,发现有些同学已经发现"同底数幂的乘法法则"规律。

【点评】同底数幂的乘法法则是整个代数中有关幂运算的基础法则,是建构整个幂运算体系的支点。同底数幂乘法法则的建立应基于大量的、具体的幂运算,利用幂的意义进行具体的幂运算,并在"做"中发现规律是建立幂的乘法法则的最低层次。在该教学活动中,笔者以幂的概念及幂与乘法的相互转化作为经验的最低层次,设计了很多具体的幂运算,并认为这是不能缺失的,需要学生多次体验。只有精准地把握了最低层次的"做",学生才能进入下一层次,通过反思,归纳出同底数幂的乘法法则,从而使后续由数到式的抽象水到渠成。

"单项式的系数"教学活动设计

教师：大家都知道单项式 $-3x$ 表示 -3 与 x 的积，那么 $2xy^2$，$-\dfrac{5x^2y}{3}$，πab 分别表示什么？

学生1：$2xy^2$ 表示 2，x，y 与 y 的积；$-\dfrac{5x^2y}{3}$ 表示 $-\dfrac{5}{3}$，x，x 与 y 的积；πab 表示 π，a 与 b 的积。

教师：如果对构成单项式的因数进行分类，你觉得可以分为几类？

学生2：两类，一类是具体的数，另一类是字母。

教师：很好，如果老师把 $-3x$，$2xy^2$，$-\dfrac{5x^2y}{3}$，πab 中的 -3，2，$-\dfrac{5}{3}$，π 称为单项式的系数，你能给出单项式系数的定义吗？

学生3：数字因数是系数。

教师：很不错，我们把单项式中的数字因数称为单项式的系数。

【点评】 在具体的教学过程中，很多同学很难识别单项式的系数，特别是对于含有分数系数的单项式。理解单项式的构成和因数是建构系数概念的最低层次。在该数学活动中，笔者先让学生搞清楚构成单项式的要素（因数），分清各因数之间的差别，再让学生进行抽象概括，帮助学生理清单项式系数的本质属性——数字因数，加深新知学习的印象。

"平行四边形及其性质"教学活动设计

活动1：观察猜测，共性归纳

教师：现有图5-8-4所示的4个图形，利用直尺、量角器、圆规等作图工具，请同学们从边、角两个方面思考这些图形的共同属性。

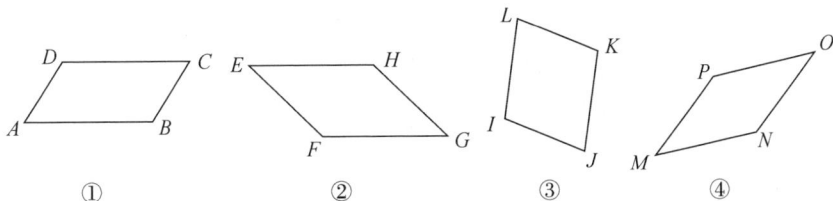

图5-8-4

学生开始动手测量，猜测结论。

教师：六人为一个小组讨论，完善各自发现的共同属性。

活动 2:整理联系,新知建构

教师:对各小组发现的共同属性进行整理,主要有:①两组对边相等;②两组对边平行;③两组对角相等;④任意邻角互补。请同学们思考,图①~④相互之间的联系是什么？相互之间是否可以证明,以小组为单位,进行讨论。

(学生开始讨论。)

教师:请各小组阐述自己小组的见解,并说明证明方法。

小组 1:①→②→③,证明方法主要是全等和平行的性质。

小组 2:③→④,④→③,证明方法主要是平行的性质。

小组 3:②→①,③→②,证明方法主要是全等和平行的判定。

……

(各小组纷纷讲了自己的见解,教师进行整理。)

教师:最后,汇总各小组得到的结论,老师发现①⇔②⇔③⇔④,以哪一项作为条件,我们可以很容易以此推出另外的结论？

学生(思考片刻):以②为条件。

教师:也就是,我们以②作为平行四边形的概念,其余的作为性质。

【点评】平行四边形的概念是源于学生对平行四边形的观察。在该教学活动中,笔者另辟蹊径,先不讲平行四边形的概念,而是让学生观察、猜想、整理,将整理所得的平行四边形的共同属性作为平行四边形概念与性质学习的最低层次。观察、猜想的过程可更好地突出概念,利于学生理清概念与性质的关系。显然,这样的教学活动更有利于学生建构知识网络,理清知识的来龙去脉。

(二)基于经验层次有序发展的复习课数学活动设计的策略

复习课是旧知回溯、技能巩固、方法整理、思想渗透的课,这一切都建立在学生的经验之上。基于经验层次有序发展的复习课遵循知识的发生以及经验层次的发展规律,以相对应的数学活动为载体,让学生在有序的数学活动中有序地建立学习经验,由低层次发展为高层次。

1.基于知识链有序发展的数学活动设计

知识之间相互联系,构成知识链。复习课的整体设计中,我们应该以知识链的先后顺序设计相应的数学活动,在经验层次的有序发展中进行数学活动,从而更好地提高复习课效率。

"垂径定理"复习课教学活动设计

活动1:定理回溯,反思提炼

问题1:如图5-8-5所示,不具备垂径定理条件的图形是_____。

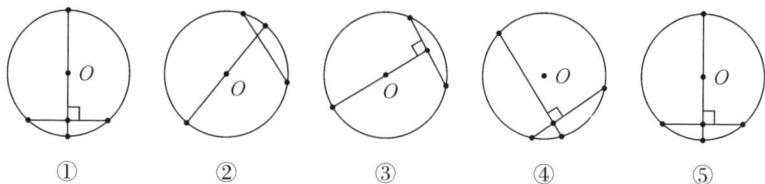

图 5-8-5

反思:垂径定理的核心条件是什么?

问题2:如图5-8-6所示,AB 是⊙O 的直径,弦 $CD \perp AB$ 于点 E。若 $AB=10$,$AE=1$,则弦 CD 的长是_____。

反思:线段的计算最终借助于什么?

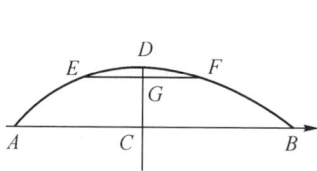

图 5-8-6

活动2:方法探究,应用拓展

探究1:如图5-8-7所示,AB 是⊙O 的直径,弦 $CD \perp AB$ 于点 E。已知_____,试求_____。

思考:解决此类问题的关键是什么? 通法是什么?

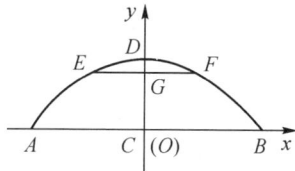

图 5-8-7

探究2:求解下列实际问题,并思考如果去除问题背景,抽象出核心图形,在解题思路上与探究1是否相通?

(1)若小李同学掷出的铅球在场地上砸出一个直径为10cm、深2cm的小坑,试求该铅球的直径。

(2)用一块直径为4m的圆桌布平铺在对角线长为4m的正方形桌面上,若四周下垂的最大长度相等,试求最大长度。

反思:如何将上述实际问题转化为类似于探究1的问题?

探究3:如图5-8-8所示,有一座桥,桥下水面宽度 AB 为20m,高 CD 为4m。要使高为3m的船通过,则其宽度须不超过多少米?

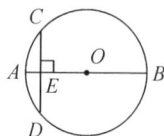

图 5-8-8

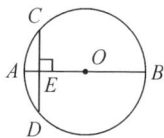

图 5-8-9

(1)若将桥看作圆的一部分,要使高为3m的船通过,则其宽度须不超过多少米?

（2）若将桥看作抛物线的一部分,建立如图 5-8-9 所示的坐标系,要使高为 3m 的船通过,则其宽度须不超过多少米?

【点评】笔者以垂径定理的适用条件作为知识链的最前端,并将其与垂径定理中线段的计算相联系,在解决简单问题的同时,对低层次经验活动进行组织,为后续发展更高层次的经验——线段计算的通法做好铺垫,整堂课的知识链为定理适用条件(基本图形)—线段计算—方法探究—方法提炼—拓展应用,以此为线索,设计了教学活动。

"二次函数的图象与性质"复习课教学活动设计

活动 1:数形结合,性质回溯

问题 1:已知函数 $y=-x^2+4x+12$,画出函数的大致图象,观察图象,你可以得到哪些与函数性质有关的结论?

活动 2:引入字母,通法提炼

问题 2:已知函数 $y=(x+a)(x-a-1)$（a 为常数,且 $a\neq0$）。

(1)取 a 的几个特殊值,试着画出它们的大致图象,借助图象你可以得到哪些与函数性质有关的结论?

(2)当 $x\geqslant m$ 时,y 随着 x 的增大而增大,求 m 的取值范围。

(3)若点 $A\left(\dfrac{7}{2},y_1\right)$,$B(-2,y_2)$ 是图象上的两点,求 y_1,y_2 的大小关系。

(4)已知点 $P(x_0,m)$,$Q(1,n)$ 都在函数图象上,且 $m>n$,试求 x_0 的取值范围。

问题 3:设二次函数 $y=a(x-a)(x-a-1)$（a 为常数,且 $a\neq0$）。

(1)当 $x\geqslant m$ 时,对于任意的负实数 a,y 都随着 x 的增大而减小,求 m 的取值范围。

(2)已知点 $P(x_0,m)$,$Q\left(\dfrac{1}{2},n\right)$ 都在函数图象上,若 $x_0>\dfrac{1}{2}$ 且 $m>n$,试求 x_0 的取值范围。（用含 a 的代数式表示）

【点评】图象是研究函数性质的直观工具,活动 1 以作图作为本次复习课知识链的最前端,体验二次函数的对称性和增减性,这个层次是对函数性质的宏观把握。在此基础上,进一步指导学生走向更高层次的发展——点的变化特点,突出图象在函数研究中的重要作用。活动 2 以具体二次函数的作图作为知识链的最前端,通过类比迁移,探究含有字母系数的二次函数性质,在图象与性质的相关经验形成后,进行了图象与性质的具体应用,即知识链的最末端。整堂课的知识链为具体函数作图—性质回溯—含有字母系数的二次函数性质探究—利用图象与性质解决增减性问题及点的坐标问题。在知识链的有序构建中,推动经验的层次有序发展,提高复习课的效率。

2. 基于方法链有序生成的数学活动设计

复习课不仅是旧知的简单回溯,更是方法的生成与提炼,我们可以以方法的生成作为设计线索,在方法链的生成中,促进经验层次的有序发展,提高复习课效率。

"切线判定"复习课教学活动设计

问题 1:如图 5-8-10 所示,BF 为 $\odot O$ 的直径,直线 AC 交 $\odot O$ 于 A,B 两点,点 D 在 $\odot O$ 上,BD 平分 $\angle OBC$,$DE \perp AC$ 于点 E。求证:直线 DE 是 $\odot O$ 的切线。

问题 2:如图 5-8-11 所示,$\triangle ABC$ 为等腰三角形,O 是底边 BC 的中点,腰 AB 与 $\odot O$ 相切于点 D。求证:AC 是 $\odot O$ 的切线。

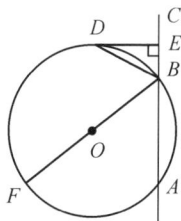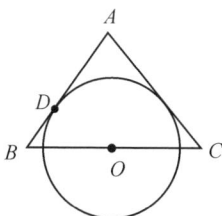

图 5-8-10   图 5-8-11

反思:切线判定的方法有哪些? 适用的条件是什么?

【点评】这两个切线证明题是常见题目,为了生成方法链,笔者将这两个类似的问题放在一起,让学生进行辨析、解答,原有证明切线的方法的回溯是低层次的经验,通过反思,在学生方法的生成中选择方法,这是基于前一较低层次发展而来的更高层次,丰富了解题方法,提高了切线判定方法的复习效率。

"圆中有关线段"复习课教学活动设计

问题 1:如图 5-8-12 所示,AB 为 $\odot O$ 的弦,$\odot O$ 的半径为 5,$OC \perp AB$ 于点 D,交 $\odot O$ 于点 C,且 $CD = 1$,试求弦 AB 的长。

问题 2:如图 5-8-13 所示,点 $A、B、C、D$ 都在 $\odot O$ 上,AD 是 $\odot O$ 的直径,且 $AD = 6$,若 $\angle ABC = \angle ACB$,试求弦 AC 的长。

问题 3:如图 5-8-14 所示,$\triangle ABC$ 内接于 $\odot O$,$BC = \sqrt{2}$,$\angle BAC = 45°$,$\angle ABC = 60°$,试求弦 AC 的长。

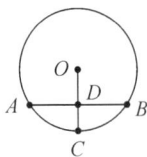
图 5-8-12

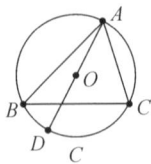
图 5-8-13

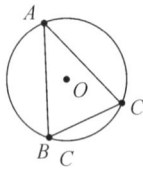
图 5-8-14

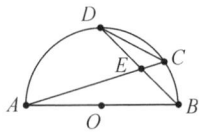
图 5-8-15

反思:圆中计算线段常用的方法是什么,如何构造 Rt△?

问题 4:如图 5-8-15 所示,半圆 O 的直径 AB＝7,两弦 AB、CD 相交于点 E,弦 CD＝3.5,且 BD＝5,试求 DE 的长。

反思:初中阶段常用的线段计算方法有哪些?

【点评】问题 1 主要是通过基本问题,唤醒学生圆中线段计算的一般方法,属于经验的最低层次。问题 2 和问题 3 则是在问题背景的不断变化中,以问题 1 作为分析对象,积累经验,并向高层次发展。问题 4 则是在已有经验的积累之上,丰富了解题方法——利用相似求解线段,提高了圆中线段计算的复习效率。

(三)基于经验层次联系的专题课数学活动设计的策略

通常,专题课以基本知识点作为学习的起点,即专题课学习的最低层次,通过基于经验层次联系设计数学活动,将学生的经验层次发展由低层次引向高层次,思维由低阶走向高阶。

1.基于经验层次横向联系的专题课数学活动设计

横向联系,即水平数学化,利用经验层次的横向联系设计数学活动,在关联的知识间建立知识网,从不同方面加深对知识的理解与认识。

2.基于经验层次纵向联系的专题课数学活动的设计

纵向联系,即垂直数学化,理清学习过程中的各个经验层次之间的纵向联系,在数学活动的进行中推动经验层次的发展,这样的学习更能引发学生的深入思考,将学习过程不断推向更高层次。

"利用一次函数图象解决行程问题"的专题复习课教学活动设计

甲开汽车,乙骑自行车从 M 地出发沿一条公路匀速前往 N 地。设乙行驶的时间为 t h,甲、乙两人之间的距离为 y km,y 与 t 的函数关系如图 5-8-16 所示。某同学思考后发现了部分正确信息:乙先出发 1h;甲出发 0.5h 与乙相遇。

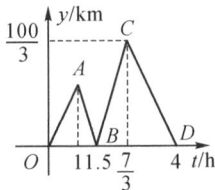
图 5-8-16

　　活动 1:你能通过图象描述线段 OA,AB,BC,CD 所代表的实际运动过程吗?

　　活动 2:图中有哪些关键点,你能描述这些点在运动过程中所代表的实际意义吗?

　　活动 3:通过对图象及图象上关键点的信息提取,你可以计算甲、乙的速度吗?

　　活动 4:丙骑摩托车与乙同时出发,从 N 地沿同一公路匀速前往 M 地,若丙经过 $\frac{4}{3}$h 与乙相遇,问丙出发后多长时间与甲相遇?

　　【点评】活动 1 引导学生认真审题,分清 x 轴、y 轴所代表的具体含义,通过对函数图象的分段分析与整体分析,识别图象所蕴含的物体运动的过程与运动的关系,定性地了解行程问题,这是利用一次函数解决行程问题的较低层次,即定性识别图象。活动 2 的分析对象是活动 1,学习进入行程问题中需要关注的量以及对关键点的考查,将定性分析转化为定量分析,挖掘时间、速度、路程三个量之间的关系,启发学生进行深度思考,直击问题解决的关键。活动 3 的分析对象是活动 2,学习过程进入引导学生对获得的信息进行整理,画出线段图,求出可求的量。活动 4 难度最大,但是在已有经验层次的基础上,学生可以很快利用函数图象或者线段图求解。

　　整个学习过程的经验层次发展流程如图 5-8-17 所示,经验层次在低层次与高层次间不断递进,基于经验层次纵向联系的数学活动的设计由低层次的思维活动动态立体地发展为高层次的思维活动,让学生的数学学习更深入。

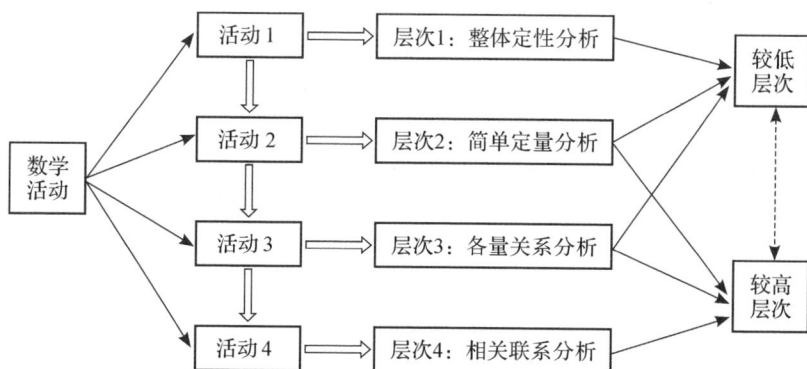

图 5-8-17　经验层次发展流程

三、结论与思考

(一)结　论

(1)在新课导入过程中,以找准经验的最低层次为核心设计数学活动,更符合数学知识的发生发展,更符合学生的经验层次发展,加深学生对新知学习的印象,有效地改变了"新学即忘"的现象。

(2)在复习课中,以经验层次的有序发展为核心设计数学活动,更有利于学生的知识网络的形成与建构,提高了复习课的效率,有效地避免了"旧学易混"的现象。

(3)在专题课中,以经验层次的联系为核心设计数学活动,将数学之间的联系作为学生数学思考的联结点,提升了学生数学学习深入研究的兴趣,将数学思维由低阶推向高阶。

(二)思　考

在学生数学经验的层次发展下设计新课、复习课、专题课的数学活动,使数学学习更自然、更有创新性,因此本探索有一定的实用价值,但是笔者在教学实践过程中,也遇到了一些新的问题,有待进一步地探索:(1)如何更准确地把握经验的最低层次,是否可以从更多的层面去剖析、去优化?(2)为更能体现经验的层次发展,如何创新数学活动,如何将这种层次界定清晰化?

第九节　生长数学下概念教学的设计

两千年前,道家就提倡"一生二,二生三,三生万物,道法自然",数学教学亦是如此,它绝不是知识、方法的简单传授,而是从数学现实出发,引导学生自主发现、理性建构、自然知新、不断生长的过程。

当前,不少教师逐渐习惯了使用"像这样……"的方式讲授一个新的概念,对"为什么教学新概念""为什么学习此新概念""新概念有哪些内容""新概念有什么用"等缺乏深度认识,这就很难挖掘数学概念的内涵与外延。本节从创设情境生长,自然迁移建构概念;探索类比生长,深度学习发展概念;设置探究生长,问题导学生成概念;追求思维生长,综合变式拓展概念四个方面出发,开展生长数学下概念教学的设计。

一、创设情境生长,自然迁移建构概念

创设生动的问题情境,使学生获得感性认知,在合理的情境化问题生长中探

索数学问题,自然而然地得出核心概念。创设情境生长,关键是设置的问题串能否触发思考,能否引导学生先自主思考,再通过合作学习等多种学习方式解决问题,自然而然地建构新概念,体验新概念的形成过程。

"分式"教学片段

问题情境:今天,陈老师从富阳出发,驱车到美丽的建德。已知富阳距离建德梅城初中约80km,陈老师计划以70km/h的速度开车。

生长1:老师需要多长时间到校?

生长2:如果老师实际开车速度为v km/h,需要多长时间到校?

生长3:如果老师实际开车速度比原计划快v km/h,需要多长时间到校?

生长4:如果老师刚到学校时接到通知,需要把车停在住宿的宾馆,宾馆离学校s km,实际全部路程的开车速度比原计划快v km/h,老师在路上共用了多长时间?

生长5:如果老师直接到宾馆停车,富阳到宾馆的距离为x km,老师原计划到达宾馆需要多长时间?

生长6:观察这些式子,$\dfrac{7}{8}$,$\dfrac{80}{v}$,$\dfrac{80}{70+v}$,$\dfrac{80+s}{70+v}$,$\dfrac{x}{70}$,发现$\dfrac{7}{8}$是小学学过的什么数?其他式子称作什么?代数式包括$\dfrac{7}{8}$吗?

生长7:这些代数式中哪些是整式?其余式子与整式有什么区别?有什么新的特征,你能给它们一个新的名称吗?如何定义?

生长8:回忆在小学分数和上学期整式内容的学习过程,你认为本堂课"分式"将如何进行?说出你的理由。

【点评】教师通过创设生活情境,自然地生长出熟悉的分数,随着情境不断变化与生长,依次列出5个算式,触发学生的认知冲突与深度思考。在该教学片段中,学生结合分数的概念与整式的知识进行迁移,不难得出分式的概念。生长7的设计,让学生分别从分数、分数的基本性质、分数的运算、分数的应用进行自然对照,启发学生对分数概念的深度建构,发展单元学习视角下的深度思维。

二、探索类比生长,深度学习发展概念

波利亚指出,如果说数学教学需要一个伟大的"引路人",那么类比就是这个"引路人"。类比思想是学习新概念,进行科学探索和发现的一种重要途径,是培养探究能力与创造力的有效方法。尤其是在初中数学概念教学中,通过探索类比生长促进深度学习,从而构建新的概念与知识系统,挖掘新概念的内涵与外

延。类比如一盏明灯,指引学生探索与发现新概念,深度认清新概念的产生原因与本质。

"余角与补角"教学片段

请用量角器测量如图 5-9-1 所示的四个角(精确到度),完成下列问题:

(1)请比较上述角度的大小,并用"$<$"连接;

(2)通过观察∠A 与∠C,∠B 与∠D 的度数,你发现了什么?

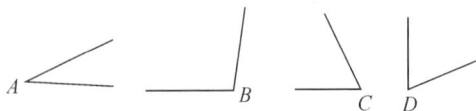

图 5-9-1

生长 1:类比"互为相反数"与"互为倒数"的概念,根据前面发现的结果,请你类似地概括出一句话。

生长 2:如果两个数的和等于 0,那么称这两个数互为相反数,也可以说其中一个数是另一个数的相反数。尝试请对互为余角、互为补角进行定义。

生长 3:如果∠1 是∠2 的余角,∠3 是∠2 的余角,那么∠1 与∠3 有什么关系?请说明理由,并用文字语言与符号语言进行描述。

生长 4:如果∠1 是∠2 的余角,∠3 是∠4 的余角,且∠2＝∠4,那么∠1 与∠3 有什么关系?请说明理由,并用文字语言与符号语言进行描述。

生长 5:对生长 3、4 进行类比,思考"补角"是否具有同样性质?请分别用符号语言和文字语言进行描述。

生长 6:如图 5-9-2 所示,点 A、O、B 在同一条直线上,射线 OD 和射线 OE 分别平分∠AOC 和∠COB,图中哪些角互为余角?请写出来。

生长 7:结合生长 6 的思考,通过类比独立创编一个问题生长,可以是本题的延伸,也可以另取一个角度进行创编,然后小组合作交流,确定本组创编问题,由代表发言。

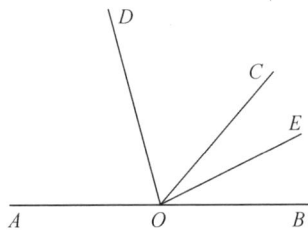

图 5-9-2

【点评】 通过动手测量和计算发现,对相反数定义进行类比,自然地想到两角之和的特殊性,猜想互余、互补的数学定义。在整个问题类比生长中,教师不仅注重概念的生成与发现,还在余角与补角性质的产生上注重类比方法的应用。同时教师让学生结合实例进行类比创编新问题,这恰是利用了类比教学的优越性,发展和深化概念,对培养学生深度思维能力和创新能力大有裨益。

三、设置探究生长,问题导学生成概念

通过设置探究生长,并进行问题导学,激活学生思维,逐步触发学生对新概念产生的情感与思维需求,经历概念的生成与抽象过程。随着探究生长的继续、思维含量与强度的增加,学生对新概念内涵与外延进行探究的必要性已经心领神会,这将极大地提升思维的主动性和活跃性,实现思维从低阶走向高阶。

"无理数"教学片段

问题:我们知道,有理数包括整数和分数,你能将 $\frac{4}{5}, -\frac{5}{9}, \frac{2}{11}, 3, -\frac{8}{45}$ 这五个数写成小数形式吗?探究一下。

生长 1:有理数的实质是什么形式的小数?有没有无限且不循环的小数?即无限不循环小数,我们把这些数叫作什么?

生长 2:圆周率你能写到多少位?观察圆周率的近似值:$\pi \approx$ 3.14159265358979323846264…,你认为圆周率 π 是无限不循环小数,即无理数吗?

生长 3:模仿圆周率的近似写法,你能构造一个无理数吗?探究一下。

生长 4:上述数是构造出来的,那么,是否存在除圆周率 π 外的具有实际意义的无理数?借助桌面上边长为 1 的正方形纸板与 5×5 的网格图,设该正方形的对角线为 a,请探究 a^2 的值。然后,思考 a 的值。

生长 5:得到 $a^2 = 2$,不难发现 $1 < a < 2$,它既不是整数,也不是分数(两个整数的比值),可见,a 是无理数,它的整数部分是什么?小数部分中的十分位和百分位是什么?借助计算器进行探究。

生长 6:观察无理数 $\pi \approx 3.14159265358979323846264…$,1.1010001000001…,当 $a^2 = 2$ 时 a 的值,可知无理数是无限不循环小数,与有理数正好相反,它不能用于表示两整数之比,请同学们再构造几个无理数?

生长 7:当 $a^2 = 2$ 时,a 的值是无理数,如何用符号表示?边长为 x 且面积为 6 的正方形,x 是否为有理数?尝试用计算器对 x 的值进行估计(精确到 0.1)。如果将结果精确到 0.01 呢?思考一下,截至目前所学内容,你认为无理数有哪几种类型?

生长 8:经过以前对"数的发展"的学习,以及今天对"无理数概念"的学习,在课后探索并画出知识网络图和思维导图。

【点评】 从已有旧知入手,遵循知识的发生发展过程,不断设置探究生长,启发学生发现无理数,并以此作为无理数概念的生长点。从观察圆周率 π 的近似

值，到创造无理数，并设置 $a^2 = 2$ 的实际问题导学产生 $\sqrt{2}$，体验无理数的产生是数学自身逻辑发展的需要。生长 7 再次巩固无理数的概念，感悟无理数存在的自然性和普遍性。生长 8 要求学生自主探索，并画出知识网络图和思维导图，提升了数学思维的层次，培养了学生的创造力。

四、追求思维生长，综合变式拓展概念

从某种意义上讲，概念的生成是一个"聚敛"过程，而概念的应用、综合、拓展则是一个"发散"过程，是思维生长的过程。这个过程不是静态的，而是积极思考、体会、感悟的过程。教师需要借助思维生长问题巩固概念，加强对概念的正用、反用、变用等，拓展并升华对概念的理解，让学生深度感知概念的本质特征。

"三角形中位线"教学片段

问题：探索"平行四边形的对角线互相平分"的基本图形，通过变式，编出其他问题。

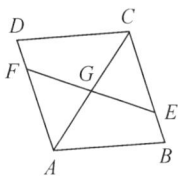 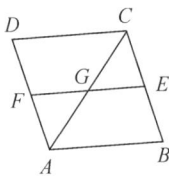 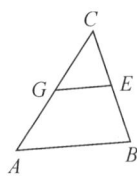

图 5-9-3　　　　　　图 5-9-4　　　　　　图 5-9-5

变式 1：如图 5-9-3 所示，在平行四边形 $ABCD$ 中，过 AC 中点 G 的直线分别与边 BC，AD 交于点 E，F，你可得出什么结论？证明你的结论。

反馈：线段 EF 与 AC 互相平分，$DF = BE$，$\triangle AFG \cong \triangle CEG$ 等。

变式 2：如图 5-9-4 所示，在平行四边形 $ABCD$ 中，如果 E 为边 BC 的中点，你可得出什么结论？证明你的结论。

反馈：$EF \parallel AB$，$EF = AB$；线段 EF 与 AC 互相平分；$\triangle AFG \cong \triangle CEG$ 等。

变式 3：去掉图 5-9-4 中平行四边形 $ABCD$ 的 AC 左侧部分的图形，得到图 5-9-5，观察知，GE 是连接 $\triangle ABC$ 的两边中点的线段。像这样的线段，我们为它取一个什么名称？它有什么性质？如何证明。

反馈：不难发现，结论为 $GE \parallel AB$，$GE = \dfrac{1}{2}AB$，即"三角形的中位线平行于第三边且等于第三边的一半"。其证明方法可逆向思考，证明完毕后用其他证法予以验证。

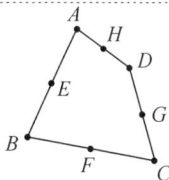

图 5-9-6

变式 4：连接三角形两边的中点，得到三角形的中位线，可得上述性质定理，如果四边形 $ABCD$ 的各边中点是 E,F,G,H，如图 5-9-6 所示，你可得出什么结论？证明你的结论。

反馈：$EF=GH$，$EF /\!\!/ GH$；四边形 $EFGH$ 为平行四边形；EG，HF 互相平分。

变式 5：在变式 4 中，如果称四边形 $EFGH$ 为原四边形的中点四边形，不难发现，中点四边形是平行四边形。中点四边形可能是矩形吗？此时，原四边形 $ABCD$ 有什么特征？中点四边形可能是菱形吗？正方形呢？证明你的结论。

【点评】将平行四边形性质的深化研究作为思维生长点，把三角形的中位线定理视作平行四边形的延伸，通过变式反馈将三角形中位线的概念、性质的发现与证明完美融合，自然地实现概念的生成与深化。通过问题变式对概念进行拓展与延伸，既可以让学生感受对几何图形研究的一般套路，又可以经历发现、提出、分析和解决问题的过程，体验思维的连续性和问题解决的逻辑性。

要实现概念的理解和灵活运用，既要让学生产生情感需求，还要让学生产生思维需求。让学生经历新概念产生过程中的探索、猜想、辨析、论证，感悟数学概念产生的自然性、合理性和必要性，这就是生长数学概念教学的设计理念与途径。创设情境、探索类比、设置探究、追求思维等生长数学概念教学，需要教师运用启发式教学，合乎情理地引导，让学生在探索中感受数学概念的自然生成。

参考文献

[1] 曹才翰,章建跃.数学教育心理学[M].北京:北京师范大学出版社,2007:176.

[2] 褚水林.生长型数学专题复习课探析[J].中学数学教学参考,2018(5):19-22.

[3] 褚水林.数学课时教学目标设计的新视角[J].中学数学教学参考,2009(11):16-18.

[4] 褚水林.初中数学导学式思维课堂实践指南[M].杭州:浙江教育出版社,2018:189-201.

[5] 陈斌.初中数学例题功能的再挖掘与探究[J].数学教与学,2018(4):34-36.

[6] 陈建国,陆炜平."再创造"下初中数学技能课的课堂设计[J].中学数学,2021(11):17-19.

[7] 陈建国,陈小俊.初中生"运算障碍"分析与提升策略探索[J].数学教学通讯,2021(4):24-26.

[8] 陈琦,刘儒德.《教育心理学》[M].北京:高等教育出版社,2001.

[9] 陈瑜昊.初中数学常态课堂中促进深度学习的教学设计——以"二元一次方程组的解法2"一课为例[J].上海课程教学研究,2019(4):57-60,74.

[10] 戴文革.品读"情境引入"问题设计的"数学味"[J].中学数学教学参考,2017(5):19-21.

[11] 冯剑,周庆忠.指向高阶思维的数学课堂教学策略[J].中国数学教育,2018(11):6-10.

[12] 费志英.初三数学复习课的变式题组设计[J].教师博览:科研版,2013(7):54-56.

[13] 韩龙淑,刘凯,陈锦楠.促进深度思维的数学概念教学研究[J].教学与管理(理论版),2020(12):95-97.

[14] 黄和悦.初中生统计观念发展的教学着力点——以"平均数"教学为例[J].福建教育(中学版),2019(7):60-62.

[15] 黄华,顾跃平.构建初中数学作业设计框架提高作业设计和评价的品质[J].课程 教材 教法,2013(3):81-85.

[16] 黄玉华.基于数学思想的教学实践与思考[J].中学数学教学参考,2012(7):26.

[17] 胡志杰.顺应学生思考 反思受阻思路——试卷讲评课有感[J].中学数学教学,2020(1):6-10.

[18] 弗赖登塔尔.作为教育任务的数学[M].陈昌平,唐瑞芬,译.上海教育出版社,1995.

[19] 韩龙淑,刘凯,陈锦楠.促进深度思维的数学概念教学研究[J].教学与管理(理论版),2020(12):95-97.

[20] 景盛.错误是一种可以利用的教学资源[J].小学数学教师,2004(8):125.

[21] 孔凡哲,史宁中.中国学生发展的数学核心素养概念界定及养成途径[J].教育科学研究,2017(6):5—11.

[22] 林海.例谈初中数学作业的设计策略[J].上海中学数学,2012(4):36-38.

[23] 林崇德,胡卫平.思维型课堂教学的理论与实践[J].北京师范大学学报(社会科学版),2010(1):29-36.

[24] 李景芝,张亮.例谈促进深度学习的课堂引导策略[J].中国数学教育,2020(11):33-36.

[25] 刘喜莲.强化数学应用意识,培养学生数学素养[J].教育理论与实践,2015(29):51-53.

[26] 刘东升.我们需要怎样的"问题"驱动课堂——由美国莎维女士执教的函数图象课说起[J].教育研究与评论(课堂观察),2016(11):65-68.

[27] 刘光建.让问题在情境导入中自然诱发[J].中学数学教学参考,2019(9):5-8.

[28] 骆洪灿.经历过程积累经验反思提升[J].数学教学,2015(5):4-7.

[29] 布鲁姆.教育评价[M].邱渊,王钢,夏孝川,等,译.上海:华东师范大学出版社,1987.

[30] 波利亚.怎样解题[M].涂泓,冯承天,译.上海:上海科技教育出版社,2007.

[31] 倪帅.情境教学在初中数学课堂中的探索与实践[J].中学教研(数学),2019(9):17-19.

[32] 卜以楼.生长型架构下实数复习课的教学实践与思考[J].中学数学(下旬),2016(3):40-43.

[33] 蒲大勇.初中生学习运算的障碍点分析与对策建议[J].中学数学教学参

考,2016(3):13-15.

[34] 钱晓雯.数学深度学习探析[J].数学之友,2017(24):1-3.

[35] 阮波江.有效利用课堂例题、习题教学提升学生数学解题能力[J].数学学习与研究,2018(5):73.

[36] 任樟辉.数学思维理论[M].桂林:广西教育出版社,2003.

[37] 米山国藏.数学的精神・思想和方法[M].毛正中,吴素华,译.成都:四川教育出版社,1986.

[38] 沈莹琪.“有理数的混合运算”教学设计[J].中国数学教育(初中版),2020(4):21-24.

[39] 石建华.运算能力培养的“五要素”——以《有理数》单元的教学为例[J].教育研究与评论(中学教育教学版),2016(11):55-59.

[40] 邵光华.作为教育任务的数学思想与方法[M].上海:上海教育出版社,2009.

[41] 孙朝仁,马敏.基于数学核心素养发展的应用型数学实验[J].中国数学教育(初中版),2015(11):36-40.

[42] 孙朝仁,朱桂凤.四节观摩课的即时思考与再实践[J].中国数学教育(初中版),2015(3):7-11.

[43] 盛志军.浅谈“回归基础”的教学策略[J].数学教学,2013(5):11-13.

[44] 盛志军.一道中考题的再创造价值的研究[J].中学数学教学参考,2011(12):15-17.

[45] 王丽琳.应用意识:数学核心素养培养的着力点[J].教育与教学研究,2018(9):111-117.

[46] 王伟,段世彬.初中数学课堂提问的视角究竟在哪里[J].中学数学教学参考(中旬),2012(5):16.

[47] 万荣庆.数学“板块三串式”课堂教学设计结构分析[J].中学数学教学参考,2011(12):12-13.

[48] 王明碧.初中数学教学中常见的数学思想方法[J].中小学数学(初中),2010(3):11.

[49] 吴光潮.中考复习,如何培养学生的批判性思维——从两道中考模拟考试压轴题说起[J].中学数学(初中版),2015(10):41-43.

[50] 吴增生.三角形中位线定理教材设计之我见[J].中国数学教育(初中版),2018(12):3-5,10.

[51] 夏培培.以问题为“驱动”发展学生数学高阶思维能力[J].中学数学(初中版),2019(3):44-46.

[52] 肖贤伟."篮球比赛问题"的数学建模教学片断与评析[J].中学数学杂志,2016(6):21-24.

[53] 义务教育数学课程标准修订组.义务教育数学课程标准(2011版)[M].北京:人民教育出版社,2011.

[54] 章建跃.构建逻辑连贯的学习过程使学生学会思考[J].数学通报,2013(6):5-8.

[55] 章建跃.数学教育随想录[M].杭州:浙江教育出版社,2009:17-19.

[56] 张奠宙.关于数学知识的教育形态[J].数学通报,2010(5):2-6.

[57] 周娅茜,马文杰.批判性思维:内涵、特征及在中学数学教学中的培养策略研究[J].中学数学教学参考,2020(9):2-6.

[58] 周雪兵.命题素材的来龙去脉[J].中学数学教学参考,2016(11):57-60.

[59] 赵军.对中考探究性试题的"探究"[J].中学数学教学,2011(6):54-57.

[60] 郑君文,张恩华.数学学习论[M].南宁:广西教育出版社,1996.

[61] 郑昌喜,刘庆萌.充分挖掘典型例题的教学功能[J].初中数学教与学,2019(4):35-37.

[62] 钟启泉,崔允漷,张华.为了中华民族的复兴,为了每位学生的发展[M].上海:华东师范大学出版社,2001.